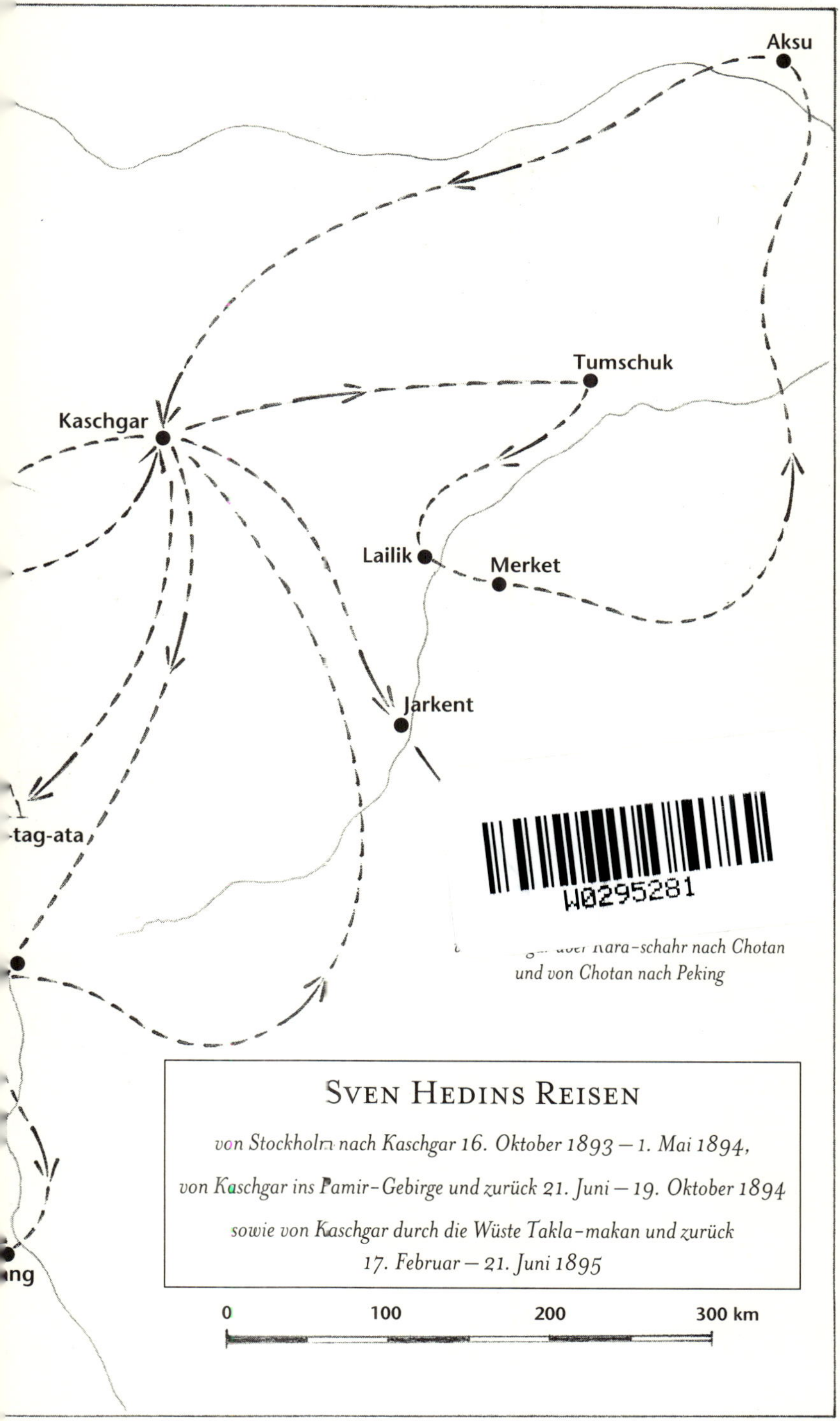

Aksu
Tumschuk
Kaschgar
Lailik
Merket
Jarkent
-tag-ata
ng
Kara-schahr nach Chotan
und von Chotan nach Peking
SVEN HEDINS REISEN
von Stockholm nach Kaschgar 16. Oktober 1893 – 1. Mai 1894,
von Kaschgar ins Pamir-Gebirge und zurück 21. Juni – 19. Oktober 1894
sowie von Kaschgar durch die Wüste Takla-makan und zurück
17. Februar – 21. Juni 1895
0
100
200
300 km

ALTE ABENTEUERLICHE REISEBERICHTE

Sven Hedin

SVEN HEDIN

DURCH ASIENS WÜSTEN

VON STOCKHOLM NACH KASCHGAR

1893 – 1895

Herausgegeben von
Detlef Brennecke

Heinrich Albert Verlag in der Edition Erdmann

EDITION ERDMANN

INHALT

VORWORT DES HERAUSGEBERS

»... diese Popularität ist wunderbar.«
Sven Hedin, der Großschriftsteller

Ach, Dante! Zwar gab es das Gerücht, Odysseus habe die Glut, mit der es ihn »hinaustrieb, nach der Welt zu forschen«, nie besiegt und sich darum nach der Rückkehr von seiner Irrfahrt zu neuen Reisen aufgemacht. Aber war das belastend genug, um die Seele des Ahnherrn der abendländischen Entdecker in der *Göttlichen Komödie* als Insassin des Infernos vorzustellen? Oder sprach aus solcher Verdammnis nicht insgeheim eher der Unmut über einen, den niemand in den Griff bekommt?

Bereits der erste Satz der *Odyssee* spielt mit doppeltem Sinn: »Den Mann nenne mir, Muse, den vielgewandten, der gar viel umgetrieben wurde, nachdem er Trojas heilige Stadt zerstörte.« Das schmückende Beiwort des Helden, das Wolfgang Schadewaldt in seiner Prosaübersetzung mit »vielgewandt« wiedergab, ist von jener Zweideutigkeit, die den Recken rätselhaft und folglich bis heute faszinierend macht. Denn das griechische Adjektiv »polytropos« bezeichnet jemand, der vom Schicksal oft in die Ferne »verschlagen« *wurde* und in puncto Charakter mannigfach »verschlagen« *ist.*

Ein solcher Stammvater der Erdkundler freilich verhieß heikles Erbgut. Und tatsächlich sollte sich Witz, Arglist oder Schläue – je nach Stärke des Gepräges – in Zukunft wie ein Atavismus im Naturell von Explorern beweisen: als vergnügliche Schlitzohrigkeit, als hundsgemeine Machenschaft oder dreister Winkelzug.

Denn war es etwa keine ausgekochte Flunkerei, was der Isländer Erich der Rote im Sommer 990 vollführte? Vier Jahre zuvor hatte er seine Insel gen Westen verlassen und bald darauf eine Küste erreicht, die von nichts anderem bedeckt war als Eis und Schnee. Noch einmal kehrte er infolgedessen in seine Heimat zurück, um zur Besiedlung jenes unwirtlichen Gefildes Material einzukaufen und Begleiter zu finden, damit es am Fuße der Gletscher nicht zu einsam sei. *Die Geschichte von Erich dem Roten* erzählt mit Sarkasmus, wie es dieser Prototyp eines cleveren PR-Agenten erreichte, Kolonisten in sein dubioses Paradies zu locken: »Er nannte es Grönland, das heißt: das grüne Land. Denn er meinte, die Leute würden eher Lust bekommen, sich dort niederzulassen, wenn es einen so schönen Namen habe.«

Und war es etwa – Beispiel Nummer zwei – keine abgefeimte Niedertracht, was der Norweger Roald Amundsen zwischen 1908 und 1910 inszenierte? In zahllosen Verlautbarungen kündigte er an, sich zum Nordpol vorzukämpfen. Hierfür bat er um die »Fram«, jene Schute, mit der Fridtjof Nansen seinerzeit über den Saum der Arktis gedriftet war und in Kürze zur Antarktis lossegeln wollte. Seinem jüngeren Landsmann zuliebe schob er das nun auf … Kaum indes dass Amundsen durch diesen Großmut Kapitän der »Fram« geworden war, ließ er den avisierten Kurs um hundertachtzig Grad ändern – und entschuldigte sich für den hiermit ans Licht gekommenen Betrug in einem Brief. Doch sein Lügennetz war längst derart fest geknüpft, dass sich der ausgebootete Fridtjof Nansen daraus nicht entwinden konnte. Auf die Frage des inzwischen ebenfalls zum Südpol eilenden Robert Falcon Scott, was Amundsens »intentions« seien, musste er in nationaler Loyalität die Antwort drahten: »Unknown«.

Und war es schließlich – wir sind jetzt in der Sparte »Bubenstücke« – etwa keine ausgefuchste Nasführerei, was ein anderer Skandinavier, diesmal ein Schwede, 1892 auf dem Felde der akademischen Geografie veranstaltet hatte?

Streng genommen war er Student der Naturwissenschaften an den Universitäten Stockholm und Uppsala. Doch weil er sich in den Jahren 1885 und 1886 privat in

Persien aufgehalten und dabei im Nu die Landessprache angeeignet hatte, galt er seither als Orientalist – zumal er ein dickes Buch über jene Monate im Morgenland veröffentlicht hatte. So kam es, dass er 1889 eingeladen worden war, eine Abordnung seines Königs, Oscars II., an den Hof von Schah Nasr-ed-Din zu begleiten.

Hiervon heimgekehrt nahm er seine Studien wieder auf, und zwar in Berlin bei dem Ordinarius für physische Geographie Ferdinand von Richthofen. Und obwohl ihn bald eine herzliche Freundschaft an den Meister seines Faches binden sollte, war diesem klar, dass sein Schüler kein Gelehrter war, kein Stubenhocker, sondern ein Flaneur, ein Globetrotter. Deshalb empfahl er ihm, ab Juli 1892 auch bei dem Kollegen Alfred Kirchhoff in Halle ein paar Vorlesungen zu hören. Dort kaum angekommen telegrafierte der junge Schwede seinen Eltern – nicht nur zu deren Verblüffung –: »Doktor der Philosophie«.

Was war geschehen? Der rührige Schwede hatte in Halle das Manuskript einer Dissertation mit dem Titel *Der Demavend nach eigener Beobachtung* aus der Reisetasche gezaubert und im Vorwort dieses Werkes auf Lateinisch seinen Lebenslauf skizziert. Darin erwähnte er sein jüngstes Buch, den 1891 in Stockholm vorgelegten Bericht von jener Gesandtschaft an den Schah *(Konung Oscars beskickning till Schahen af Persien år 1890)*. Was er freilich verschwieg, war die Tatsache, dass der Band auf den Seiten 344 bis 393 mehrere Kapitel enthält, in denen ein Aufstieg zum höchsten Gipfel des Elburs-Gebirges beschrieben wird – und dass die vorliegende Abhandlung die zwar nachgefeilte, aber ansonsten wortwörtliche Wiedergabe eines längst gedruckten Textes ist, eine Dublette, ein Klon.

Der Urheber dieser verschmitzten Schummelei sollte die Wiederverwertung seiner Werke fürderhin zur Regel machen. Sein Name: Sven Hedin.

Sven Anders Hedin wurde am 19. Februar 1865, einem Sonntag, in Stockholm geboren und blieb – umrahmt von sechs Töchtern – der einzige Sohn des Architekten Abraham Ludvig Hedin und dessen Frau Anna: ein Liebling der weit verzweigten Familie und gelegentlich wohl auch der Götter – in jedem Fall ein Günstling des Schicksals, dem seine Bestimmung von Jugend an gewiss war.

Seine Memoiren fing er mit den Sätzen an: »Glücklich der Knabe, der schon in den ersten Schuljahren seinen späteren Beruf entdeckt. Dieses Glück war mir beschert. Schon im Alter von zwölf Jahren sah ich mein Ziel ziemlich deutlich vor mir. Meine besten Freunde waren Cooper und Jules Verne, Livingstone und Stanley, Franklin, Payer und Nordenskiöld, besonders die lange Reihe der Helden und Märtyrer in der Geschichte der Polarforschung. Damals war Nordenskiöld auf seiner kühnen Fahrt nach Spitzbergen, Nowaja Semlja und an die Mündung des Jennissei. Ich war gerade fünfzehn Jahre, als er in meine Vaterstadt Stockholm zurückkehrte, nachdem er die Nordostdurchfahrt vollendet hatte.«

Das Spektakel geriet zur Initiation. »Am 24. April 1880 lief die ›Vega‹ in Stockholms ›Strom‹ ein. Die ganze Stadt war illuminiert. Die Häuser rings um den Hafen flammten im Schein unzähliger Lampen und Fackeln. Auf dem Schloss leuchtete in Gasflammen das Sternbild der ›Vega‹. Mitten in diesem Lichtmeer glitt das berühmte Schiff in den Hafen.

Mit meinen Eltern und Geschwistern stand ich auf den Bergen von Södermalm, von wo wir eine beherrschende Aussicht hatten. Größte Spannung hatte mich erfasst. Mein ganzes Leben lang werde ich an diesen Tag zurückdenken; er wurde entscheidend für meinen künftigen Weg. Von Kais, Straßen, Fenstern und Dächern dröhnte donnernder Jubel. ›So will auch ich einst heimkommen‹, dachte ich.

Von nun an vertiefte ich mich in alles, was von Polarfahrten handelte. Ich las alte und neue Bücher über den

Kampf um den Pol und zeichnete Karten von jeder einzelnen Expedition. Ich wälzte mich während unserer nordischen Winter im Schnee und schlief bei offenen Fenstern, um mich abzuhärten. Wenn ich erst erwachsen und ausgebildet war und es kam ein wohlwollender Mäzen und warf mir einen Sack voller Goldstücke vor die Füße mit den Worten: ›Such den Nordpol!‹, dann wollte ich mit Leuten, Hunden und Schlitten mein eigenes Schiff besteigen und durch Nacht und Eisfelder geradeswegs auf den Punkt zugehen, wo immer nur Südwind weht.«

Bis zu seinem Tod im Jahre 1952 hat Hedin den gloriosen 24. April 1880 für das Schlüsseldatum seines Lebens gehalten. Mit fünf hatte er noch geschwankt, ob er »Kutscher oder König« werden sollte. Mit fünfzehn aber hatte er sich dann für ein Jointventure der beiden Branchen entschieden: für das des Nationalidols, das irgendwann umbraust von »Vivat!«, »Bravo!« und »Hurra!« im Triumphzug eingeholt wird. So wurde der Beschluss im Besonderen ein Faktor des patriotischen Starkults und im Allgemeinen ein Element jener generellen Orientierung am Heros, die Thomas Carlyle 1841 in seiner Monografie *Ueber Helden, Heldenverehrung und das Heldentümliche in der Geschichte* anempfohlen hatte.

Dessen ungeachtet war Sven Hedins Favorit der schwedische Romantiker Esaias Tegnér, der 1817 eine Arktisexpedition im Lied besungen und vier Jahre zuvor sein bekanntestes Gedicht geschaffen hatte, *Der Held*. Darin verkündet der Protagonist in unbeirrtem Vorwärtsstreben:

»Und so geh ich, stets der Gleiche,
Mögen Hass und Lüge toben,
Wie das Schicksal mir bestimmt.«

Rückschauend kommt es einem vor, als pointierten diese Verse in ihrem Stolz und ihrem Trotz – man kann auch formulieren: in ihrem Dünkel und in ihrer Sturheit –, was Hedin seit der Kindheit pausenlos antrieb: das Sendungsbewusstsein, der Ruf, Bravouröses zu leisten, um anderen dadurch zur Leitfigur zu werden, zum Lichtbringer und Aufklärer. Ein Phoibos Apollon in Menschengestalt, der der andächtigen Leserschaft 1898 in *Durch Asiens Wüsten*, und zwar im zweiten Band *Von Kaschgar nach Peking*, seinen Beweggrund enthüllte, als er die Empfindungen beschrieb, die ihn eines Abends südlich des Tarim am Lagerfeuer beschlichen: »Alles ist so stumm, so still! Es wäre geradezu unheimlich gewesen, wenn nicht das trockene Holz unter den gierigen Flammen geknistert hätte. Ich kam mir wie ein König vor in diesem Lande, in dem ich jetzt auf einem Eroberungszuge begriffen war. Ich hatte es erobert; es gehörte mir. Ich war der erste Europäer, der diesen unbekannten, vergessenen Boden betrat!«

Das war sein Leitmotiv. Daher wiederholte er in *Abenteuer in Tibet* 1904: »Mir machte es Vergnügen, so zu reisen und zu wissen, dass ich überall der erste Europäer war, der über diese Berge wanderte, auf denen es keine anderen Pfade als die von wilden Tieren getretenen gibt und man im Boden keine anderen Spuren sieht als die Fährten von Yaken, Kulanen und Antilopen. Das Territorium ist herrenlos, Flüsse, Seen und Berge haben keine Namen, alles gehört mir, es ist für ein paar Monate mein Eigentum, mein eigenes Land.«

Auf die Liebe einer Frau zu verzichten und stattdessen, wie er es 1893 beim Aufbruch zu den Eisklüften des Pamir und den Glutdünen der Takla-makan exerziert hatte, also: dem Locken der Wildnis zu folgen und danach im Stile eines wackeren Prinzen das Schneewittchen hinter den Bergen aus seiner jungfräulichen Unerwecktheit zu erlösen ... das war die quasi erotische Motivation von Sven Hedins Vorstoß, die Fremde zu erkennen. Er drückte es in *Abenteuer in Tibet* – und mit nahezu denselben Wörtern auch andernorts in seinem Œuvre – ähnlich aus: »Es war wie in einem Märchen, in dem der Held durch Feuer und Wasser gehen muss, um seine Braut aus den Krallen des Drachen zu befreien.« Dann schloss er den Bund fürs

Leben mit ihr, denn 1910 konnte Sven Hedin seinem deutschen Verleger Albert Brockhaus in einem Postskriptum verraten: »Am 15. August dieses Jahres feiere ich meine silberne Hochzeit mit Asien.«

Solche Verklärung ist die Ursache dessen, dass Hedins Reportagen häufig die Aura des Phantastischen umstrahlt, des Fiktiven und Imaginären, der Utopie. Sie verlieh ihm seinen Nimbus. »Lasst uns froh darüber sein«, rief 1911 der schwedische Professor Fredrik Böök, »dass es uns vergönnt ist, einen der letzten Ritter des Abenteuers mitten unter uns zu haben, einen, der sein Leben in der Wüste für eine Schimäre gewagt hat! Denn mögen auch alle wissenschaftlichen Gesellschaften der Welt Sven Hedin zu ihrem Ehrenmitgliede machen – er hat dem Hitzetod und den Schneestürmen nicht um der Wissenschaft willen getrotzt.«

Der populäre Don Quijote der Moderne gab, was schon stets zur Tarnung taugte, dem dunklen Drange ein lateinisches Signum: »desiderium incogniti«. Und es war diese Sehnsucht nach dem Unentdeckten, dieses Fernweh, dieses Fort-nur-fort-nach-Irgendwo, das bereits den Zwanzigjährigen keine Stunde zögern ließ, als er 1885 das Angebot erhielt, einen Schweden als Gesellschafter nach Baku ans Kaspische Meer zu geleiten.

Dem frisch gebackenen Abiturienten wurde durch solche Offerte das sprichwörtliche Glück des Tüchtigen zuteil. Ihm gemäß begann mit diesem Lehrausflug eine betriebsame Epoche, in der sich Sven Hedin all seine Geltung, all seine Gunst erwarb.

In dem Vierteljahrhundert nach 1885 durchstreifte er Persien und Mesopotamien, studierte er und promovierte er, begab er sich abermals in das Gebiet des Schahinschah und ritt dabei bis in den Dunstkreis Chinas, brach er zu seiner ersten ausgedehnten Expedition nach Asien auf, wurde er von seinem Monarchen geadelt und unternahm er eine zweite und bald noch eine dritte akribische Operation quer durch Asien. Auf ihr explorierte er den Transhimalaja, jenen zu den Wolken aufragenden Felsgürtel im Norden des Himalaja, der in einigen Atlanten auch als »Hedin-Gebirge« ausgewiesen ist.

In denselben fünfundzwanzig Jahren publizierte Sven »von« Hedin unermüdlich Aufsätze, Vorträge und Bücher, darunter *Die geographisch-wissenschaftlichen Ergebnisse meiner Reisen in Zentralasien 1894–1897* sowie die auf Englisch zu Papier gebrachte Heptalogie *Scientific Results of a Journey in Central Asia 1899–1902* und last, not least die vor Stofffülle berstenden – meist mehrteiligen – Superseller *Durch Asiens Wüsten, Im Herzen von Asien, Abenteuer in Tibet, Zu Land nach Indien* und *Transhimalaja*. Sie allein zehn Wälzer!

In dieser Zeitspanne schließlich bis 1910 erreichte er, wovon er an jenem Abend im April 1880 geträumt hatte: Ruhm und Anerkennung. Und obwohl er sich auch künftig an die Spitze mancher Karawane setzte und obschon er bei einem Achtjahresprojekt, der von Peking nach Urumtschi »wandernden Universität«, Chef eines stattlichen Teams war und obzwar er, der Konservative, im Disput der Ideologien wiederholt den Ton angab (sein Spitzname daher »Trompeter«), hatte er den Scheitel seiner Schaffensbahn passiert. Er zehrte von früheren Taten … und – nimmt man alles in allem – immer von deren erster, der Klimax im vorliegenden ersten Band von *Durch Asiens Wüsten*, der Etappe *Von Stockholm nach Kaschgar*: Als er sich und seinen Diener Kasim Achun am 5. Mai 1895 vor dem Verdursten mit jenem Labsal rettete, das er in seinen »schwedischen, wasserdichten Stiefeln« herbeitrug.

So wie Stanleys Aufspüren von Livingstone bei Udjidji vorher (»Dr. Livingstone, I presume«) oder Armstrongs Sprung in den Mondstaub nachher (»That's one small step for a man; one giant leap for mankind«) sollte Sven Hedins Wasserfund am Chotan-darja unvergesslich werden, unverwechselbar – ein Ereignis, das seinen Akteur aus der Wirklichkeit enthob und traumhaft machte … zauberhaft und sagenhaft wie den Recken in einer Dich-

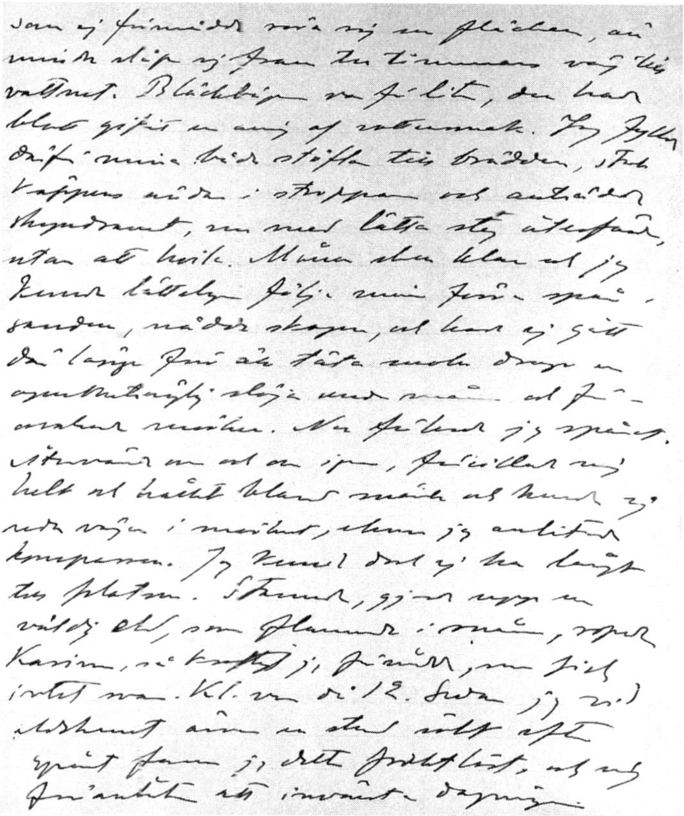

Blatt 233 in Sven Hedins Reisejournal. Unter dem Datum des 5. Mai 1895 enthält es die berühmte »Stiefel-Szene«. Das schwedische Schlüsselwort »stöflar« ist in der Mitte der fünften Zeile deutlich zu erkennen.

tung. Wobei die wahrlich »tragende« Gestalt des Ganzen die Legendenbildung selber besorgte.

Fürs Erste notierte Hedin das Vorgefallene – wenn auch in knappen Sätzen, so doch ohne eine Silbe zu streichen oder zu verbessern – nachgerade druckreif in seinem Itinerar unter dem Datum des 5. Mai 1895: »Ich füllte deshalb meine beiden Stiefel bis an den Rand, steckte meinen Stab durch die Enden der Schlaufen und trat eiligst, obgleich nun mit leichten Schritten, meinen Rückweg an, ohne zu rasten.« Damit hatte die Story von Anfang an eine epische Form, die Sven Hedin und – nicht zu vergessen! – seine Verleger sowie Übersetzer fortan nurmehr variierten.

Den Eltern wurde sie am 14. Mai 1895 in einem langen Brief erzählt. Sie war der Höhepunkt in *Durch Asiens Wüsten* – und zwar in allen Fassungen, den geänderten wie den gekürzten. Sie war Dramatik pur ... So fesselnd, dass Albert Brockhaus seinem Autor 1904 zu bedenken gab, ob er nicht im nächsten Werk, *Abenteuer in Tibet*, jene schreckliche Begebenheit von 1895 ein zweites Mal aufrollen sollte. Was dieser prompt tat – und zwar in allen Fassungen, den geänderten wie den gekürzten. »Ich füllte meine wasserdichten Stiefel bis an den Rand, zog die Strippen über die Enden des Stabes und wanderte in meiner Spur wieder zurück.«

Wie ein Märchen, das stets aufs Neue gelesen und immer noch einmal erzählt wird, verlor die Geschichte »Als Sven Hedin sich selbst und seinen Gefährten vor dem Sterben rettete« nichts von ihrer Spannung. Sie wurde eine Zugnummer – ein gängiger Verschmachtfetzen. Play it again, Sven!

»Ich füllte«, hieß es deshalb 1911 in dem Jugendbuch *Von Pol zu Pol*, »meine wasserdichten Stiefel bis an den Rand, hängte sie mit den Henkeln an beiden Enden des Spatenstiels auf und kehrte mit dieser Last leichten Schrittes zum Walde zurück.« Die ewige Wiederkunft immer desselben, vorgetragen mit denselben Wörtern, evozierte ein permanentes Déjà-vu, wie es gemeinhin Parabeln bewirken, die Gleichnisse seit Menschengedenken: Allzeit war Odysseus der vielgewandte und Schneewittchen schwarzhaarig wie Ebenholz und Robinson ein Insulaner. Unter ihresgleichen rangierte Sven Hedin als »stöveln«, »der Stiefel«, das heißt: als Ausbund praktischer Vernunft und physischer Belastbarkeit – kurz und bündig: als einer, der sich nicht umbringen lässt.

Noch 1925 erinnerte er in seinen Memoiren *Mein Leben als Entdecker* an die Heldentat am Chotan-darja, als hätte sie sich gerade eben zugetragen. »Doch worin sollte ich [Kasim] Wasser bringen? Natürlich in meinen wasserdichten Stiefeln; ein anderes Gefäß hatte ich nicht. Ich füllte sie also bis zum Rand, steckte den Spatenstiel durch die Strippen und wanderte leichten Schrittes quer durch das Flussbett zurück.«

Nein, er wurde nicht müde, den Hergang aufzuwärmen: mit Beiträgen in Zeitschriften, mit Auftritten vor angstbebenden Hörerschaften, mit Anspielungen in Büchern und schließlich 1944 mit dem Durchhalteheftchen *Im Kampf gegen Wüste und Tod* unter Freunden in Nazideutschland: »Ein Gefäß, um Wasser darin zu transportieren, hatte ich nicht, aber meine Stiefel waren wasserdicht. Ich füllte sie bis zum Rand …« Und so weiter. Und so weiter. Ad infinitum. Als unendliche Geschichte.

Was diese Revue eines einzigen Motivs im Œuvre Sven Hedins lehrt, ist neben andauernder Selbstdarstellung die Tatsache, mit welcher Leidenschaft sich der Schwede als Schriftsteller verstand. In der Tat lässt sich gemäß der üblichen Frage, was zuerst da war, die Henne oder das Ei, im Falle Sven Hedins nicht entscheiden, was er vorrangig verkörperte – den Abenteurer oder den Verfasser. Denn immer zog er hinaus, um über seine Erlebnisse zu berichten, und immer berichtete er über seine Erlebnisse, um hinausziehen zu können.

Und war er dann unterwegs, setzte er seine Erfahrungen on location in Nachweise um. Er führte konstant Protokoll und zeichnete fortlaufend Karten, schrieb ohne Unterlass Briefe, malte pausenlos Bilder und speicherte permanent Daten – egal, ob im Sitzen, im Stehen, im Liegen; ob im Freien, in Palästen, in Jurten; ob in Sänften, auf Booten, beim Reiten, egal!

Ein Unheil konnte noch so dräuend sein, eine Gefahr noch so ernst, sein Leben noch so bedroht: Sven Hedin hielt alles fest. »Während der folgenden Tage«, versicherte er in *Durch Asiens Wüsten* bei der Schilderung seiner Durststrecke durch die Wüste Takla-makan, »machte ich ganz kurze Notizen mit einem Bleistift auf einem zusammengefalteten Bogen Papier. Aber ich versäumte nie, die Kompasspeilungen, die Schrittzahl in jeder Richtung und den Gang der Ereignisse zu notieren. Als ich dann endlich am Ufer des Chotan-darja wieder zur Ruhe gekommen war, war es meine erste Arbeit, diese Notizen in den Einzelheiten auszuführen, solange die Erinnerung noch frisch war.«

Um nach der Rückkehr von seinen Expeditionen – mitten im ebenso lustigen wie lästigen Willkommenstrubel – bei der Erstattung seiner Reporte keine Zeit zu verlieren, hatte Sven Hedin eine Methode entwickelt, die seine publizistische Professionalität energisch unterstreicht. Er teilte nämlich alle Geschehnisse ereigniswarm seiner Familie in Botschaften mit, die von seinem Vater gewissenhaft in Kladden übertragen wurden. Einmal bestand eine Epistel – er nannte dergleichen »Tagebuch in Briefform« – aus hundertvierundneunzig Seiten, ein andermal aus dreihundertzwanzig ... »Islam Bai«, heißt es in *Im Herzen von Asien*, »nahm eine gewaltige Post von mir mit. Ich hatte einen 216 Seiten langen Brief – ein ganzes Buch – an meine Eltern [...] geschrieben.« Summa summarum erhielten die Angehörigen in Stockholm von jener Reise ein

Konvolut von eintausendfünfhundert Seiten. Wie gesagt: »ein ganzes Buch«.

Es nimmt angesichts solcher Effizienz nicht wunder, dass Sven Hedin seine Manuskripte mit erstaunlicher Schnelligkeit vorlegen konnte – übertrug er doch nur mehr »direkt aus den Tagebüchern, d. h. natürlich stark verkürzt und sprachlich verbessert«. Auf diese Weise konnte es passieren, dass der Anfang eines Textes schon gesetzt wurde, während sein Autor den Schluss noch gar nicht konzipiert hatte.

Mehr fishing for compliments als wirklich zerknirscht entschuldigte er sich im Zusammenhang mit seinem opus magnum *Transhimalaja* für Flüchtigkeiten, die sein Werk womöglich beeinträchtigt haben: »Und das ist dadurch auch nicht besser geworden, dass ich das ganze Buch in 107 Tagen schreiben musste, deren Stunden überdies noch usurpiert wurden durch mancherlei Arbeit mit Karten und Illustrationen und durch eine weitläufige Korrespondenz mit ausländischen Verlegern.« Hierzu sollte man wissen, dass der Titel, als er Weihnachten 1909 in den Schaufenstern der schwedischen Bücherstuben lag, eintausendzweihundertsiebenundsiebzig großformatige Seiten aufwies – das war das Konzentrat aus sechstausendeinhundert Tagebuchblättern. Doch niemandem war dieses Quantum zu viel. »*Transhimalaja*«, jubelte Hedin, »wird überall gelesen – diese Popularität ist wunderbar.« Sprach's und nahm das nächste Großprojekt in Angriff, das Kompendium *Von Pol zu Pol*. »Wenn es gelingt, bedeutet das einen Absatz von 50 000 Exemplaren pro Jahr durch etwa 25 Jahre.«

In derselben Monumentalität, mit der er seine räumlich und zeitlich ausgedehnten Reisen unternahm, schuf Sven Hedin aus Hunderten von Reisebüchern, Kartenwerken, Zeichnungen, Abhandlungen, Dichtungen, Erinnerungen, Lebensbildern, Streitschriften, Ansprachen, Aufsätzen und Vorwörtern ein Gesamtwerk, das trotz mehrfacher Bemühungen bis dato in seinem Umfang nicht ausgemessen ist – »unexplored« wie einst der Transhimalaja.

Übersetzt wurde es in mindestens fünfundzwanzig Sprachen – darunter vor allem ins Deutsche, wo 1913 zum Beispiel die Anthologie *Durch Eiswüsten und Sonnenbrand. Erlebnisse und Abenteuer im dunkelsten Asien* sogar in Stenographie, »System Stolze-Schrey«, herauskam.

Der Autor hätte ein reicher Mann werden können; seine Einkünfte bemaßen sich nach heutigem Wert in Millionen. Da sich freilich die Ausgaben für seine Karawanenzüge und seine Publikationen – die nichtpopulären musste er bezuschussen – auf analoge Summen beliefen, verfügte er, als er im hohen Alter mit einem Finanzberater Kassensturz machte, gerade einmal über hunderttausend Kronen.

Aber war ihm je am Erwerb von Gütern dieser Art gelegen? Schon 1907, mitten in seiner dritten Grand Tour, hatte er im asiatischen Irgendwo eine Kosten-Nutzen-Rechnung aufgestellt und als Resultat eine Lebensregel gewonnen: »Mein ganzes so genanntes Vermögen geht drauf. Aber das tut nichts, besser kann Geld nicht angelegt werden.«

Begonnen hatte Sven Hedin nach einer Mogelei, als er mit einer anderswo gedruckten Arbeit in Halle dissertierte. Und dadurch, dass er den Engländern weisgemacht hatte, er zöge gen Kaschmir, stattdessen jedoch in Tibet eingerückt war, hatte sich Sven Hedin den Gipfel all seiner Erfolge, den Transhimalaja, mit einem Trick erschlossen. Der Satz »Jetzt habe ich mir eine List ausgedacht« untermalte wie ein Grundton seinen ganzen Lebenslauf – eine Karriere, in deren Abenteuer, Entdeckungen und Irrfahrten uns der Schwede durch die Fülle seines Schrifttums wie Teilnehmer mit einbezieht ... bis wir uns am Ende als Epigonen des Odysseus fühlen.

Wohl keiner unter uns aber käme deshalb auf den Gedanken, Sven Hedin, den vielgewandten Cicerone, mittlerweile in der Hölle zu wähnen. Eher vermuten wir ihn entrückt bis in den dritten Himmel, dessen pittoreske Sphäre wir dem Dreammaker gönnen. Trotz Dante!

Detlef Brennecke

DURCH ASIENS WÜSTEN – VON STOCKHOLM NACH KASCHGAR

ZUM DACH DER WELT

In der Geschichte geografischer Entdeckungen gehen wir einer neuen Epoche entgegen, in der die Pioniere ihre Rolle bald ausgespielt haben und in der die weißen Flecke auf den Karten der Kontinente zusammenschrumpfen werden. Wo einst die Pioniere sich unter beständigem Kampfe mit Gefahren und Schwierigkeiten Wege gebahnt haben, die sie dann in großen Zügen schilderten, dort werden die Entdeckungsreisenden des neuen Jahrhunderts eindringen und das überall auf der Erdoberfläche rastlos pulsierende Leben in seinen Einzelheiten untersuchen. Beständig werden sie neue Lücken finden, die auszufüllen, unzählige Probleme, die zu lösen sind.

Besonders das innerste Asien ist lange vernachlässigt worden: Ungeheure Strecken der schwer zugänglichen Wüste Gobi, endlose Flächen des Hochlands von Tibet sind heute noch ebenso wenig bekannt wie die Polarregionen.

Es würde mich zu weit führen, wenn ich versuchen wollte, Bericht über die großartigen Probleme zu erstatten, die im Innern Asiens noch ihrer Lösung harren: die Entdeckung neuer Gebirgsketten, Seen und Flüsse, die Auffindung von Spuren einer alten Kultur und von Altertümern, die über die Völkerwanderungen durch Asien Licht verbreiten können, das Identifizieren alter, jetzt verlassener Karawanenwege und schließlich die kartographische Aufnahme einer vollständig unbekannten Gegend: Alles dieses zieht den Forscher mit unwiderstehlicher Macht nach diesen fernen Ländern hin.

Eine Reise durch den Weltteil, wo die Wiege der arischen Völker gestanden hat, aus dessen dunklem Innern heraus die Mongolen ganz Vorderasien und einen Teil von Europa überschwemmt haben, gehört zu den großartigsten Aufgaben, die in das Gebiet der Forschungsreisen fallen.

Um auch meinerseits zur Erweiterung der Kenntnis der Geographie von Zentral- und Hochasien beizutragen, unternahm ich die Reise, über die ich hier berichte. Mein Plan ging dahin, ganz Asien von Westen nach Osten, vom Kaspischen Meere bis Peking, zu durchqueren und dabei besonders die am wenigsten bekannten Gegenden zu berühren.

Jahre hindurch hatte ich mich in der Studierstube darauf vorbereitet und ich wusste genau, welche Aufgaben noch zu lösen sind. Im Jahre 1890–91 hatte ich eine Rekognoszierungsreise nach dem russischen Turkestan und nach Kaschgar, der Hauptstadt von Chinesisch-Turkestan, unternommen, um zu untersuchen, ob diese Gegenden sich zur Operationsbasis für ein beschleunigtes Vordringen durch die unbekannten Gebiete eigneten.

Nach der Heimkehr von Kaschgar galt es, das Unternehmen finanziell sicherzustellen. Deshalb reichte ich bei Sr. Majestät dem König von Schweden einen Reiseplan ein mit der Bitte um Unterstützung desselben. Darin waren die wichtigsten Probleme, die ihrer Lösung harren, aufgeführt.

Ich habe die Erinnerungen und Eindrücke zu schildern versucht, die ich von meinen langen, einsamen Wanderungen im dunkelsten Asien bewahrt habe. Es ist klar, dass die Resultate einer Reise, die dreieinhalb Jahre in Anspruch genommen, zu weitläufig sind, um alle in einem Buche Platz zu finden, und ich habe deshalb recht zu handeln geglaubt, das Wissenschaftliche von dem zu trennen, was mehr von allgemeinem Interesse ist, d. h. eine Schilderung des eigentlichen Verlaufes der Reise, der Länder, die ich durchwandert, der Völker, mit denen ich in Berührung gekommen, und der Abenteuer, die ich und meine Leute in unbewohnten und unbekannten Gegenden erlebt haben, zu geben. Die wissenschaftlichen Resultate, deren Ausarbeitung längere Zeit erfordert und die von mehr speziellem Interesse sind, sollen später für sich herausgegeben werden.

Mit den notwendigsten Instrumenten und einigen Waffen ausgerüstet und mit einem chinesischen Passe versehen verließ ich in der Nacht des 16. Oktober 1893 mein altes, trautes Heim in Stockholm. Ich fuhr einem unbekannten Geschick entgegen.

Es war ein kalter, finsterer Herbstabend, den ich nie vergessen werde. Schwere Regenwolken schwebten über der Stadt Stockholm, deren Laternen und Lichter bald außer Sicht kamen. Mehr als tausend und eine Nacht voll Einsamkeit und Sehnsucht lagen vor mir, und hinter mir lag alles, was mir auf Erden am teuersten war. Diese erste Nacht war die bitterste von allen und nie hat mich das Heimweh so sehr gequält wie damals! Die Gefühle, die ein solches Losreißen hervorruft, kann nur der begreifen, der sein Vaterland auf längere Zeit verlässt, ein ungewisses Schicksal vor sich. Aber die ganze Welt lag offen vor mir, und ich hatte fest beschlossen, alles zu tun, was in meiner Macht stand, um die Aufgabe, die ich mir gestellt, zu lösen.

Eine ununterbrochene Eisenbahnfahrt von 2258 Kilometern, welche Entfernung Orenburg von Petersburg trennt, ist kein ungemischtes Vergnügen. Die rund vier mal 24 Stunden, die draufgehen, um auf dieser Linie das europäische Russland zu durchfahren, sind jedoch weder lang noch ermüdend.

Endlose Steppen, Felder, bärtige Bauern mit Pelzmütze und Kaftan, weiße Kirchen mit grünen, zwiebelähnlichen Kuppeln, von ländlichen Häusern umgeben, das ist es, was man hauptsächlich vom Coupéfenster aus erblickt. So eilt man ostwärts, bis man schließlich bei Syfran an den größten Fluss Europas, die Wolga, gelangt, die auf einer der längsten Brücken der Welt, 1484 Meter lang, überschritten wird.

Wieder werden wir in die öde Steppe hineingeführt. Je weiter man nach Osten kommt, desto öder wird die Landschaft. Der Himmel ist grau und trüb und der Boden hat von dem verwelkten Gras eine gelbliche Färbung. Dies ist die Gegend, wo Europa am Festlande von Asien wurzelt.

Nach vier Tagen kam ich, gehörig durchgerüttelt und windelweich geschüttelt, in der Gouvernementshauptstadt Orenburg an.

Die Stadt ist wenig interessant. Am Rande der Stadt kann man sich jedoch rein asiatischer Bilder erfreuen, denn dort haben die Tataren und Kirgisen ihre Marktplätze unter freiem Himmel oder in niedrigen Holzschuppen.

Die Entfernung zwischen Orenburg und Taschkent, meinem nächsten Ziele, beträgt 2080 Kilometer. Ich sollte zu Wagen also beinahe ebenso weit fahren, wie ich mit der Bahn in vier Tagen gereist – 2000 Kilometer im Tarantas, im Monat November, auf steinharten oder durchweichten oder schneebedeckten Wegen, durch Steppen und Wüsten! Mir graute ein wenig vor diesem Wege, der ebenso lang ist wie die Luftlinie von Berlin nach Algier.

Man kann, wenn man will, mit der Post fahren, muss dann aber auf jeder der 96 Stationen den Wagen wechseln. Man kauft sich deshalb am besten bei Beginn der Reise einen eigenen Tarantas, bringt darin ein für alle Mal sein Gepäck unter, belegt den Boden mit Heu, Filzdecken und Matten, macht ihn mittels Kissen und Pelzen so bequem und weich wie möglich – denn ein Tarantas hat weder Sitze noch Federn – und hat dann auf den Stationen nur die Pferde zu wechseln. Vor der Reise muss man sich mit allerlei notwendigen Artikeln versehen, vor allem mit Proviant, denn auf den Stationen findet man in den allermeisten Fällen nichts Essbares.

Mein Tarantas war groß und fest und mit dicken eisernen Radreifen versehen; ich erstand ihn für 160 Mark. Als ich ihn später in Margelan wieder verkaufte, war er immer noch über 100 Mark wert. Mit Leichtigkeit konnte ich mich und mein Gepäck (ungefähr 300 Kilo) darin unterbringen. 19 Tage und Nächte sollte er ohne Unterbrechung meine Wohnung sein!

Am 14. November tobte der erste Buran (Schneesturm) des Winters, und das Thermometer zeigte mittags – 6 Grad; da aber alles in Ordnung war, wollte ich die Abreise nicht aufschieben.

Erst in der Dämmerung war alles fertig. Der schwere Wagen rollte durchs Hoftor. Munter hallte das Schellengeläute in den Straßen wider. Als es dunkel wurde, waren wir schon draußen in der Einöde. Der Sturm heulte und pfiff um das Wagenverdeck und trieb uns dichte Wolken seines Schnees entgegen. Allmählich legte sich der Wind und die Sterne beleuchteten die dünne Schneedecke, die überall ausgebreitet lag.

Bei der Abreise von Orenburg lässt man buchstäblich alle Zivilisation hinter sich zurück; man dringt in immer ödere Gegenden und ist ganz sich selbst überlassen.

Nichts als Steppe! Nur in der Ferne gewahrt man Berge. Der Weg führt am zugefrorenen, schneebedeckten Uralflusse hin; dann und wann taucht eine kirgisische Jurte (Zelt) auf, aber die Landschaft bleibt öde.

Zwischen dem Uralflusse, dem Kaspischen Meer, dem Aralsee, dem Sirdarja und dem Irtysch breitet die gewaltige Kirgisensteppe ihre ebene Fläche aus. Von kirgisischen Nomaden spärlich bevölkert, ist diese Steppe nur die Heimat einer kleinen Zahl von Tier- und Pflanzenarten. Wölfe, Füchse, Antilopen, Hasen usw. streifen in der endlosen Einöde umher und stachelige Steppenpflanzen kämpfen mit einer ungütigen Natur. Wo der Boden feucht ist, wuchert Kamisch (Schilfrohr, *Lasiagrostis sp.*) in undurchdringlichem Dickicht; selbst in den trockensten Sandwüsten wächst der Saksaul *(Anabasis ammodendron)* in struppigen Büschen, die nicht selten einige Meter hoch werden. Seine knochenharten Wurzeln, die außerordentlich lang sind, bilden das Hauptbrennmaterial der Kirgisen und werden deshalb im Herbst für den Winterbedarf gesammelt.

Hier und da wird die Steppe von Wasserläufen durchzogen, die in dieser Jahreszeit gewöhnlich ausgetrocknet sind. Sie ergießen sich in kleine Salzseen, an deren Ufern im Frühling und Herbst unzählige Zugvögel rasten. An den Bächen schlagen die Kirgisen ihre Aule (Zeltdörfer) auf, die aus schwarzen Filzzelten und Schuppen von Kamisch bestehen. Ihre Winterlager setzen sich gewöhnlich aus Lehm- oder Erdhütten zusammen. Im Sommer ziehen sie mit ihren großen Viehherden nach Norden, um der drückenden Hitze zu entgehen und Weiden aufzusuchen, die nicht von der Sonne versengt werden. Viele besitzen bis zu 3000 Schafe und 500 Pferde und gelten dann für sehr reich.

Im Winter herrscht in Nordturgai schneidende Kälte, im Januar und Februar toben unausgesetzt Schneestürme. Die Kirgisen suchen dann ihre alten Winterlager auf und schützen die Schafe durch Hürden und Rohrgehege. Das Klima ist mit einem Wort typisch kontinental.

Die Kirgisen, unter denen ich einen großen Teil der nächsten Jahre verbringen sollte, sind ein halb wildes, aber tüchtiges, gesundes und gutmütiges Volk. Sie nennen sich gern »Kaisak«, d. h. tapferer, streitbarer Mann. Zufrieden mit ihrem einsamen Leben in der Steppe schwärmen sie für die Freiheit, dulden keine Obrigkeit über sich und verachten diejenigen, die in Städten wohnen oder vom Ackerbau leben. Im Kampfe ums Dasein haben sie einen harten Strauß auszufechten. Ihr hauptsächlichstes Existenzmittel bilden die Herden, durch die sie mit Nahrung und Kleidung versehen werden.

Mit Begeisterung lieben sie die öde Steppe, wo ihre Vorfahren ihr Leben zugebracht; sie finden sie schön und voller Abwechslung. Und doch sucht der Fremdling hier vergebens einen Gegenstand, auf dem er seine Blicke ruhen lassen könnte. Es ist wahr, die Steppe ist, ebenso wie das Meer, großartig und imponierend; aber sie ist auch äußerst einförmig und melancholisch.

Schon mit Rücksicht auf die sie umgebende Natur muss man erwarten, dass der Orts- und Gesichtssinn der Kirgisen zu großer Schärfe und Feinheit ausgebildet ist.

Wo dem Fremden auf tagelangen Reisen die Erde so eben wie ein Fußboden erscheint und wo es keine Spur von Weg gibt, findet sich der Kirgise sogar nachts mit Staunen erregender Sicherheit zurecht. Es sind nicht die Himmelskörper, die ihm als Führer dienen – er kennt jede Pflanze, jeden Stein wieder, er merkt sich die Stellen, wo die Rasenbüschel dünner oder dichter als gewöhnlich stehen, und erkennt Bodenunebenheiten, die ein Europäer ohne Instrument nicht wahrnehmen kann.

Nachdem in Orsk das Gepäck noch einmal gründlich umgestaut und das Fuhrwerk geschmiert worden war, kroch ich wieder in mein rollendes Haus, der Jämschtschik (Postillon) stieß einen gellenden Pfiff aus und die Troika sprengte mit Windeseile nach Süden – adieu, Europa!

Der erste russische Ort, den man auf asiatischem Boden passiert, ist Kara-butak, ein kleines Dorf, wie Rom auf sieben Hügeln und um diese herum gelegen, an Umfang aber etwas kleiner als jene Stadt. Es besteht aus 33 Häusern, in denen einige 30 Russen und gegen 100 Tataren samt einigen Kirgisen wohnen. Die einzige Bedeutung von Kara-butak liegt darin, dass es ein kleines Fort ist, das vor 25 Jahren von General Obrutscheff angelegt worden war, um die Kirgisen in Schach zu halten, die damals die russische Grenze beunruhigten.

Noch ein paar Stationen und man ist in der Festung Irgis angelangt, die auf einer kleinen Anhöhe am Flusse gleichen Namens liegt.

Wieder sausen wir im Galopp dahin. Gegen fünf Uhr geht die Sonne unter. Ein matter Purpurschimmer ergießt sich über die Steppe, wenn das Tagesgestirn, feurig gleich einer glühenden Kanonenkugel, einen Augenblick am fernen Horizont zögernd verweilt. Die eigentümlichsten Lichteffekte entstehen beim Sonnenuntergang. Man lässt sich in Bezug auf Entfernung und Größe die lächerlichsten Irrtümer zuschulden kommen, da man nichts hat, womit man die Gegenstände vergleichen kann. Ein paar unschuldige Krähen, die sich eine kleine Strecke abseits von der Straße miteinander unterhalten, erscheinen groß wie Kamele, und ein kaum fußhohes Steppenkraut schwillt zu einem schattigen Baum an.

Wir betreten die Wüste Kara-kum. Die Vegetation wird immer spärlicher und in kurzem sind wir von nichts als Sand umgeben. Es ist eine Gegend, die früher von den Wassermassen des Aralokaspischen Meeres bespült worden ist. Davon zeugt das reichliche Vorkommen versteinerter Muscheln *(Cardium* und *Mytilus)*, deren Schalen man mitten in der Wüste findet.

In einer mondhellen Nacht kam ich auf der mitten im Sandmeere gelegenen kleinen Station Konstantinowskaja an, wo der »Wartesaal« für die Reisenden aus einem kirgisischen Zelte bestand, das bei dieser Jahreszeit wenig einladend war. Von hier an bis Kamischlibasch, eine Strecke von 120 Kilometer, werden baktrische Kamele genommen, weil Pferde zu schwach sind, um das schwere Fuhrwerk durch den Sand, der oft kleine Barchane oder Dünen bildet, ziehen zu können.

Zwischen den Stationen Alti-kuduk und Ak-dschulpas geht der Weg am Ufer des Uralsees entlang, oft nur eine Wagenlänge davon entfernt.

Der Uralsee liegt 48 Meter über dem Meeresspiegel; er hat eine Fläche von 70 000 Quadratkilometern, ist also nicht viel kleiner als das Königreich Bayern. Die Ufer sind kahl und öde; die Tiefe ist unbedeutend und das Wasser so salzig, dass es sich nur an den Flussmündungen trinken lässt; auch ziemlich weit draußen auf dem See soll es Süßwassergürtel geben.

Wenn ein Sturm aus Südwesten kommt, wird das Wasser in die Bucht hineingetrieben, überschwemmt große Uferstrecken und sammelt sich in Vertiefungen, wo man nachher Störe und andere Fische mit den Händen fangen kann. Jetzt war die ganze Bucht zugefroren. Mehrere Kilometer vom Ufer entfernt sah man eine Karawane über das spiegelglatte Eis ziehen. Auch im Sommer suchen sie sich solche Wege, denn das Wasser ist hier sehr seicht und hat in der Bucht eine Tiefe von höchstens zwei Metern, gewöhnlich jedoch nur von einem oder einem halben Meter.

So eigentümlich es auch gewesen, mit Kamelen zu fahren, überkam mich doch ein gewisses Gefühl der Beruhigung, als ich wieder drei Rappen vor den Tarantas spannen sah. Die Freude war jedoch kurz, denn noch hatten wir nicht den halben Weg bis zur nächsten Station zurückgelegt, als der Wagen auch schon in einem Salzsumpfe stecken blieb und sich weder vorwärts noch rückwärts herausziehen ließ. Der Kutscher schrie und klatschte mit der Peitsche, die Pferde schlugen hinten aus, bäumten sich und zerrissen die Stränge. Das Ende vom Liede war, dass der Mann sich auf eins von ihnen setzen und nach der Station zurückreiten musste, um Hilfe zu holen. Nachdem ich ein paar Stunden in Regen, Wind und rabenschwarzer Finsternis gewartet und darüber nachgegrübelt hatte, ob die Wölfe der Gegend mir nicht einen Besuch machen würden, kamen zwei Kirgisen mit zwei frischen Pferden, die vor die Troika gespannt wurden und sie jetzt in eine Pätschorka oder Fünfgespann verwandelten. Mit vereinten Kräften gelang es den Pferden, den Wagen aus dem Schlamme zu ziehen.

Am rechten Ufer des Sir-darja liegt, in einer Entfernung von 181 Kilometer Flussweg und 85 Kilometer Landweg vom Aralsee, die Stadt Kasalinsk mit 3500 Einwohnern, von denen 1000 Uralkosaken sind. Diese haben auf dem Flusse die Fischerei inne, die hauptsächlich an der Mündung betrieben wird; im Jahre 1892 erbeuteten sie 14 000 Störe.

Von Fort Perowsk an, das ebenfalls am Sir-darja liegt, bis zur Station Tschumen-arik ist die Vegetation sehr reich und besteht aus Schilfrohr, Saksaul und stacheligem Gestrüpp, das dichte Hecken bildet, echte Tigerverstecke, zwischen denen der Weg sich oft wie in einem schmalen Gange hindurchwindet. Hier haben Tiger, Wildschweine und Gazellen ihren Lieblingsaufenthalt, und Gänse, wilde Enten und vor allem Fasane kommen in ungeheurer Menge vor.

Endlich zeichnen sich die Gärten von Turkestan mit ihren hohen Pappeln, ihren langen grauen, teilweise neuen, meist aber alten, in Ruinen liegenden Lehmmauern und ihrem imposanten Heiligengrabe aus der Zeit Timurs gegen den Himmel ab, und jetzt fahren wir durch die heute (1. Dezember), einem Freitag, dem mohammedanischen Sonntage, leeren, verlassenen Basare nach dem Posthause.

Turkestan ist eine verfallene, uninteressante Stadt. Das Einzige, was einen mehrstündigen Aufenthalt entschuldigt, ist die kolossale Grabmoschee, die 1397 von Timur erbaut worden ist. Ihr Pischtak oder gewölbtes Portal ist außerordentlich hoch und von zwei pittoresken Türmen flankiert; die Moschee selbst wird von mehreren melonenförmigen Kuppeln geschmückt.

Einige sartische Jungen führten mich durch labyrinthähnliche enge Gänge und auf kalten, dunklen Treppen in den einen Turm hinauf, von dessen schwindelnder Höhe man bei gutem Wetter eine prachtvolle Aussicht über Turkestan und Umgebung hat. Der im Orient gewöhnliche melancholische Eindruck ergreift uns auch hier: Die alten architektonischen Denkmäler blenden uns durch ihre Pracht und imponieren uns durch ihre Größe, während die modernen Häuser erbärmliche Lehmhütten mit baufälligen Dächern sind, die durch enge, winklige Gassen voneinander getrennt werden.

Endlich nahten wir uns Taschkent, der Residenz des Generalgouverneurs. Noch ein paar schwere Poststrecken mit fußtiefem Kot, dann bleibt uns nur noch die letzte. Sie kam mir unendlich lang vor, obgleich der Weg hier sehr gut war; aber ich hatte vom Fahren im Tarantas übergenug und mit behaglichem Gefühl fuhr ich am 4. Dezember

1893 gleich nach Mitternacht in die Straßen von Taschkent ein.

Ein paar Zahlen! In 19 Tagen und Nächten hatte ich 2080 Kilometer zurückgelegt und 11½ Breitengrade, 96 Stationen und 30 000 Telegrafenstangen passiert, während jedes der Vorderräder des Tarantas sich 983 000-mal um die Achse gedreht hatte. Ich war von 111 Jämschtschiks gefahren und von 317 Pferden und 21 Kamelen gezogen worden und hatte beobachten können, wie die Tage immer länger wurden, obgleich die Wintersonnenwende herannahte. Ich hatte eine Gegend verlassen, die von Schneestürmen heimgesucht wurde und in der vollständiger Winter herrschte, hatte zu Anfang der Fahrt 20 Grad Kälte gehabt und war jetzt in einem Lande angekommen, wo der Frühling schon seinen Einzug zu halten schien, wo laue, herrliche Luft den Aufenthalt im Freien zu einem Genusse machte und wo das Thermometer 10 bis 12 Grad Wärme zeigte.

In Taschkent blieb ich beinahe sieben Wochen. Während der ganzen Zeit war ich eifrig mit den Vorbereitungen zur Reise beschäftigt. Alle meine Instrumente waren im besten Stande, ausgenommen das Quecksilberbarometer, das auf dem Wege von Orenburg zerbrochen war und von dem deutschen Mechaniker der Sternwarte repariert werden musste.

Das Einzige, was sonst noch durch das ewige Stoßen des Tarantas gelitten hatte, war die Munition. Als ich die beiden Kisten öffnete, bot sich meinen Augen ein entsetzlicher Anblick. Einige Hundert Papphülsen der Schrotpatronen waren zerrieben und die Blechschachteln, in denen sie verpackt gewesen, wie Papier zusammengeknittert. Dass keine der vielen scharfen Ecken auf die Idee gekommen, gegen ein Zündhütchen zu stoßen und dadurch eine Explosion hervorzubringen, erschien mir wie ein Wunder. Dann hätte meine Reise einen schnelleren Verlauf und ein anderes Ziel bekommen. Es war das erste Mal auf dieser Reise, dass mein Leben in so großer Gefahr geschwebt.

Schließlich hatte ich in Taschkent große Einkäufe zu machen. Ich versah mich auf längere Zeit mit Proviant, und kaufte einen großen Vorrat von allerlei Kleinigkeiten, wie Revolver mit Patronen, Uhren, Spieluhren, Kompasse, Fernrohr, Kaleidoskope, Mikroskope, Silberbecher, Schmucksachen usw., alles zu Geschenken an Kirgisen, Chinesen und Mongolen bestimmt. Im Inneren von Asien ist Zeug beinahe gangbare Münze; für einige Meter einfachen Kattuns kann man ein Pferd oder Proviant für mehrere Tage für die ganze Karawane kaufen.

Als alles getan war, was getan werden musste, nahm ich von meinen Freunden in Taschkent Abschied und verließ die stolze Stadt am 25. Januar 1894 morgens 3 Uhr.

Es war wieder kalt geworden und um 9 Uhr morgens zeigte das Thermometer –11 Grad. Die Landschaft war überall schneebedeckt, aber der Weg war so hart und holperig, dass der Wagen wie ein Folterwerkzeug stieß.

Das Dorf Biskent ist für die neuere Geschichte Zentralasiens von gewissem Interesse, denn hier wurde um das Jahr 1825 Jakub Bek geboren, der 1865 ganz Kaschgar eroberte, einer der merkwürdigsten Herrscher, die es gegeben und dessen Andenken in ganz Innerasien, wo er gewöhnlich »Bedaulet«, der Glückliche, genannt wird, schwerlich erlöschen wird. Nachdem er 1877 in Korla ermordet worden, entstand im Lande allgemeine Verwirrung; sein Sohn Hak Kuli Bek zog mit dem Heere des Vaters, das gegen die Chinesen gekämpft, nach Kaschgar, wurde aber ebenfalls ermordet, und zwar, wie man sagt, von seinem Bruder Bek Kuli Bek. Letzterer wohnt noch heute in Biskent, wo er mehrere Häuser und Höfe besitzt und eine russische Pension erhält. Er ist ein ebenmäßig und kräftig gebauter, gegen 50 Jahre alter Mann mit kohlschwarzem Barte und harten Zügen. Inmitten seiner acht Söhne wartet er voll Ungeduld auf einen Aufruhr in Kaschgar, wohin er sich dann sofort zu begeben beabsichtigt, um womöglich von dem Throne seines Vaters Besitz zu ergreifen. So sagte er wenigstens selbst. Armer Mann! Er mag ja in dieser Hoffnung leben, aber er weiß nicht, welche großen politischen Veränderungen seit Jakub Beks Tagen in Ostturkestan vergegangen sind!

Nach mehreren, durch den Mangel an Pferden verursachten Unterbrechungen kam ich am 27. Januar in Chodschent an und traf am 29. in Kokan ein.

Die Stadt Kokan hat zirka 60 000 Einwohner, darunter eine russische Garnison von 1400 Mann.

Ich besuchte ein paar »Hammam« oder Badestuben, natürlich ohne sie zu benutzen, denn sie sind das Gegenteil von dem, was wir unter Bädern verstehen, und sind eher Herde zur Verbreitung von Hautkrankheiten. Man tritt in einen großen Saal mit teppichbedeckten Terrassen und Holzsäulen ein: Dies ist der Entkleidungsraum. Von dort begibt man sich durch labyrinthische enge Gänge in dunkle dampferfüllte Gewölbe von verschiedener Temperatur. In der Mitte erhebt sich ein Terrassenabsatz, auf dem der Badende von einem nackten Diener massiert und gewaschen wird. Mystische Dämmerung herrscht in diesen kellerartigen Räumen und aus den Wasserdämpfen schimmern nackte Gestalten mit langen schwarzen oder grauen Bärten hervor. Die Mohammedaner bringen oft den halben Tag im Bade zu, wo sie rauchen, Tee trinken und manchmal auch zu Mittag essen.

Am 4. Februar erreichte ich die Hauptstadt von Fergana, Margelan, wo mich der Gouverneur, General Pawalo-Schweikowskij, mit außerordentlicher Liebenswürdigkeit empfing, mich während der 20 Tage, die ich in seinem Hause zubrachte, aufs Beste bewirtete und mir viele sehr nützliche Ratschläge gab.

EINE WINTERFAHRT ÜBER PAMIR

Auf der Grenze zwischen Ost- und Westturkestan, Buchara, Afghanistan und Indien erhebt sich ein gewaltiges Hochland, ein gigantischer Gebirgsknoten, von dem nach Osten und Südosten die beiden höchsten Bergketten der Erde, der Kven-lun und der Himalaja, nach Nordosten der Tienschan und nach Südwesten der Hindukusch ausstrahlen, während sich der Kara-korum zwischen den beiden erstgenannten Ketten nach Tibet hineinzieht. Hier lebten, nach manchen Forschern, die ersten Menschen und uralte Sagen erzählen, dass die vier großen, in der Bibel erwähnten Flüsse des Paradieses hier ihre Quellen hatten. Die Völker Hochasiens geben Pamir noch heute den Ehrennamen »Dach der Welt«. Von ihm schauen himmelhohe Bergriesen auf die übrige Erde hinab.

In politischer Hinsicht stand Pamir in neueren Zeiten unter den Khanen von Kokan. Als dessen letztem Herrscher, Chodier Khan, von seinem mächtigen Nachbarn im Norden Macht und Reich geraubt wurden, machte Russland auf die Herrschaft über Pamir Anspruch. Man schenkte jedoch dem unzugänglichen, fast unbewohnten Lande wenig Aufmerksamkeit. Dies ermutigte seine anderen Nachbarn, angrenzende Stücke des ehemaligen Khanats zu annektieren. Die Afghanen besetzten ganz Badakschan und Schugnan und zeigten sich auch in Koschan und Wachan, wo sie am Pändschflusse befestigte Posten anlegten. Die Chinesen besetzten die östlichen Grenzgebiete von Pamir und die Engländer nahmen sich später Tschitral und Kandschut.

Diesen Operationen sahen die Russen auf die Dauer nicht gleichgültig zu. Im Jahre 1891 zog der Oberst Jonnoff mit einer Truppe von beinahe 1000 Kosaken über ganz

Pamir bis an den Hindu-kusch, wo er in der Nähe des Barogilpasses mit einem kleinen afghanischen Vorposten ein Scharmützel hatte. Bald darauf wurde am Flusse Murghab der Posten Schah-dschan angelegt, der später in Pamirskij Post umgetauft wurde. Hier lagen stets ein paar Hundert Kosaken, um die russischen Interessen zu wahren.

So entstand die Pamirfrage, über die in den letzten Jahren so viel gesprochen und geschrieben worden ist. Das Land, das im Herzen von Asien, in arktische Kälte gehüllt, beinahe vergessen dagelegen, wurde der Gegenstand des lebhaftesten Interesses und wichtiger, vielleicht schicksalsschwerer politischer und strategischer Maßnahmen. Gewisse Gebiete von Pamir waren noch herrenlos, und die wenigen Kirgisen, die dort mit der Kälte kämpften, hatten keine Obrigkeit und bezahlten keine Steuern; nun aber erhoben alle Nachbarn Anspruch darauf, alle hatten befestigte Posten in der Nähe. Keiner wollte den ersten Schritt tun, aber alle waren bereit, Feuer zu geben.

Während meines Aufenthalts bei Baron Wrewskij, dem Generalgouverneur von Turkestan, sprachen wir oft von Pamir. Ich kam dabei auf den Gedanken, den Weg nach Kaschgar durch dieses Land zu nehmen. Als ich meinen Entschluss gefasst hatte, rieten mir fast alle davon ab, und Offiziere, die an Jonnoffs Expedition teilgenommen hatten, prophezeiten mir eine gefährliche Reise und gaben mir den Rat, noch zwei oder drei Monate zu warten.

Ein Hauptmann, der am Murghab überwintert hatte, versicherte mir, dass ich mich den größten Gefahren und den kritischsten Situationen aussetzen würde. Sogar im Sommer tobe nicht selten der Schneesturm bei –10 Grad. Im Winter 1892/93 sei die Temperatur Ende Januar bis auf –43 Grad gesunken und Schneestürme gehörten zu den gewöhnlichen Erscheinungen. Der Buran komme unvermutet, oft aus eben noch heiterem Himmel. Der Weg sei dann im Augenblick verschneit, die Luft fülle sich mit feinem Schneestaub, man könnte nicht zwei Schritte weit sehen, müsse sofort stehen bleiben und sich in seinen Pelz hüllen und könne Gott danken, wenn man mit dem Leben davonkomme. Der Hauptmann riet mir, mich während des Marsches nie von meiner Karawane zu entfernen.

Zwei Männer gab es jedoch, die das Unternehmen in nicht so dunklen Farben sahen, sondern mich aufmunterten und alles zu tun versprachen, um es zu ermöglichen und zu erleichtern. Es waren Baron Wrewskij und der Gouverneur von Fergana, General Pawalo-Schweikowskij. Auf Baron Wrewskijs Initiative sandte der Gouverneur von Fergana schon eine Woche vor meiner Abreise von Margelan über Dschigiten (sartische Kuriere) an die im Alaitale überwinternden Kirgisen den Befehl, mich überall aufzunehmen und an bestimmtem Tage und Orte eine Jurte bereitzuhalten, mich mit Schaffleisch und Brennmaterial zu versehen, Leute vorauszuschicken, um einen Weg durch den Schnee zu bahnen und Stufen in die schmalen, lebensgefährlichen vereisten Gebirgspfade der Alaiberge zu hauen, beim Beladen und Begleiten der Kamele zu helfen usw. Nach dem Murghab wurden ebenfalls reitende Boten gesandt. Ich erhielt ein Schreiben an den Kommandanten von Pamirskij Post und eins an den chinesischen Kommandanten am Bulun-kul in der Nähe der Grenze.

Die im Voraus bestimmte Route führte über das Alaigebirge über den Pass Tengis-bai und durch das Alaital, über den Pass Kisil-art an den See Kara-kul und über den Akbaital-Pass nach Pamirskij Post am Murghab, wohin ich 490 Kilometer hatte, die sich auf 18 kurze Tagemärsche und fünf Rasttage verteilten.

Ein alter sartischer Kaufmann stellte die Pferde. Ich mietete ein Reitpferd und sieben Packpferde; für jedes von ihnen hatte ich zwei Mark pro Tag zu zahlen. Zwei Leute und drei Furagepferde kamen gratis mit. Ein kleiner lebhafter, wetterharter, weit gereister Dschigit, Rehim Bai, der überdies ein vorzüglicher Koch war und Russisch sprach, wurde als mein erster Diener angestellt. Er erhielt monatlich 50 Mark, dazu Verpflegung und freie »Wohnung«, musste sich sein Pferd und warme Kleidung aber selbst beschaffen. Er wäre auf dieser Reise beinahe ums Leben gekommen und begleitete mich nur bis Kaschgar.

Der eine der beiden Pferdeknechte war umso zäher und füllte Rehim Bais Platz glänzend aus, als dieser krank wurde. Er hieß Islam Bai und hatte sein Heim in Osch; auf der ganzen langen Reise war er mein bester Diener. Eigentlich sollte er schon hier seine Anerkennung erhalten, aber auf späteren Blättern wird der Leser selbst finden, dass ich bei diesem Manne, der mir treu durch alle Wetter, alle Gefahren folgte, in großer Dankesschuld stehe. Er kannte mich nicht, als wir uns zuerst trafen, und hatte keine Ahnung, wohin es ging; aber er verließ sein stilles Heim und seine Familie in Osch, um ohne Furcht alle die wechselnden Schicksale, die im innersten Asien unser warteten, mit mir zu teilen.

Wir wanderten zusammen durch die Sandstürme der Wüste Gobi, wir waren beide nahe daran, vor Durst zu verschmachten, und er war es, der meine Karten und Aufzeichnungen rettete, als die anderen zusammenbrachen. Stets war er der Erste, wenn wir die hohen Schneeberge bestiegen. Er führte meine Karawanen mit sicherer Hand durch brausende Flüsse und treu war er auf seinem Wachtposten, als die tibetischen Räuber uns überfallen wollten. Die Dienste, die er mir geleistet, sind unzählig und ohne ihn hätte meine Reise nicht so glücklich geendet, wie sie es tat. Er trägt nun mit Ehren und Stolz die goldene Medaille, die König Oskar ihm verliehen hat.

In Margelan ließ ich allerlei überflüssige Sachen zurück, unter anderem den alten, getreuen, orenburgischen Tarantas und die europäischen Koffer, und kaufte mir statt ihrer sartische Jachtane, mit Leder bezogene Holzkisten, die von den Pferden mit Leichtigkeit paarweise getragen werden können.

Wir sollten oft auf schneebedecktem Boden unser Zelt aufschlagen, deshalb wurden zwei stählerne Spaten mitgenommen; wir sollten auf steilen, mit Glatteis bedeckten Pfaden dahinziehen, darum nahmen wir Äxte und Picken mit; wir sollten über das Eis des Kara-kul reiten, wo ich Lotungen vorzunehmen beabsichtigte, daher wurden 500 Meter starkes Segelgarn, das alle zehn Meter mit Knoten abgeteilt war, sowie Lote mitgenommen.

Am 22. Februar zog die Karawane mit den Dschigiten nach Utsch-kurgan. Ein Pferd trug die ganze fotografische Ausrüstung in zwei Jachtanen, ein zweites die Instrument-, Bücher- und Arzneikisten, das vierte und fünfte den Proviant, das sechste und siebente die Waffen und die übrigen Gegenstände. Den Zug schlossen die drei Furagepferde mit Futter- und Kornsäcken; das eine von ihnen verschwand fast unter zwei kolossalen Strohsäcken.

Die beiden Karawanenführer gingen zu Fuß und trieben die Tiere an, die Dschigiten ritten. Das Ganze bildete eine lange, stattliche Karawane und mit Stolz betrachtete ich ihren Aufbruch vom Hofe des Gouverneurpalastes. Ich selbst blieb die Nacht über in Margelan und durfte also der europäischen Zivilisation noch ein letztes Lebewohl sagen, denn die ganze vornehme Welt von Margelan war an diesem Abend beim Gouverneur versammelt.

Welcher Unterschied für mich gegen die folgenden Abende! Nach einem herzlichen Abschied von dem gastfreien Gouverneur und seiner liebenswürdigen Familie verließ ich am 23. Februar am frühen Morgen Margelan und vereinigte mich in Utsch-kurgan mit den Meinigen.

Der Weg führte teilweise durch den Talgrund des Isfairanflusses selbst, der sich tief in grobkörnige Konglomeratbänke eingegraben hat, manchmal an steilen Abhängen entlang.

In der Eile des Aufbruchs von Margelan hatte ich ganz vergessen, mir einen Hund anzuschaffen, der vor der Jurte Wache halten sollte; diesem Mangel wurde auf unerwartete Weise abgeholfen.

Als wir am 25. Februar den Weg nach Langar zurücklegten, gesellte sich ein großer, gelber, langhaariger kirgisischer Hund unaufgefordert zu unserem Zuge. Er folgte uns getreulich auf dem ganzen Wege bis nach Kaschgar und hielt die schärfste Karaul (Wache) vor dem Zelte. Er bekam den Namen Jolltschi, der unterwegs Gefundene.

Die parallel laufenden Kämme des Alaigebirges, die das Quertal des Isfairan durchschneidet, sind imponierende Felsmassen. Hohe Schuttkegel fallen steil zum Talgrunde ab, wo an den Ufern des Isfairan spärliche Bäume und Büsche wachsen. An den Abhängen hängt manch alter, knorriger Artscha (asiatischer Wacholder) seine zottelköpfige Krone über einen gähnenden Abgrund.

Ein über das andere Mal wird der Fluss auf kleinen, schwankenden Holzbrücken passiert. Eine von ihnen trug den bezeichnenden Namen »die tiefe Brücke«. Sie sieht von der Felswand, an deren Rand der Saumpfad hinzieht, tief unten in der hier außerordentlich engen Talschlucht wie ein dünnes Stückchen aus.

Die Pferde mühen sich ab und keuchen und bleiben alle zehn Schritte stehen, um Atem zu holen. Das Gepäck muss unaufhörlich in Ordnung gebracht werden, da es nach vorn oder hinten rutscht. Langsam und vorsichtig schreitet der Zug auf dem fußbreiten, lebensgefährlichen Wege dahin. Das erste Pferd, das die beiden Strohsäcke und mein Feldbett trug, wurde vorsichtig von einem des Weges kundigen Kirgisen geführt. Trotz alledem stolperte es, versuchte vergeblich, wieder festen Fuß zu fassen, glitt den Abhang hinunter, schlug in der Luft ein paar Saltos, stürzte auf den beinahe senkrecht stehenden Schiefer im Talgrunde und geriet schließlich in den Fluss, nachdem die Säcke zerrissen und das Stroh zwischen den Steinen verstreut worden war.

Lautes Geschrei durchtönte die Luft; der Zug blieb stehen und alle stürmten wir auf Umwegen hinunter. Ein Kirgise fischte mein Feldbett auf, das den Fluss hinuntertanzte; die anderen versuchten das Pferd herauszulocken, das, den Kopf gegen einen Stein gelehnt, im Wasser lag. Da es nicht dazu vermocht werden konnte, selbst herauszugehen, zogen die Kirgisen Schuhe und Strümpfe aus, stiegen ins Wasser und holten es ans Ufer.

Das Pferd starb jedoch. Es hatte sich das Rückgrat gebrochen und nach einer Weile glitt es unter krampfhaften Todeszuckungen wieder in den Fluss, wo wir es liegen ließen. Nun wurde die gefährliche Stelle mit Spaten und Äxten bearbeitet und mit Sand bestreut. Jedes Pferd führte ein Mann; dass ich zu Fuß ging, brauche ich wohl nicht hinzuzufügen.

Die Dämmerung überraschte uns schnell. Nächtliche Schatten hüllten das enge Tal mit düsterem Schleier ein und nur die lebhaft funkelnden Sterne erhellten mit ihrem bleichen Lichte unseren Weg. Ich hatte in Asien schon viele Abenteuer erlebt, aber die drei Stunden, die wir noch bis Langar hatten, waren vielleicht die schwersten, die ich je durchgemacht hatte.

Die erste vereiste Straße war jedoch nur ein Vorgeschmack dessen, was kommen sollte. Wir schritten, krochen und tappten an den auf Beute wartenden Abgründen dahin. Unaufhörlich entstand Aufenthalt; Stufen mussten ins Eis gehauen und mit Sand bestreut werden. Jedes Pferd wurde jetzt von zwei Leuten geführt, der eine hielt es am Zügel, der andere am Schwanze. Mehrere Pferde fielen, kamen aber wieder auf die Beine. Hunderte von Metern weit kroch ich auf allen vieren; ein Kirgise war hinter mir und hielt mich fest, wenn schwere Stellen zu passieren waren. Ein Sturz in die Tiefe würde aller Wahrscheinlichkeit nach den Tod herbeigeführt haben. Kurz, es war ein verzweifelter Marsch; dazu war es unheimlich dunkel und kalt. Das Schweigen wurde nur von Zeit zu Zeit durch das durchdringende Geschrei der Leute unterbrochen, wenn ein Pferd gefallen war, oder von ihren Warnungsrufen, wenn eine lebensgefährliche Passage kam, sowie von dem Rauschen des weiß schäumenden, in Wirbeln dahinfließenden Flusses. Über zwölf Stunden waren wir durch den Schnee gewandert, als wir müde, durchfroren und hungrig endlich in Langar anlangten, wo uns zwei schöne Jurten mit flammendem Feuer erwarteten.

Wir nahten uns jetzt in beinahe südlicher Richtung dem Passe Tengis-bai. Die fünf wichtigsten Pässe, die Fergana über die Alaiberge mit dem Alaital verbinden, sind, von Osten nach Westen gerechnet: Talldik (3537 Meter), Dschipptik (4146 Meter), Sarik-mogal (4300 Meter), Tengis-bai (3850 Meter) und Kara-kasik (4360 Meter). Diese Zahlen geben uns für die Alaikette eine mittlere Passhöhe von rund 4000 Metern. Sie wird von Osten nach Westen immer bedeutender, obgleich der Boden des Ferganatales in derselben Richtung sinkt.

Von den angeführten Pässen ist der Talldik am leichtesten zu passieren; er ist aber einen großen Teil des Winters durch Schnee gesperrt.

Der Februar ist die Zeit der Lawinen und der Schneestürme, und ist das Wetter nicht ganz klar und still, so hütet sich selbst der mutigste Kirgise davor, sich zum Pass hinaufzubegeben. Es vergeht jedoch selten ein Winter ohne Unglücksfälle und im Sommer können viele Skelette von Pferden und auch von Menschen als Wegweiser dienen.

In der Nacht auf den 26. Februar schickten wir acht Kirgisen mit Spaten, Picken und Beilen voraus, um uns einen Weg zum Passe hinauf zu bahnen; früh am Morgen folgte ihnen die Karawane.

Die kleinen Gebirgspferde, von denen jedes ungefähr 80 Kilo trägt, sind bewundernswert. Sie gleiten und rutschen lange Strecken an den Abhängen hinab, erklettern gewandt wie Katzen abschüssige Wände und balancieren mit unglaublicher Sicherheit auf schmalen, schlüpfrigen, oft vereisten und neben Abgründen hinlaufenden Pfaden.

Das Tal verengert sich; sein Grund steigt ungeheuer steil an und verschmilzt allmählich mit den Bergabhängen. Die relativen Höhen nehmen in demselben Maße ab, wie die absoluten zunehmen. Das letzte Stück des Weges war endlos; es führte uns über einen Lawinenkegel nach dem andern. Der letzte Kegel machte uns so viel Schwierigkeiten, dass ein großer Teil des Gepäcks von den Kirgisen nach dem nächstgelegenen Robat (Karawanserei) getragen werden musste.

Wir waren hier in einer Höhe von 2850 Metern. In der Nacht fing die Bergkrankheit an, sich fühlbar zu machen, um sich den ganzen nächsten Tag in entsetzlichem Kopfweh und Herzklopfen zu äußern. Diese Symptome, die jedoch nach ein paar Tagen spurlos verschwinden, werden durch den plötzlichen Höhenwechsel verursacht.

In ernster Stimmung zogen wir zu dem Passe hinauf, der jetzt überall mit tiefem Schnee bedeckt war. Nach unerhörten Mühen und Anstrengungen erreichten wir einen muldenartigen Einschnitt, der nur langsam anstieg, wo der Schnee jedoch gegen zwei Meter hoch lag. Ein schmaler, tiefer Steig war durch die Schneekruste getreten worden; sein fester Grund ruhte auf dem Schnee wie ein schwankender Steg in einem Moore. Ein Schritt seitwärts und das Pferd versank ganz im Schnee und musste unter großem Zeitverlust mit vereinten Kräften wieder auf den »Steg« hinaufgezogen werden.

In Hunderten von Krümmungen schlängelt sich der Weg noch einen letzten Kamm hinauf. Nachdem die Kräfte der Pferde hier auf die entsetzliche Probe gestellt worden, kamen wir endlich mit heiler Haut auf dem gefürchteten Tengis-bai-Passe an.

Der Punkt, auf dem wir uns befanden, war auf allen Seiten von schneebedeckten Kämmen umgeben und nur hier und da guckten nackte Felsspitzen aus dem Schnee empor.

Im Norden sehen wir das Isfairantal, das wir nach so großen Anstrengungen jetzt endlich hinter und unter uns haben. Im Südosten öffnet sich ein großartiges Panorama. Hinter den scharf markierten Kämmen des Alaigebirges erscheint in der Ferne, jenseits des Alaitales, das Bergsystem des Transalai in den schönsten blauen und weißen

Tönen mit Gipfeln, die in den Wolken verschwinden, und Schneefeldern, die in blendender Klarheit leuchten.

Nachdem wir in der hohen dünnen Luft der gewaltigen Wasserscheide aufgeatmet hatten, verließen wir das Flussgebiet des Sir-darja und zogen langsam nach den Gegenden hinab, deren Wasser vom Amu-darja gesammelt werden.

Der Abstieg war hier ebenso steil wie auf der nördlichen Seite; ein Lawinenkegel nach dem anderen wurde passiert. Einige von ihnen hatten Erde und Geröll mitgerissen und wurden erst dann als Lawinenschnee erkannt, als die Pferde in dem trügerischen Boden bis an den Bauch einsanken. Die Kirgisen sagten, wir könnten uns glücklich preisen, den Lawinen entronnen zu sein. Wenn die Lawine mit überwältigender Kraft und Schwere ins Tal hinabstürzt, verwandeln sich ihre untersten Schichten durch den Druck zu Eis, und die Unglücklichen, die darunter begraben werden, frieren förmlich ein in eine glasharte Eismasse, aus der keine Rettung möglich ist. Sie kommen wahrscheinlich gar nicht zur Besinnung, bevor sie, vom Stoße betäubt, erfrieren.

Der Weg führte weiter hinunter durch das Tal des Baches von Daraut-kurgan. Mindestens alle zehn Minuten wateten wir durch den Bach, der an einigen Stellen unter Gewölben und Brücken von Schnee plätscherte. Vom Lawinenrande mussten sich die Pferde sozusagen kopfüber ins Wasser stürzen, um auf der entgegengesetzten Seite einen gewaltigen Sprung aufs Trockne zu machen. Ich schwebte jedes Mal in der größten Unruhe um die Fotografie- und Munitionspferde; es lief jedoch alles gut ab. Nur einmal stürzte eins der Proviantpferde vom Kamme eines Schneekegels in den Bach hinunter. Es wurde abgeladen, die Jachtane wurden mit einem Stricke durch den Schnee aufgeheißt, das Pferd wieder bepackt und der Zug langsam durch die Schneewehen fortgesetzt, bis der nächste Fall uns von neuem aufhielt. In diesem Stile ging es weiter!

Unser Tal mündete in das große Alaital aus, wo Chodier-Khans Festung Daraut-kurgan ihre niedrigen Lehmmauern mit Türmen an den Ecken erhebt. Bald darauf langten wir an dem kirgisischen Winteraul gleichen Namens an, der sich aus 20 Jurten zusammensetzt und unter der Herrschaft des gastfreien Häuptlings Tasch Mohammed Emin steht.

Am 2. März wanderten wir nach dem Winterdorfe Gundi. Hier traf uns ein Missgeschick. Wir waren gerade im Kischlak (Dorfe) angekommen, wo die Jurte aufgestellt und mit dem Bette, den Jachtanen und dem empfindlicheren Teile des Gepäckes möbliert wurde, als Rehim Bai so heftig gegen das Quecksilberbarometer stieß, dass die Glasröhre zerbrach und die flinken Silberperlen über den Teppich liefen. Das kostbare, empfindliche Instrument, das ich gewissenhaft dreimal am Tage abgelesen und wie ein Wickelkind gehütet hatte, war nun ganz wertlos und hätte ebenso gut im Schnee liegen bleiben können. Rehim Bai war sehr bestürzt; er konnte aber nicht für das beklagenswerte Ereignis verantwortlich gemacht werden und erhielt darum nur eine gelinde Zurechtweisung.

Um mich zu trösten, arrangierten die Leute am Abend eine musikalische Soiree. Ein Kirgise kam in mein Zelt, ließ sich dort nieder und spielte auf dem Komus, einem dreisaitigen Instrument, das mit den Fingern gespielt wird. Es ist ein ziemlich eintöniges, melancholisches Spiel, wirkt aber asiatisch stimmungsvoll. Gern hörte ich ihm zu, umso mehr, als die Musik von dem Sausen des abnehmenden Sturmes und dem Knistern des Feuers begleitet wurde. Wie manches Mal sollte ich während dieser langen Jahre noch den Tönen dieses primitiven Saitenspieles lauschen, wie mancher dunkle, einsame Winterabend mir durch dieses bescheidene Instrument verkürzt werden!

Am 4. März schneite es den ganzen Tag und ein dichter Nebel breitete sich über die Landschaft aus. Alles war weiß; Erde und Himmel verschmolzen ineinander. Der einzige Ruhepunkt für das Auge war die Karawane, eine dunkle Linie, die nach der Spitze hin schmutzig grau erschien und im Nebel verschwand. Vor uns her wurden jetzt zwei Kamele geritten. Ihre Reiter suchten die wenigst tiefen Stellen aus und ritten deshalb in allen möglichen Bogen über die Erhöhungen des Bodens. Der Schnee war jedoch so tief, dass die Kamele oft ganz unvermutet fast vollständig darin versanken und eine andere Richtung eingeschlagen werden musste.

Die Pferde waten in der Spur der Kamele. Still und ernst schreitet der Zug durch den Schnee dahin. Endlich erscheint eine Jurte auf einem Hügel, einem schwarzen Punkte gleich in dem ewigen Weiß, und man ist damit beschäftigt, eine zweite aufzuschlagen. Wir hatten nur 150 Meter dorthin, aber diese führten über eine Rinne, in welcher sich der Schnee zwei bis drei Meter hoch angehäuft hatte, und mehr als eine Stunde mühten wir uns ab, die Packpferde glücklich hinüberzubringen. Schließlich verfielen die Kirgisen auf einen Ausweg. Sie breiteten die Filzstücke der Jurte über den Schnee, und auf diesen wurden die Pferde in einer langen Reihe hinübergeführt. Eins nach dem anderen wurden die hintersten Filzstücke wieder vorn hingelegt, und nach vielen Widerwärtigkeiten gelang es uns, die ganze Karawane schließlich auf festen Boden zu bringen. Die Gegend heißt Dschipptik.

Die Nacht war kalt, das Minimumthermometer zeigte – 20,5 Grad. Am Morgen war alles im Zelte gefroren: Konserven, Milchextrakt und Tinte, und im Freien standen die Pferde, ließen den Kopf hängen und scharrten mit den Hufen im Schnee.

Das Wetter war still. Gegen elf Uhr kam die Sonne zum Vorschein und aus dem Nebel traten die majestätischen Gipfel des Transalai hervor, um die hier und da noch leichte, durchsichtige Schleier schwebten. Von Zeit zu Zeit sah man auch den Pik Kauffmann (7000 Meter), eine silberglänzende Pyramide, die indessen ihre Nachbarn nur wenig an Höhe zu übertreffen schien.

Wir erwarteten eine Partie kirgischer Reiter, die von Artschabulak kommen sollten, um uns einen Weg zu bahnen. Als sie nichts von sich hören ließen, machte sich unser Freund Emin auf, um sie aufzuspüren und das Terrain zu untersuchen. Nach mehrstündiger Abwesenheit kehrte er mit der Nachricht zurück, dass an ein Weiterkommen nicht zu denken sei. Der Schnee sei metertief und sein Pferd mehrmals gefallen.

Nach kurzer Beratung wurde beschlossen, dass Emin und Rehim Bai sich nach Dschipptik begeben sollten, um von dort Hilfe zu holen. Endlich erschien ein langer Zug von Reitern, Pferden und Kamelen, die uns Heu für die Pferde und Brennmaterial brachten.

Am Morgen des 6. März rüsteten wir uns wie zu einem Feldzuge. Die Kirgisen erzählten, dass die Schneeverhältnisse viel ungünstiger sein können, als sie diesen Winter waren. Manchmal häuft sich der Schnee so hoch wie die Zelte an, und zur Aufrechterhaltung der Verbindung zwischen den Aulen gebraucht man dann die Yaks (Grunzochsen), die so dressiert sind, dass sie als Schneepflüge Dienste leisten, da sie mit dem Kopfe und den Hufen förmliche Tunnels durch die Schneemassen stoßen, in denen die Kirgisen ihnen folgen.

Jetzt galt es, den Kisil-su-Fluss zu passieren, was nicht leicht war. Er war größtenteils mit Eis bedeckt und nur eine zehn Meter breite Rinne in der Mitte zeigte Stromwirbel. Es ist ein höchst unbehagliches Gefühl, wenn das Pferd auf dem Eisrande stehen bleibt und seine Kraft zum Sprunge in den Fluss sammelt. Es kann leicht ausgleiten oder hineinstürzen und man hat alle Aussicht auf ein gründliches Bad, das bei dieser Temperatur an und für sich unangenehm wäre, aber geradezu gefährlich ist, wenn man in dicken, schweren Pelzen steckt, die die Bewegung hindern. Und ist man einmal im Wasser, so wird man beinahe schwindlig, denn es braust und siedet um das Pferd herum, und folgt man nicht genau der Furt, sondern weicht seitwärts ab, so kann es vorkommen, dass man in zu tiefes

Wasser gerät, wo das Pferd von der Strömung fortgerissen wird.

Wir ließen den Kisil-su links liegen und zogen mitten durch das Tal auf die Abhänge des Transalai zu. Nach zehnstündigem Marsch machten wir Halt in diesem Reiche der Kälte und des Todes, wo kein Grashalm, kein lebendes Wesen zu sehen war. Die Leute schaufelten den Schnee von einem niedrigen Hügel fort und das Gepäck wurde dort aufgestapelt.

Lange dauerte es, bis wir an jenem Abend zur Ruhe kamen, und erst nachts um 1 Uhr war es still im Lager; das Thermometer zeigte –2 Grad. Ich pflegte in meiner Jurte allein zu schlafen, denn es ist nicht angenehm, die Kirgisen gar zu dicht auf dem Leibe zu haben, da sie in ihren Pelzen selten allein wohnen. Doch die Kälte ist ein gutes Schutzmittel gegen das Übel, auf das ich anspiele, und in dieser Nacht konnte ich die Leute nicht mit gutem Gewissen draußen liegen lassen. So viele im Zelt Platz fanden, durften sich auf den Teppichen ausstrecken, wo sie wie die Heringe in der Tonne dicht gepackt lagen.

Am 7. März brachen wir erst gegen 11 Uhr auf, denn wir warteten alle auf die wärmende Sonne.

Langsam schreitet der Zug vorwärts durch die Schneewehen, die immer tiefer zu werden scheinen. Im Osten sehen wir das Ende des Alaitales, wo die Ausläufer des Alai und des Transalai muldenartig miteinander verschmelzen. Die letztere Bergkette tritt jetzt immer deutlicher hervor, wird aber immer weniger imposant, da die relative Höhe allmählich abnimmt; doch ihr schneeumhüllter Kamm glänzt in blendendem Weiß und Blau und darüber wölbt sich jetzt ein reiner, türkisblauer Himmel.

Die Pferde waten durch den Schnee und die Männer müssen aufpassen, wenn das Gepäck sich verschiebt; oft müssen alle Mann zugreifen und an schwierigeren Übergängen hört man ihren charakteristischen Ruf *»Bismillah!«* (In Gottes Namen) oder *»Haidah!«* (Vorwärts).

Unser Hund Jolltschi freut sich seines Daseins. Wie ein

Delphin taucht er in die Schneewehen und wälzt sich mit seinem üppigen Pelze im Schnee. Bald nimmt er aus Spaß das ganze Maul voll Schnee, bald schießt er wie ein Pfeil der Karawane voran. Der Hund war übrigens von Anfang an halb wild und es gelang mir nie, ihn richtig zu zähmen. Unter Kirgisen aufgewachsen, war er nicht dazu zu bringen, in mein Zelt zu kommen, denn die Mohammedaner betrachten den Hund als ein unreines Tier und glauben, mit dem Staube an seinen Füßen besudle er das Innere des Zeltes. Ich wollte Jolltschi dieses dumme Vorurteil abgewöhnen, aber er ließ sich weder im Guten noch im Bösen dazu bringen, meine Schwelle zu überschreiten. Er war nie in einem Zelte gewesen und hatte entschieden das Bewusstsein, dass er dort nichts zu schaffen habe.

Da die Packpferde gar zu langsam vorwärts kamen und wir bis zum Lager noch ein paar Stunden hatten, verließ ich, von einem Kirgisen begleitet, die Karawane und ging in der Dunkelheit auf unwegsamer Straße dahin. Der Kirgise ritt voraus, hinter ihm kam ich in der Furche, die sein Pferd pflügte: ein ermüdender Ritt. Aber die Stunden gingen hin, und hätte es in der kleinen, einsamen Herberge zu Vor-doba einen Gastwirt gegeben, so wäre er sicherlich verwundert gewesen, zu so später Stunde zwei beschneite Reiter vor das Haus reiten, ihre Pferde draußen anbinden, sich den Schnee abklopfen und in die Stube treten zu sehen.

Damit sich der Leser von dieser Herberge keine übertriebenen Vorstellungen mache, will ich gleich sagen, dass sie eine kleine Erdhütte war, deren Balken- und Bretterdach durch unbehauene Baumstämme gestützt wurde, und dass eine in der Mitte des Fußbodens befindliche viereckige Terrasse den Reisenden als Lager diente. An einigen Punkten sind auf Befehl des Gouverneurs von Fergana solche Hütten errichtet worden, um die Postverbindung zwischen Margelan und Pamirskij Post zu erleichtern.

Auf dem Wege nach Vor-doba hatten wir die Spuren von acht Wölfen gesehen.

Der Wolf ist in diesen Gegenden sehr häufig. Der Hund

wittert den Wolf schon in einer Entfernung von ein bis zwei Kilometern, wird aber von diesem, der der Herde wochenlang auflauert und eine passende Gelegenheit abwartet, nicht selten überlistet. Der Wolf ist außerordentlich blutdürstig, und wenn er eine unbewachte Schafherde trifft, zerreißt er alle Schafe. Doch wehe dem Wolfe, der von einem Kirgisen weidwund geschossen wird und dann lebendig in die Hände seines Feindes fällt! Man steckt ihm quer in den aufgesperrten Rachen einen kurzen, dicken Stock, an dem ihm die Kiefer fest zusammengeschnürt werden. Ein zweites Holzstück wird ihm an ein Bein gebunden, um ihn am Ausreißen zu hindern; dann wird er gemartert, solange noch ein Funken von Leben in ihm ist.

Wenn im Alaital die großen Winterschneefälle stattfinden, geht der Wolf nach Pamir hinauf und streift die Ufer des Kara-kul ab, wo er hauptsächlich von den stattlichen Archaris (Kaschgarschafen, *Ovis Poli*), Kijiks (Wildziegen) und Hasen lebt.

Die Archarijagd betreibt der Wolf auf schlaue Weise. Auf eine weidende Herde wird ein Treiben angestellt, und eines oder ein paar der schnellfüßigen Tiere werden von vorher ausgestellten Posten bezwungen, Zuflucht auf einem vorspringenden Felsen zu suchen, der nun von den Wölfen umzingelt wird. Da die Wölfe nicht auf den Vorsprung hinaufklettern können, warten sie geduldig, bis dem Archari die dünnen Beine vor Erschöpfung einschlafen und der unglückliche Gefangene kopfüber in die Klauen seiner hungrigen Verfolger stürzt.

Den Kirgisen zufolge sind zwei Wölfe für einen einzelnen Mann gefährlich. Sie erzählten mir schauerliche Wolfsgeschichten aus diesen Gegenden. So wurde ein allein gehender Kirgise vor einigen Jahren im Talldikpasse von Wölfen überfallen, und als man ein paar Tage darauf seine Leiche fand, waren nur noch der Kopf und das Gerippe von ihm übrig.

Am Morgen des 9. März fielen alle Kirgisen im Schnee auf die Knie und baten Allah um eine glückliche Reise über den gefürchteten Kisil-art-Pass, wo Verderben bringende Burane oft aus eben noch wolkenlosem Himmel kommen. Ich hatte mich auf eine gräuliche Wanderung gefasst gemacht, fand jedoch, dass der Kisil-art viel leichter zu überschreiten war als der Tengis-bai.

Glücklich erreichten wir den Kamm (4271 Meter), wo ein eisiger, Pelze und Filzstiefel durchdringender Nordwind wehte. Auf der eigentlichen Passhöhe erhebt sich das Grabmal des heiligen Kisil-art, eine Steinpyramide mit zahlreichen Tughs, d. h. mit Lumpen, Zeugflicken und Antilopenhörnern besetzten Stangen, den Opfergaben frommer Kirgisen.

Nach achtstündigem Marsch erreichten wir die kleine Herberge Kol-sai. Ich erinnere mich dieser besonders gut, weil ich dort den niedrigsten Temperaturgrad auf meiner ganzen Reise durch Asien beobachtete; das Quecksilber fiel auf –8,2 Grad.

Südlich vom Kisil-art bekommt die Landschaft einen ganz anderen Charakter. Die Schneemenge ist unbedeutend, der Boden streckenweit nackt und mit Geröll und Sand bedeckt. Die Bergformen sind mehr abgerundet; die relativen Höhen nehmen ab und die Bergkämme werden durch langsam abfallende, breite, muldenförmige Täler voneinander getrennt. Zwischen dem Kisil-art und dem Ak-baital-Passe umschließt den See Kara-kul ein Gebiet, das keinen Abfluss nach dem Amu-darja hat und wo die Verwitterungsprodukte des Gebirges liegen bleiben, um zum Nivellieren des Terrains beizutragen.

Am 10. März erreichten wir nach vierstündigem Marsche den kleinen Pass Ui-bulak. Tief unter uns erschien der nordöstliche Teil des Großen Kara-kul, zugefroren, verschneit und von gewaltigen Bergen umkränzt, die vom Gipfel bis zum Fuße mit zusammenhängenden Schneefeldern bedeckt waren.

Dann ging es wieder abwärts über die breite Steppe, die vom Fuße des Gebirges ganz unmerklich nach dem nördlichen Seeufer abfällt und jetzt mit einer nicht vollständig

Auf dem Ak-baital-Passe.

zusammenhängenden Schneedecke bedeckt war. Die Steppe ist dünn mit Teresken bewachsen, einem holzigen, verkrüppelten, trocknen Strauche, der vorzügliches Brennmaterial liefert.

Um 6 Uhr ging die Sonne unter. Die Schatten der westlichen Berge huschten so schnell über die Ebene, dass man ihnen mit den Augen kaum folgen konnte. Langsam kletterten sie an den Abhängen der östlichen Berge empor, und nur noch die höchsten Gipfelpyramiden wurden von der Sonne beleuchtet. Nach einer Viertelstunde lag die ganze Landschaft im Dämmerscheine.

In einer kleinen Erdhütte nicht weit vom Ufer des Karakul machten wir Rast und hatten es dort während der Nacht angenehm warm.

Mit einer kleinen, auserwählten Karawane, bestehend aus zwei sartischen Dschigiten, zwei abgehärteten Kirgisen, fünf Reitpferden und zwei Packpferden, zog ich am

11. März in südwestlicher Richtung auf das Eis des Kara-kul hinaus.

Auf einem Areal von 300–400 Quadratkilometern breitet der Kara-kul seine salzige Wassermasse zwischen bedeutenden Bergketten aus, die jedoch im Norden, Osten und Südosten einer einige Kilometer breiten Ufersteppe Raum geben. Der Name, den ihm die Kirgisen gegeben haben und der »schwarzer See« bedeutet, ist recht passend gewählt, weil der See im Sommer gegen die auch dann nicht selten mit Schnee bedeckten Berge schwarz erscheint. Seine größte Länge beträgt 22, seine größte Breite 16 Kilometer. Durch eine von Süden vorspringende Halbinsel und eine nördlich davon gelegene Insel wird der See in zwei Becken geteilt, von denen das östliche sehr flach, das westliche groß und tief ist. Das östliche Becken war Gegenstand der Untersuchungen des ersten Tages.

Nachdem wir vier Kilometer auf dem Eise zurückgelegt, machten wir Halt; Beile, Picken und Spaten wurden sofort in Tätigkeit gesetzt und nach einer Arbeit von einer guten Stunde hatten wir die Eisdecke durchgebrochen, deren Dicke hier 91 Zentimeter betrug. Das Eis war glashart und klar. Der letzte Hieb öffnete ein schwarzgrünes Loch, durch das kristallhelles, bitteres Wasser mit zischendem Tone in die Eisgrube stieg und sie bis auf einige Zentimeter füllte. Die Lotleine, die alle zehn Meter durch Knoten abgeteilt war, tauchte jetzt in die Tiefe, aber nur der erste Knoten lief durch meine Hände, und das Metermaß stellte 12,57 Meter Tiefe fest. In der Öffnung hatte das Wasser eine Temperatur von –0,4 Grad, auf dem Seegrunde von +1,2 Grad.

Sobald die Öffnung fertig war, begann es im Eise zu knacken und zu knallen, und eigentümliche Töne, die von unten heraufzukommen schienen, folgten einander.

Weitere vier Kilometer führten uns zu der zweiten Öffnung, worauf wir nach Nordwesten in der Richtung nach der Insel abschwenkten; unterwegs wurde ein drittes Loch gebohrt. In der Dämmerung gingen wir in einer tief eingeschnittenen Bucht an Land. Auf dem unwegsamen Boden der kleinen Insel ritten wir eine Weile weiter, bis wir einen passenden Lagerplatz fanden. Nachdem wir das Abendbrot eingenommen, brachten wir mitten auf dem Kara-kul, 4000 Meter über dem Meere, bei –29 Grad eine kalte, ungemütliche Nacht zu.

Durchgefroren, matt und verdrießlich brachen wir am folgenden Morgen früh von der Insel direkt nach Westen auf und begannen fünf Kilometer davon mit den Lotungen im westlichen Seebecken. Die latente Spannung, in der sich die Eisschicht befindet und die von dem auf allen Seiten gleich großen Drucke verursacht wird, wurde wahrscheinlich dadurch gestört, dass wir über das Eis ritten, wodurch der Druck von oben vermehrt wurde, denn die seltsamsten Töne verfolgten uns, je weiter wir ritten.

Die Pferde spitzten die Ohren und erschraken; die Leute horchten voll Erstaunen auf und sahen bei jedem Knalle einander an. Die Sarten glaubten, dass große Fische mit dem Kopfe gegen die Eisdecke stießen, die besser unterrichteten Kirgisen belehrten sie aber, dass es im Kara-kul keine Fische gebe, und als ich sie fragte, wie die wunderbaren Töne entstünden und was dort unten in der Tiefe vor sich gehe, antworteten sie ruhig: *»Choda billadi!«* (Gott allein weiß es!)

Im Laufe des Tages ritten wir von Norden nach Süden über die westliche Seehälfte und machten weitere vier Bohrungen. In der nachstehenden Tabelle gibt die erste Kolonne die Nummer des Bohrloches, die zweite die Tiefe, die dritte die Temperatur auf dem Grunde des Sees und die vierte die Dicke des Eises an:

Östliches Becken	I	12,57 Meter	+ 1,2 Grad	91 Zentimeter,
	II	13,05 Meter	+ 1,8 Grad	106 Zentimeter,
	III	19,15 Meter	+ 1,8 Grad	76 Zentimeter,
Westliches Becken	IV	221,40 Meter	+ 3,4 Grad	48 Zentimeter,
	V	228,10 Meter	+ 3,5 Grad	46 Zentimeter,
	VI	230,50 Meter	+ 3,5 Grad	42 Zentimeter,
	VII	78,10 Meter	+ 2,1 Grad	53 Zentimeter.

Die Tabelle zeigt, dass das östliche Becken flach, das westliche aber sehr tief ist. Schon ein Blick auf die Karte, noch mehr ein Blick über den See selbst, lässt uns ahnen, dass die Plastik des Terrains so sein muss, wie sie sich durch die Lotungen in Wirklichkeit ergibt, denn die östliche Hälfte des Sees ist von einer sanft abfallenden Steppe, die westliche von hohen, steilen Bergen umgeben.

Der See erhält seinen Wasservorrat aus Quellen, die sich in Gestalt kleiner Bäche in ihn ergießen, aber auch von dem schmelzenden Schnee, der in der warmen Jahreszeit die Rinnsale mit Wasser versieht. Besonders am östlichen Ufer sind die Quellen zahlreich und bilden dort große Tümpel. Ein Faktum übrigens, das so natürlich ist, dass es keiner Erklärung bedarf, geht auch aus der Tabelle hervor, nämlich dass je größer die Tiefe ist, die Temperatur auf dem Grunde des Sees umso höher und seine Eisdecke umso dünner wird.

Wir näherten uns der letzten Öffnung, und nachdem wir eine vorspringende Landzunge passiert, lag der lange, südliche Fjord des Kara-kul in glänzender Perspektive vor uns. Seinen Hintergrund bilden gewaltige, schneebedeckte Berge.

Mitten in der Fjordmündung wurde das letzte Bohrloch gehauen. Nachdem dies getan war, baten drei von den Leuten, mit den Packpferden vorausreiten zu dürfen, um bei dem verabredeten Nachtlager Ak-tam, nahe dem südöstlichen Ende des Seebeckens, mein Zelt rechtzeitig aufschlagen zu können. Ich und der Dschigit Schir blieben zurück und führten in der Dämmerung die Messungen aus; dann ritten wir in der Dunkelheit fünf Kilometer weit über den Fjord, auf dessen dünner Schneedecke wir die Spur der anderen mit Leichtigkeit verfolgen konnten. Am Ufer verloren wir jedoch die Spur und irrten im Dunkeln stundenlang auf der Halbinsel umher.

Bald stieg die Mondsichel am Horizont auf und erhellte die öde Landschaft, wo nichts Lebendiges zu sehen, kein Laut zu hören war. Von Zeit zu Zeit hielten wir an und stießen Rufe aus, bekamen aber keine Antwort. Einmal fanden wir die Spur in einer dünnen Schneewehe wieder, verloren sie jedoch von neuem, als der Nebel den Mond verhüllte. Nachdem wir an die vier Stunden geritten, erreichten wir das Ufer des östlichen Seebeckens; aber kein Reiter, kein Signalfeuer, kein Lager ließ sich sehen. Die anderen hatten entschieden einen anderen Weg eingeschlagen, aber welchen? Noch eine Stunde ritten wir aufs Geratewohl weiter, da aber alles Suchen vergebens war, machten wir auf der niedrigen Sandebene Halt. Hier wurde ein primitives Nachtlager aufgeschlagen; die Tasche mit Karten, Notizbüchern, Thermometern usw. wurde mein Kopfkissen. Die Pferde wurden mit einem Halfter zusammengebunden, damit sie nicht fortliefen. Die armen Tiere, die den ganzen Tag noch nichts gefressen, scharrten den Sand auf, fanden aber nur holzige Tereskenwurzeln, die sie mit Gier verzehrten.

Bis nach 1 Uhr nachts plauderten wir und ängstigten einander mit einer Menge Wolfsgeschichten; Schir behauptete, dass die Pferde uns warnen würden, wenn Gefahr drohe. Nachdem die Unterhaltung vor Müdigkeit ins Stocken geraten war, wickelten wir uns in unsere Schafpelze und kauerten uns auf kirgisische Weise zusammen, d. h. kniend, vornübergebeugt, den Rücken nach der Windseite gekehrt. Man muss Kirgise sein, um in dieser Stellung schlafen zu können; Schir schnarchte sogar, während ich kein Auge zutun konnte. Ich versuchte es mit einer europäischen Stellung, wurde jedoch so von der Nachtkälte durchschauert, dass ich von Zeit zu Zeit aufspringen und mir Bewegung machen musste. Die Pferde machten sich dann und wann bemerkbar, als wollten sie uns daran erinnern, dass wir ganz vergessen hätten, ihnen ihre Kornbeutel umzuhängen. Es war ein Glück, dass der Nachtwind nicht gar zu frisch war und die Kälte nur bis auf –15,5 Grad herabging.

Bei Tagesanbruch stiegen wir hungrig und steif gefroren zu Pferd, ritten eine Stunde weit nach Süden und entdeckten einen Platz, auf dem es gelbes, mageres Gras gab, soweit es die letzten Schafherden im Herbst hatten stehen lassen. Während die Pferde hier ein paar Stunden grasten, schliefen wir gut, da die Sonne ein wenig zu wärmen begonnen hatte.

Dann setzten wir den Weg nach Süden fort und trafen einen Kirgisen, der vom Rang-kul nach dem Alaital unterwegs war. Mit seinen Falkenaugen konnte dieser in einer Entfernung von drei Kilometern Reiter und Pferde entdecken. Bald darauf saßen Schir und ich unter den Unserigen in Ak-tam.

Vom Kara-kul hebt sich der Boden langsam nach Süden. Es öffnete sich vor uns das Mus-kol-Tal, das zum Ak-baital-Passe aufsteigt.

Mus-kol heißt »Eistal«, und Souk-tschubir, die Stelle, wo wir lagerten, kann möglicherweise »das kalte Sibirien« bedeuten, denn jenes Land wird in der türkischen Sprache, zu deren Stamm die Sprachen dieses Gebietes gehören, gewöhnlich Tschubir genannt. Wenn diese Deutung richtig ist, kann man mit gutem Grunde sagen, dass beide Namen zutreffend sind, denn die Gegend hier zeichnet sich durch ihre Winterkälte aus, und in dem Tale tritt eine Erscheinung auf, die ich sogleich beschreiben werde.

Der Mus-kol-Bach wird hauptsächlich aus Quellwasser gebildet, das im Winter gefriert und sich in unabsehbaren, spiegelblanken Eisfeldern über den Talgrund ausbreitet, die kleinen, zugefrorenen Alpenseen gleichen und Himmel und Berge deutlich widerspiegeln. Der größte von ihnen ist drei Kilometer lang und einen Kilometer breit, und ein Teil seiner Eismasse bleibt selbst den Sommer über liegen.

Es sind drei Eisseen. Am Ufer des kleinsten, wo unser Nachtlager aufgeschlagen war, erhoben sich zwei typische »Eisvulkane«. Dem horizontalen Boden entspringen hier zwei Quellen; im Spätherbst gefriert das Wasser, aber die Quellen sprudeln ruhig weiter und schließlich entstehen hohe Eiskegel, ungefähr 50 Meter voneinander entfernt.

Der eine war fünf Meter hoch und hatte 68 Meter im Umkreis, der andere war acht Meter hoch bei einem Umkreis von 206 Metern. Von der Kratermündung des kleineren gingen vier tiefe Spalten aus, die jetzt halb mit Eis gefüllt waren. Der Kegel selbst war von hellgrünem Eise, in dem wir unzählige Schichten nach und nach ausgelaufenen und erstarrten Wassers unterscheiden konnten. Die Krateröffnung war mit weißem, luftfreiem Eise verkittet und kein herauströpfelndes Wasser ließ sich wahrnehmen: also ein »erloschener Vulkan«.

Am 15. März ritten wir das sanft ansteigende Mus-kol-Tal hinauf bis an sein Ende, wo wir am nördlichen Fuße des Ak-baital-Passes Halt machten. Am 16. hatten wir einen anstrengenden, zehnstündigen Marsch, der uns über diesen 4682 Meter hohen Pass führte. Es herrschte heftiges Schneegestöber und ein kleiner Buran hüllte uns auf dem Passe in dichte Wolken ein. Vor allem war jedoch die erhebliche Luftverdünnung daran schuld, dass die Pferde ihre Kräfte aufs Äußerste anspannen mussten. Sie fielen unaufhörlich, blieben oft stehen und rangen nach Atem.

Der Pass besteht aus einem Sattel zwischen zwei Kämmen. Der östliche Absturz des Passes ist sehr steil, dann aber fällt der Boden langsam nach Kornei-tarti (Trompetenstoß), dem nächsten Lagerplatze. Wir hatten von unseren überangestrengten Pferden wieder eins verloren, das auf dem Ak-baital gestürzt war; ein Kirgise kaufte dem Karawanenführer Islam Bai die Haut für vier Mark ab.

Bei Ak-gur (das weiße Grab) begegnete mir der vom Kommandanten von Pamirskij Post ausgeschickte Dolmetscher, der Tatar Kul Mametieff, in Paradeuniform mit sechs Medaillen auf der Brust und einem Bewillkommnungsbriefe in der Hand.

Am 18. hatten wir noch den unteren Teil des Ak-baital-Tales, das in das breite Murghabtal übergeht, und damit die letzte Wegstrecke bis zu unserem nächsten Ziele zurückzulegen. In der Ferne sieht man bereits die kleine

Festung Pamirskij Post; auf ihrer nordwestlichen Bastion flattert Russlands Fahne.

Wir kommen näher; 160 Soldaten und Kosaken stehen in Reih und Glied auf der Mauer und rufen laut Hurra. Am Tore werde ich vom Kommandanten Hauptmann Saizeff und seinen sechs Offizieren herzlich begrüßt. Im Offiziersgebäude hat schon eine Woche lang ein Zimmer auf mich gewartet und für meine Leute ist eine Jurte aufgeschlagen.

Nachdem alles geordnet war, suchte ich die ausgezeichnete Badestube auf; dann versammelten wir uns im Offizierskasino zum Mittagessen. Grüße aus Margelan wurden bestellt, tausend Fragen nach dem abenteuerlichen Winterritte über Pamir kreuzten einander, und als schließlich der feurige turkestanische Wein serviert wurde, brachte der Kommandant ein Hoch auf König Oskar aus. Wenn irgendjemals ein Richtschmaus aufrichtig gefeiert worden ist und je irgendwo die Freude bis unters Dach aufloderte, so war es hier auf dem »Dache der Welt«, 3610 Meter über dem Meere, fern vom Weltgetriebe, im Herzen von Asien in einer Gegend, wo die Archaris der Felsen, die Wölfe der Einöde und die Adler des Himmels unsere nächsten Nachbarn waren.

ZUM VATER DER EISBERGE

Nach einem ausgiebigen Frühstück im Offizierskasino verließ ich Pamirskij Post am 7. April 1894 und wurde vom Kommandanten wie vom ganzen Offizierskorps ein gutes Stück Wegs begleitet. Am Ak-baital-Bache erwarteten uns einige Kosaken mit Tee; dann bedankte ich mich für die große Gastfreundschaft, ein letzter Gruß mit den Mützen, und ich sprengte nach Norden, gefolgt von dem Festungsdolmetscher, dem Tataren Kul Mametieff, den mir der Kommandant als Ehrenwache mitgegeben hatte.

In der Dämmerung kamen wir an den Zwillingsseen Schor-kul und Rang-kul an, die ein schmaler Sund verbindet. Hier lagerten wir uns in einer Julameika, einem hohen, spitzen Zelte ohne Rauchfang. Rehim Bai war krank geworden und blieb auf der ganzen übrigen Reise nach Kaschgar dienstunfähig; er musste wie ein Gepäckstück auf einem Kamel dorthin gebracht werden. Islam Bai musste seine Obliegenheiten übernehmen und auf dieser Reise lernte ich die Eigenschaften dieses trefflichen Mannes kennen und schätzen.

Am folgenden Tage schickte ich die Karawane direkt nach dem kleinen russischen Fort Rang-kul, wo ein Kommandant und 36 Kosaken liegen, während ich mit vier Mann eine Lotungstour über das Eis des Rang-kul machte.

Das Wort »Rang« entspricht der *Carex physoides*, einem Riedgrase, wahrscheinlicher aber ist es, dass der See seinen Namen von der Wildziege erhalten hat, die in der Gegend sehr häufig vorkommt und unter den Namen »Rang« und »Kijik« bekannt ist. Schor-kul bedeutet Salzsee; er hat bitteres, salziges Wasser.

Am 11. April ritten wir fast östlich nach dem kleinen Sarik-gai-Passe. Östlich vom Sarik-gai stiegen wir in das weite, offene, ebene Tal Naisa-tasch hinab, wo zwei kirgisische Aule aufgeschlagen waren; in dem östlichen ließen wir uns häuslich nieder.

Am nächsten Tage hatten wir die provisorische Grenze zwischen dem russischen und dem chinesischen Pamir zu passieren. Es galt, die gewaltige Bergkette Sarik-kol zu überschreiten, deren Schneekamm schon vom Rang-kul an uns entgegengeglänzt hatte. Mehrere Pässe führen hinüber, ich wählte den 4730 Meter hohen Tschuggatai. Wir brachen also nach Nordosten auf.

Auf der anderen Seite des Passes fällt der Boden wieder steil nach Norden ab. Nach einer ermüdenden Wanderung erreichten wir den ersten Aul Tschuggatai mit vier Jurten und 24 Einwohnern. Ein zweiter, etwas weiter unten gelegener Aul hatte sechs Jurten und wurde unser erstes Lager auf chinesischem Boden.

Hier waren schon tolle Gerüchte über mein Kommen im Umlauf. Man wusste zu erzählen, ich sei ein Russe, der mit 60 bis an die Zähne bewaffneten Kosaken einen kriegerischen Einfall in das chinesische Gebiet machen wolle, und unsere Ankunft war deshalb schon lange mit Spannung erwartet worden. Doch als die Kirgisen mich erblickten, allein, an der Spitze einer kleinen Schar ihrer eigenen Glaubensbrüder, beruhigten sie sich schnell, empfingen mich sehr freundlich und schickten sofort einen reitenden Boten nach der kleinen chinesischen Festung Bulun-kul, in der Dschan Darin Kommandant war.

Am anderen Morgen kamen drei Abgesandte mit Grüßen und dem Auftrage, ausfindig zu machen, wer wir seien und was wir wollten. Der Chef der »Gesandtschaft« hieß Osman Bek aus Tagdumbasch; er war ein hoch gewachsener, hübscher, intelligenter Kirgise mit weißem Turban, der Befehlshaber einer Lansa in Bulun-kul. Der Zweite, Jar Mohammed Bek, war Chef der Grenzwache in Kijakbasch; der Dritte war ein Mollah. Alle drei trugen weiße Turbane und bunte Chalate. Nach ausgerichtetem Auftrag kehrten sie nach Bulun-kul zurück, um zu berichten, was sie gesehen und gehört hatten.

Der Aul lag in der Nähe des Punktes, wo sich das Tschuggataital mit dem Ak-berdi-Tal vereinigt. Gewaltige Konglomeratbänke sind hier vom Bache bloßgelegt worden, sodass die rund geschliffenen Blöcke grobkörnigen Gesteins oft von den senkrechten Wänden herunterzustürzen drohen. Das Ak-berdi-Tal ist ebenfalls tief ausgegraben und mit Felsblöcken angefüllt. Wir finden also, wie ich schon oben erwähnt habe, dass die Sarik-kol-Kette eine Grenzlinie zwischen zwei verschiedenen Landschaftsformen ist; auf der inneren Seite, im Westen, haben wir das zentrale, abflusslose Becken mit seinen breiten, nivellierten Tälern, auf der äußeren Seite, im Osten, das peripherische Gebiet mit tief eingegrabenen, engen Tälern, in denen der Fortschritt der Erosion offen ersichtlich ist.

An diesem Tage, 13. April, machten wir nur einen kurzen Marsch bis an die Stelle, wo das Ak-berdi-Tal in das Sarik-kol-Tal ausmündet. Am Ufer des Baches war für mich eine erbärmliche kleine Jurte mit zerrissenen Filzdecken aufgeschlagen worden. Sie lag vorsichtigerweise drei Kitschkerim (Rufe; die Entfernung, in der ein Ruf hörbar ist) von der Festung. Wir hatten eben unsere Sachen in Ordnung gebracht, als ein Jus-baschi (Anführer von 100 Mann) uns meldete, dass der stellvertretende Kommandant von Bulun-kul, der Kirgise Tura Kelldi Savgan, und Dschan Darin, sein chinesischer Kollege aus Tar-baschi, einem kleinen Fort am Eingange in das Gestal, mir eine Visite zu machen gedächten. Kaum waren wir draußen, so sprengten sie auch schon an die Jurte heran. Ihnen folgten zehn chinesische Reiter in grauen Beinkleidern, Schuhen, roten, mit großen, schwarzen chinesischen Schriftzeichen verzierten Waffenröcken und mit Flinten.

Ich lud sie in das Zelt ein, wo ein ausgesuchter Imbiss (Dastarchan) aufgetragen wurde, der aus Sardinen, Schokolade, eingemachten Früchten, Kakes und Likör bestand, welche Dinge ich aus Margelan eigens für die Chinesen mitgenommen hatte. Besonders der Likör schmeckte Dschan Darin und er fragte, wie viel er davon trinken könne, ohne betrunken zu werden.

Tura Kelldi Savgan war ein sehr lebhafter, angenehmer Mann, aber auch ein verschmitzter, vorsichtiger Diplomat. Anfänglich wollte er Kul Mametieff als russischem Untertan nicht gestatten, an der geplanten Exkursion nach dem Mus-tag-ata teilzunehmen, doch als ich ihnen meinen Pass und den Brief von Schu King Schen, dem chinesischen Botschafter in Petersburg, an den Dao Tai von Kaschgar gezeigt hatte, erlaubten sie es unter der Bedingung, dass er nach erledigtem Auftrage geraden Weges nach dem russischen Pamir zurückkehre. Dagegen musste ein kirgisischer Aellik-baschi (Anführer von 50 Mann), der mit uns gekommen war, augenblicklich wieder umkehren, weil er keinen Pass hatte.

Schließlich musste ich mich verpflichten, nach dem Ausfluge in das Mus-tag-ata-Gebirge nach Bulum-kul zurückzukehren und mich auf keinem anderen Wege nach Kaschgar zu begeben. Als Geisel sollte einer meiner Leute mit der Hälfte meines Gepäcks in den Händen der Chinesen bleiben. Nachdem ich dies versprochen, erklärte ich, es sei meine Absicht, ihnen einen Gegenbesuch zu machen. Doch da entschuldigten sich die beiden Herren damit, dass es ihnen nicht erlaubt sei, in Dschan Darins Abwesenheit einen Europäer in die Festung aufzunehmen; er würde jedoch bald wieder aus Kaschgar zurückkehren.

Auf diese Weise wurde fünf Stunden lang hin und her parlamentiert. Als sie sich endlich anschickten fortzugehen, schenkte ich ihnen, um einen vorteilhaften Eindruck zu machen, einen Kinschal (Dolch) aus Tula und einen silbernen Becher. Erst protestierten sie dagegen und erklärten, es gehe nicht an, dass ich ihnen nach einem so feinen Dastarchan auch noch etwas schenke, es müsste eher umgekehrt sein, da ich hier ja der Gast sei; aber schließlich ließen sie sich doch überreden und sprachen die Hoffnung aus, bei meiner Rückkehr Gelegenheit zu finden, das Geschenk erwidern zu können. Nachdem sie verschwunden waren, sahen wir nie wieder eine Spur von ihnen, und sie machten sich nur dadurch bemerklich, dass sie den Kirgisen in der Umgegend verboten, mich mit Schaffleisch, Brennmaterial und anderen notwendigen Dingen zu versehen.

Den Rest des Tages verwendeten wir darauf, uns zu dem bevorstehenden Zuge nach dem Mus-tag-ata zu rüsten. Meine Begleiter sollten nur Kul Mametieff, Islam Bai und die Kirgisen Omar und Choda Werdi sein. Vier Packpferde sollten den Proviant, das Bett, Pelze, Geschenke, die Apotheke, die fotografischen Apparate, die Instrumente usw. befördern. Alles Übrige sollte unter der Obhut des Sarten Chodscha zurückbleiben, der auch den Auftrag hatte, nach Rehim Bai zu sehen. Diesem war trotz der Pflege, die wir ihm hatten zuteil werden lassen, nicht besser geworden; seine Gesundheit hatte von der Winterreise über Pamir einen zu harten Stoß bekommen.

Abends kamen einige chinesische Soldaten mit der Bitte, Einsicht in einige meiner Proviant- und Gepäckkisten nehmen zu dürfen. Nachträglich erfuhren wir, dass man in der Festung gefürchtet hatte, alle meine Jachtane seien mit russischen Soldaten voll gepfropft, die auf diese Weise über die Grenze geschmuggelt werden sollten. Dass in jeder Kiste höchstens ein halber Soldat Platz finden konnte, beseitigte den Verdacht nicht; aber als wir ein paar geöffnet hatten, beruhigten sie sich.

Eine schöne Landschaft breitet sich um uns herum aus. Gerade im Osten, jenseits des kleinen Sees Bulun-kul, erscheint ein gewaltiger Gebirgsstock, der mit ewigem Schnee bedeckt ist. Es ist der Ak-tau, der weiße Berg, die nördliche Fortsetzung des Mus-tag-ata. Links davon öffnet sich das Gestal, zur Rechten das breite Sarik-kol-Tal. Im Süden öffnet sich das kleine, enge Tal Kum-jilga, die Sandschlucht.

Am 14. April brachen wir nach dem Mus-tag-ata auf. Ein heftiger Oststurm trieb uns Wolken feinen Flugsandes entgegen. Ein großer schwarzer Yak folgte uns getreulich wohl eine Stunde lang. Wir machten unsere Glossen darüber, ob er ein dressierter Spion sei, aber es wurde ihm bald langweilig und er machte auf einem Hügel Halt.

Das Sarik-kol-Tal ist eine gewaltige, von gigantischen Bergen umgebene Rinne auf dem »Dache der Welt«. Das Tal ist sehr arm an Weideplätzen, ohne menschliche Wohnungen, da und dort ein einsames Zelt ausgenommen, und es steigt im Allgemeinen eben und allmählich nach dem Fuße des Mus-tag-ata an.

Dass wir auf chinesisches Gebiet gekommen waren, konnte man schon jetzt deutlich merken. Hier waren keine Kirgisen vorausgeschickt, um uns eine Jurte zum Nachtlager bereitzuhalten, wie es im russischen Pamir geschehen war. Die schönen Tage waren zu Ende, und wie oft sollten wir von nun an unter freiem Himmel schlafen!

So war es auch heute der Fall. Wir suchten nach einer einigermaßen vor dem Winde geschützten Stelle. Es war ein imposanter Gneisblock, der sich ein wenig nach Süden neigte; hier war eine kleine niedrige, runde Steinmauer aufgeführt worden, sodass man wenigstens gegen den ärgsten Wind geschützt war. In dieser Höhle brachten wir unsere Sachen, unseren Teppich und unsere Lagerstätten, so gut wir konnten, unter und fühlten uns ganz gemütlich, als die Suppe auf dem Tereskenfeuer endlich kochte.

Je weiter wir nach Süden kamen, desto kupierter wurde das Terrain. So erreichten wir den kleinen Bergsee Bassik-kul mit seiner tief und launisch eingeschnittenen, gewundenen Uferlinie. Unweit des Sees sieht man ein von einer runden Steinmauer umgebenes Gneisstück und auf ihm eine alte, chinesische Inschrift. Von einem Hügel erblickt man den Kleinen Kara-kul, einen herrlichen, grün und blau schillernden, von hohen Bergen umgebenen Alpensee.

Bassik-kul.

Dass ich wieder an diese Seen kommen und ihre Ufer mir lieb werden würden, ahnte ich jetzt noch nicht. Wie manchen einsamen Abend sollte ich den schwer zu deutenden Sagen lauschen, die diese Wogen allabendlich flüsternd erzählen, wie oft sollte ich noch den Anblick dieser Alpen genießen, die ihre schneeigen Kämme im Kleinen Kara-kul spiegeln! In einem späteren Kapitel werde ich Gelegenheit haben, über einige Erinnerungen aus dieser Gegend zu berichten, und eile daher jetzt weiter.

Im Hofe der Festung Su-baschi waren die Chinesen gerade dabei, eine soeben eingetroffene Proviantsendung zu untersuchen. Hier begegnete uns ein stattlicher Reiter, Togdasin Bek, der Häuptling der Su-baschi-Kirgisen, der mich artig und freundlich empfing und mich nach seiner großen prächtigen Jurte begleitete. Er sollte mit der Zeit einer meiner besten asiatischen Freunde werden.

Sobald wir im Zelt in Ordnung waren, machten uns alle Kirgisen der Umgegend sowie die Soldaten der Festung ihren Besuch. Ich hatte auch Besuch von den Kranken des Ortes, die um Arzneien baten. Ein Patient klagte über Zahnschmerzen, einem anderen tat die Nase weh, ein Soldat bekam Leibschmerzen, sobald es windig war, usw. Sie erhielten alle eine kleine Dosis Chinin, denn es ist Tatsache, dass je bitterer eine Medizin ist, sie den Asiaten desto mehr imponiert, und im Übrigen tut ja die Einbildung das meiste.

Am nächsten Tage luden wir die vornehmsten Kirgisen des Auls und einige chinesische Soldaten zu einer Teegesellschaft ein, und als Togdasin Bek abends Likör bekam und eine Spieluhr in Gang gesetzt wurde, geriet der Brave so außer sich vor Entzücken, dass er beteuerte, er fühle sich um 20 Jahre jünger und habe sich seit der Zeit, da der große Jakub Bek noch über Kaschgar herrschte, nicht ein einziges Mal auch nur halb so gut amüsiert.

In dem Gedanken an die bevorstehende Reise nach dem Mus-tag-ata hatte ich schon vom Alaital an mit den Kirgisen darüber gesprochen. Einstimmig hatten sie mir erklärt, dass eine Besteigung unmöglich sei; Abgründe und steile Wände versperrten überall den Weg; die Seiten des Berges seien mit stahlblankem Eise überzogen und der dort oben immer herrschende Sturm würde uns wie Sandkörner fortblasen, wenn wir es wagten, dem Riesen Trotz zu bieten.

Der Mus-tag-ata ist ein heiliger Berg; die Kirgisen knien zum Gebete nieder, wenn sie daran vorüberziehen oder ihn auf einer Reise zu Gesicht bekommen. 72 Heilige sind dort oben versammelt, ja man behauptet, der Berg sei ein einziges großes Masar, ein Heiligengrab, worin auch Moses und Ali, der Schwiegersohn Mohammeds, ruhen sollen. Als der Letzte den Tod herannahen fühlte, sagte er den Seinen voraus, dass, wenn sein Leben entflohen, ein weißes Kamel vom Himmel kommen und ihn holen werde. Als er gestorben war, fand sich das Kamel ein, nahm den Propheten auf den Rücken und eilte mit ihm nach dem Mus-tag-ata. Dass die Seele des Moses ihren Aufenthaltsort ebenfalls auf diesem Berge angewiesen erhalten, glauben die Kirgisen steif und fest und sie nennen den Berg deshalb nicht selten Hasrett-i-Musa, den heiligen Moses.

Eine Legende aus der Zeit des berühmten Khan Chodscha knüpft sich ebenfalls an diese Gegend. Die Chinesen hatten zwei Gesandte an ihn abgeschickt, um wegen des Friedens zu unterhandeln; er wollte aber nichts davon hören. Den einen Gesandten tötete er, dem anderen ließ er Nase und Ohren abschneiden und schickte ihn so dem Kaiser von China wieder. Dieser geriet in Wut und ließ drei große Töpfe mit Nadeln füllen, die gezählt wurden, denn er hatte das Gelübde getan, ebenso viele Soldaten gegen Khan Chodscha zu schicken, wie Nadeln in den Töpfen seien.

An der Spitze von 70 000 Mann kämpfte Khan Chodscha einen ganzen Monat hindurch gegen zahllose Chinesen. Schließlich wurde er besiegt und zog sich mit 32 000 Mann nach Kaschgar und von da nach Bulun-kul zurück, wo eine neue Schlacht geschlagen wurde. Mit den Überresten seines Heeres begab er sich nach dem Kleinen Kara-kul, wo er von den Chinesen hart bedrängt wurde. Doch im letzten Augenblick sprengten 40 riesige Reiter auf rabenschwarzen Rossen vom Mus-tag-ata herab und entschieden den Sieg zu Khan Chodschas Gunsten.

In seinem Heere war ein Held, der Palevane Tschum Kar Kaschka Vater, der von seinem Herrn den Rat bekommen, im Streitgetümmel nie rückwärts zu schauen, da er dann stets siegen werde. In drei Schlachten gehorchte er dem Rate und siegte, aber in der vierten sah er sich um und wurde augenblicklich von dem Todesgeschosse getroffen. Sein Masar liegt auf einer dominierenden Höhe am Westabhange des Mus-tag-ata und einer der Gletscher des Berges trägt noch heute den Namen des sagenhaften Helden.

Inzwischen, so erzählen mir die Kirgisen, sammelten die Chinesen wieder ein unübersehbares Heer und überfielen Khan Chodscha am Kleinen Kara-kul. Diesmal hielten die 40 Reiter es für das Beste, sich wieder auf den Mus-tag-ata zurückzuziehen – eine unerwartete Feigheit, da es sich doch nur um Phantasiehelden handelte!

Khan Chodscha floh nach Rang-kul und Kornei-tarti, wohin ihn die Chinesen verfolgten, um ihn dort zu einer Schlacht zu zwingen. Sein Heer wurde vollständig auseinander gesprengt und schließlich war er mit seinem Trompeter allein. Der Herrscher befahl dem Trompeter zu blasen und die Trümmer seines Heeres sammelten sich augenblicklich wieder um ihn. Doch sie waren zu schwach, um standhalten zu können; sie wurden von den Chinesen über Berg und Tal verfolgt, wobei sie nach und nach fielen.

Mit nur 50 Getreuen erreichte Khan Chodscha den Jeschil-kul, den »grünen See«, wo er auf einen hohen Berg stieg, während seine Leute von den Chinesen umringt wurden. Da gab Khan Chodscha ihnen mit der Hand ein Zeichen, dass sie sich in den See stürzen sollten, was sie taten. Nun geschah ein neues Wunder: Sie waren nicht imstande zu ertrinken und die Chinesen schossen wie toll auf sie. Doch Khan Chodscha wusste Rat. Er nahm eine Hand voll Staub, sprach ein Gebet darüber und streute ihn über den See aus, und siehe, die Helden verschwanden sogleich in den Wogen! Er selbst floh nach Badakschan, wo der Schah ihm den Kopf abschlagen ließ und diesen dann an die Chinesen schickte. Sein Leib wurde von einigen seiner Freunde nach Kaschgar gebracht, wo er im Hasrett-Alpak begraben wurde.

Die Kirgisen erzählten mir ferner, dass es auf dem Gipfel des Mus-tag-ata eine alte Stadt namens Dschanaidar gebe, die zu der Zeit erbaut worden sei, als auf Erden noch alle Menschen glücklich waren, und da seitdem keinerlei Verbindung zwischen der Stadt und der übrigen Welt stattgefunden, seien ihre Bewohner bis auf diesen Tag vollkommen glücklich. Es gebe dort Gärten, die das ganze Jahr hindurch das köstliche Obst hervorbringen, Blumen, die nie welken, und Frauen, die nicht altern und immer schön bleiben; alle Lebensgenüsse gehörten dort zum täglichen Brot, nur der Tod, die Kälte und die Dunkelheit seien verbannt.

Kurz, der Mus-tag-ata ist, wie der Demawend und andere mächtige Bergriesen, von einem geheimnisvollen Schimmer umgeben und in ein buntes Gewand phantastischer Legenden und Sagen gehüllt. Da sogar der halb wilde Kirgise voll Furcht und Ehrerbietung zu diesem heiligen Berge aufblickt, ist es kein Wunder, dass auch der Europäer ein willenloses Opfer seines Zaubers wird.

Gleich einem gewaltigen Vorposten gegen die zentralasiatischen Wüsten erhebt sich der Mus-tag-ata, der höchste Berg von Pamir und einer der höchsten der Erde, zu einer Höhe von 7800 Metern. Er ist eine würdige Fortsetzung der mächtigen Ketten des Himalaja, Kven-lun, Kara-korum und Hindu-kusch, die sich auf dem »Dach der Welt« vereinigen. Er bildet den Kulminationspunkt der meridionalen Kette, die Pamir nach Osten abschließt und Mus-tag oder »die Eisberge« heißt, und schon der

Mus-tag-ata von Norden.

Name Mus-tag-ata, »der Vater der Eisberge«, zeigt seine Überlegenheit an.

Es ist ein bezeichnender Name, denn wie ein Vater erhebt der Berg sein weißes Haupt über seine Kinder, die auch groß und in ewig weiße Gewänder und in Eispanzer gehüllt sind.

Was die Su-baschi-Kirgisen betrifft, waren sie in ihrem Urteil weniger pessimistisch als ihre Brüder in dem inneren Pamir. Alle waren bereit, mitzukommen und ihre Kräfte aufs Äußerste anzustrengen; sie glaubten indessen, dass das Unternehmen uns nicht gelingen werde. Jäger, die sich bis in bedeutende Höhen verstiegen, seien von der »schweren« Luft schwindlig geworden, und als man einmal eine Treibjagd auf Archaris angestellt und sie die steilen Eiswände hinaufgejagt habe, seien selbst diese schnellfüßigen gewandten Tiere davor zurückgescheut. Auch die Flügel des Königsadlers erlahmten, ehe er die höchsten Regionen erreiche.

Wir rüsteten uns zu einem ordentlichen Feldzuge gegen den Mus-tag-ata und nahmen uns vor, den Riesen zu besiegen, koste es, was es wolle.

Es kommt auf langen, wechselreichen Reisen vor, dass Widerwärtigkeiten und Missgeschicke aller Art den Reisenden treffen, seine Pläne durchkreuzen und seine Schritte auf ganz andere Wege lenken, als er selbst hat einschlagen wollen. Eine solche Niederlage erwartete mich auf dem Mus-tag-ata. Es war mein Wunsch und meine Absicht gewesen, den Berg bis zur Spitze zu erklimmen und seinen geologischen Bau und seinen Eispanzer zu untersuchen sowie die gigantischen Gletscher, die mit einem Bruchteil der Geschwindigkeit des Stundenzeigers einer Uhr seine Abhänge hinabströmen.

Doch statt diesen Plan verwirklichen und in dem Bewusstsein schwelgen zu können, höher als alle Völker und Fürsten der Erde zu stehen, fünf Weltteile unter mir und nur eine kleine Zahl asiatischer Berggipfel über mir zu haben, musste ich mit erlahmten Kräften und verbundenen Augen wieder nach wärmeren Gegenden ziehen.

Genug, am Morgen des 17. April wartete eine malerische Bergkarawane vor meiner Jurte. Sie bestand aus sechs sonnverbrannten Kirgisen, neun gemütlichen Yaks und zwei Schafen. Die Yaks wurden mit dem Proviant, Spießen, Beilen, Tauen, Pelzen, Filzdecken und Filzteppichen, den fotografischen Apparaten usw. beladen; die empfindlicheren Instrumente und die Ferngläser trugen die Kirgisen in Taschen. Die übrigen Yaks wurden gesattelt; wir saßen auf, sagten Togdasin Bek Lebewohl und setzten uns langsam in südsüdöstlicher Richtung nach dem Berge in Marsch. Der Yak wird an einem durch den Nasenknorpel gezogenen Strick gelenkt; er geht übrigens, wie sehr man auch dagegen protestiert, meistens wie es ihm gefällt, mit der Nase am Boden schnüffelnd, und sein Schnauben gleicht dem Getöse einer entfernten Dampfsägemühle.

Wir passierten den ersten Gletscher, dessen hellgrünes Eis auf dem Abhange blinkte.

Gegen Abend erreichten wir einen schneefreien, gegen Wind geschützten Punkt, der 4439 Meter hoch lag, fast 200 Meter höher als die Jungfrau im Berner Oberland. Wir waren vom Aul von Subaschi, der in 3756 Meter Höhe liegt, 700 Meter aufgestiegen. Hier machten wir Halt und schlugen unser einfaches Lager auf.

Der nächste Tag, 18. April, war ungünstig, der Himmel bedeckt. Es war kalt und windig, aber wir beschlossen doch, einen Versuch zu machen. Nur drei Yaks wurden mitgenommen, denn die Kirgisen zogen vor, zu Fuß zu gehen.

In kurzem Zickzack arbeiten wir uns langsam an den Abhängen empor, die immer steiler werden. Die Yaks gehen außerordentlich sicher, bleiben aber oft stehen. Wenn die Wolken sich gelegentlich verziehen, bieten sich unseren Blicken die herrlichsten Bilder dar.

Als wir zum Jam-bulak-Gletscher kamen, hielten wir Rast. Wir waren in einer Höhe von 4850 Metern und hatten also alle Berge Europas unter uns. Stolz wie ein König tritt der Gletscher aus seinem Schlossportal – einem tiefen, breiten Verwerfungsgraben; doch sowie er aus dem Berge heraus auf offenes Terrain gekommen ist, breitet er sich zu doppelter und dreifacher Breite aus und wird in demselben Maße weniger mächtig.

In einer Höhe von 5336 Metern überfiel uns ein so heftiger Schneesturm, dass wir mehrere Stunden warten mussten, ehe wir es wagen konnten, mit der größten Vorsicht den Rückweg durch die Schneewehen anzutreten, die heimtückisch Gruben und Steinblöcke verdeckten.

Als wir nach vielen Mühen und Abenteuern wieder ins Lager hinunterkamen, fanden wir eine Jurte, die uns Togdasin Bek mit Proviant- und Brennmaterial aus seinem Aul geschickt hatte.

Am 19. April tobte auch auf der Höhe, wo wir lagerten, ein Schneesturm, und da es uns klar war, dass wir vielleicht lange auf gutes Wetter warten müssten, schickte ich Kul Mametieff ins Tal, um Proviant für mehrere Tage zu holen. Ich selbst machte mit Islam Bai und zwei Kirgisen eine Exkursion. Wir hatten eine außerordentlich interessante, lehrreiche Wanderung nach der Zunge des Jambulak-Gletschers; eine genaue topographische Karte, Profile und Messungen, sowie ein Dutzend fotografische Ansichten wurden dort aufgenommen.

Am Abend wurde geplant, am nächsten Tage mit der Jurte nach dem Südabhange des Berges aufzubrechen, um dort einen neuen Versuch zu machen. Da trat wie ein böser Geist meine alte Augenentzündung wieder auf, die heftige Schmerzen im Gefolge hatte. Vergebens wurde die Apotheke zu Hilfe gezogen; am Tage darauf waren die Schmerzen so groß, dass ich die Meinigen verlassen und nach Subaschi hinunterreiten musste. Der stolze Plan musste aufgegeben, die mit so vieler Mühe organisierte Expedition aufgelöst werden. Die Kirgisen erhielten ihre Bezahlung, und der Mus-tag-ata, der jetzt im prachtvollsten Sonnenscheine glänzte – ein herrlicher Anblick für den, der seine Augen aufmachen konnte –, blieb diesmal unbehelligt.

Da meine Augen trotz Wärme und Ruhe immer schlechter wurden, hielt ich es nach ein paar Tagen für das Vernünftigste, nach Bulun-kul zu reiten, wo wir die Hälfte des Gepäcks, zwei Mann und sechs Pferde zurückgelassen hatten.

Der Abmarsch der Karawane hatte alle Bewohner des Auls herbeigelockt. Sie standen so still wie bei einem Begräbnis, und als wir nach einer Stunde von einer Schar Soldaten eingeholt wurden, die sich infolge ihres Dienstes nicht früher hatten einfinden können, mir nun aber glückliche Reise wünschten, uns eine halbe Stunde weit begleiteten und uns mit melancholischen Liedern ehrten, da kam mir meine Karawane wie ein Leichenzug vor, worin die Sänger die Rolle der Klageweiber spielten und ich selbst der Tote war.

Ja, es war eine traurige Fahrt, die am Morgen des 25. April angetreten wurde! Über dem linken Auge trug ich eine undurchsichtige Binde, auf dem rechten, das gesund, aber außerordentlich lichtempfindlich war, eine dunkle Brille. Wir machten jedoch den ganzen Rückweg nach Bulun-kul in einem Tagemarsch und ritten ununterbrochen zehn Stunden. Am Kara-kul überfiel uns ein Schneegestöber, das gegen Abend zunahm, und als wir in der Dunkelheit in Bulun-kul ankamen, hatte die Landschaft sich von neuem in ihr Wintergewand gehüllt.

Ich schickte sofort einen Boten an Dschan Darin, der jetzt aus Kaschgar zurückgekehrt war, mit der Bitte, mir eine anständige Jurte zu geben, erhielt jedoch die Antwort, er sei betrunken und dürfe nicht gestört werden. Wir mussten uns daher mit der elenden Jurte begnügen, durch deren Löcher der Schnee hineintrieb. Trotzdem beabsichtigte ich, hier ein paar Tage zu bleiben, weil es mit mir immer schlimmer wurde.

Daraus wurde aber nichts, denn am 26. mittags kam der Befehl von Dschan Darin, wenn ich Bulun-kul nicht am nächsten Morgen in aller Frühe verließe, wolle er mich von seinen Soldaten auf den Trab bringen lassen! Es blieb uns keine andere Wahl, als zu gehorchen; aber ich beeile mich, zur Verteidigung der Chinesen zu sagen, dass ich auf meiner ganzen Reise nur dieses einzige Mal durch einen rohen, ungehobelten Mandarin wirkliche Unannehmlichkeiten gehabt habe, denn in den folgenden Jahren lernte ich die Chinesen von einer ganz anderen, sehr angenehmen Seite kennen.

Am 27. April nahm ich Abschied von Kul Mametieff, der nach Pamirskij Post zurückkehrte und später von König Oskar eine Ehrenmedaille erhielt. Auch mehreren Offizieren von Pamirskij Post erteilte der König Orden für die großen Dienste, die sie mir erwiesen; es soll mich gar nicht wundern, wenn die Russen geglaubt haben, ich sei ein verkleideter Prinz gewesen.

Bei Tar-baschi (Anfang der engen Passage) bogen wir nach Osten in das in die Mus-tag-Kette tief und energisch eingesägte Gestal ein. Ich führe den Leser diesen Weg rasch, denn ich sah nicht viel davon, da ich eigentlich mit verbundenen Augen ritt. Auf schroffen, halsbrecherischen Pfaden erreichten wir in Nacht und Nebel Utsch-kappa (die drei Steinhütten), wo die Nacht zugebracht wurde.

Am folgenden Morgen sollten wir den Ges-darja an einer schwierigen Stelle passieren. Der Fluss ist hier sehr reißend und schmiegt sich auf der rechten Talseite dicht an die Felswand an. Der Weg schlängelt sich entsetzlich steil an der beinahe lotrechten Felswand empor. Die Männer zogen den Fluss vor, aber nachdem die ersten Pferde in dem tiefen, schäumenden Wasser beinahe den Grund unter den Füßen verloren hatten, beschlossen sie, den Pfad zu versuchen. Langsam strebten wir den steilen Hang aufwärts, bis zwei von unseren Pferden stürzten und nicht weiterwollten.

So mussten wir noch einmal unsere Zuflucht zum Flusse nehmen, über den wir mit großer Vorsicht glücklich hinüberkamen. Es ist ein sehr unbehagliches Gefühl, in brausendes Wasser zu steigen, wo man keinen Grund sieht, nicht weiß, ob er mit Kies oder Rollsteinen bedeckt ist und ob das Wasser seicht oder tief ist. Man muss der Furt genau folgen, wenn man nicht ein unfreiwilliges Bad nehmen will, und ein solches ist gefährlich, wenn man mit den Stiefeln in den Steigbügeln sitzt und der Fluss in nächster Nähe Katarakte hinunterstürmt.

Diese Gegend ist als Aufenthalt chinesischer und kaschgarischer Räuberbanden berüchtigt. Deshalb wurden in der Nacht Wachen aufgestellt, die den Befehl erhielten, auf das Gepäck und die Pferde aufzupassen. Die Leute rieten mir, die Waffen in Bereitschaft zu halten. Wir hörten jedoch nichts von den Räubern und die Nacht verging ebenso ruhig wie gewöhnlich.

Am 30. April war der letzte Tagesmarsch zwischen den Bergen, die schon am Morgen immer niedriger wurden, zu Hügeln herabsanken und nach beiden Seiten auseinander gingen, um endlich an der trompetenförmigen Mündung im herrschenden Nebel zu verschwinden. Das Terrain wurde ebener und auf dem grasbewachsenen Boden hörte

Stadttor in Kaschgar.

jede Disziplin unter den Pferden auf. Die armen Tiere, die auf den schneebedeckten Plateaus von Pamir eine wirkliche Hungerkur durchgemacht hatten, kosteten im Gehen mit Begierde von der ersehnten Weide.

Bei Tasch-melik (eigentlich Tasch-balik, der Steinfisch) liegt eine kleine chinesische Festung, deren Kommandant uns durch die Untersuchung unserer Pässe aufhielt. Am 1. Mai gegen Abend erreichten wir Kaschgar, wo ich von meinem alten Freunde, dem russischen Generalkonsul Petrowskij, und seinem Sekretär Herrn Lutsch aufs Herzlichste empfangen wurde.

ERINNERUNGEN AN KASCHGAR

In den sieben Wochen, die ich in Kaschgar weilte, plauderten der Generalkonsul und ich oft über meine Reisepläne und besprachen miteinander, wie sie in chronologischer Reihenfolge verwirklicht werden müssten, um sie den Jahreszeiten am besten anzupassen und so fruchtbringend wie möglich zu machen. Wir kamen zu dem Resultat, dass meine Reise ganz anders angefangen werden müsste, als ich es mir anfänglich ausgedacht. Statt sie in einer Tour zu machen, müsste ich sie in mehrere große Exkursionen einteilen, deren Ausgangspunkt Kaschgar sein sollte und von denen ich wieder dorthin zurückzukehren hätte, um die Resultate in Sicherheit zu bringen, die fotografischen Platten zu entwickeln, Sammlungen nach Hause zu schicken und mich auf neue Feldzüge vorzubereiten.

Die erste Exkursion sollte dem Lop-nor gelten, wohin ich mich am meisten sehnte. Anfang Juni schlug jedoch das Wetter plötzlich um. Der asiatische Sommer nahte mit Riesenschritten; der Himmel glühte wie ein gigantischer Schmelzofen, die Temperatur betrug 38 Grad im Schatten (das Insolationsthermometer zeigte 66 Grad), die Nacht vermochte die erhitzte Atmosphäre Ostturkestans nicht mehr abzukühlen, und jeden Abend hüllten glühend heiße, mit feinem Staube gesättigte Wüstenwinde Jakub Beks alte Hauptstadt in einen undurchdringlichen erstickenden Dunstkreis. Je weiter östlich es ins Herz des Kontinents und je weiter es in den Sommer hineinging, desto heißer würde es werden.

Mit Entsetzen dachte ich an die über den erhitzten Flugsanddünen vibrierende, stauberfüllte Luft, an die Wirbelwinde an den Ufern des Tarim, die jeden Abend unsere Karawane umtanzen würden, und an die 1500 Kilometer schwieriger Tagemärsche durch unendliche wasserlose Wüsten. Wir hatten auf Pamir eben erst 40 Grad Kälte gehabt und würden daher gegen die Wüstenhitze umso empfindlicher sein. In letzter Stunde wurde deshalb beschlossen, dass ich den Sommer auf den Hochländern verleben, dort die abgebrochenen Arbeiten im östlichen Pamir fortsetzen und erst im Winter oder Frühling die Lopwüste besuchen sollte.

Am Abend des 21. Juni verließen wir Kaschgar. Die Karawane bestand aus sechs Packpferden, beladen mit Proviant, Instrumenten, Chalaten, Zeug, bunten Tüchern und Zipfelmützen zu Geschenken für die Kirgisen, bei denen solche Dinge fast als Münze gelten, ferner mit dem Feldbette, Winteranzügen, Filzdecken, Waffen und Munition.

Meine Begleiter waren: der evangelische Missionar Johannes, Islam Bai und Osch, der Nachfolger des abgedankten Nehim Bai; der Tarantschi Daod aus Kuldscha, der als chinesischer Dolmetscher fungierte, und Ekbär Chodscha, Karawan-Baschi (Karawanenführer) aus Fergana, der die Pferde an uns vermietet hatte. Außerdem sollten wir auf jedem Tagesmarsche von zwei des Weges kundigen Kirgisen begleitet werden. Der Dao Tai hatte sich in Liebenswürdigkeit selbst übertroffen: Außer zwei großen, bunten Empfehlungsschreiben, die er mir gegeben, hatte er eine Bekanntmachung an die Kommandanten in Sarik-kol und Tagarma erlassen, dass ich dieselbe Würde hätte wie ein »Mandarin vom zweiten Knopfe« und wie ein solcher aufgenommen und behandelt werden müsste. Ganz entgegengesetzt dem, was ich bei meinem ersten Besuche erlebt, waren die Chinesen nun auch verhältnismäßig entgegenkommend.

In den noch glühenden Strahlen der untergehenden Sonne schritt unsere kleine Karawane langsam zwischen Pappeln und Weiden auf der Chaussee dahin, die von Jakub Bek angelegt worden war und auf der jetzt am Basartage das rührigste Leben herrschte. In großen pittoresken Arbas (Wagen) mit tunnelförmigem Strohdache, von vier mit Schellen und Glocken reich behängten Pferden gezogen, sitzen ganze Gesellschaften von Sarten und Chinesen, die auf dem Wege nach Jangi-hiffar oder Jarkent sind. Diese praktischen Fuhrwerke sind die Schnellposten von Ostturkestan und für den geringen Preis von zehn Tengeh (2,50 Mark) kann man in ihnen nach Jarkent fahren, vier lange Tagereisen weit.

Wir passierten eine Reihe von Heiligengräbern, Adolf Schlagintweits Monument, das 1887 von der Russischen Geographischen Gesellschaft zum Andenken an den vor den Toren von Kaschgar ermordeten Reisenden errichtet worden und nun vom Hochwasser zerstört ist, Jakub Beks verfallenes Schloss Dovlet-bag (Garten des Reichtums) und überschritten den Kisil-su, der unter seiner Doppelbrücke wie eine rotbraune Lehmsuppe dahinströmt.

Wir kommen auf das stille, öde Land, das sich, so weit das Auge reicht, nach Süden und Osten flach und endlos ausdehnt. Es war stockfinster geworden und erst gegen zwei Uhr morgens erreichten wir Japptschan, das Ziel des ersten Reisetages.

BEI DEN KIRGISEN DES MUS-TAG-ATA

Am 22. Juni war die Temperatur so hoch (nachmittags 1 Uhr + 33,1 Grad), dass wir vorzogen, im Schatten zu bleiben; erst gegen Abend wurde es ein wenig kühler, sodass wir wieder aufbrechen konnten. Noch waren wir nicht weit gekommen, als uns schon ein Bek mit zwei Begleitern begegnete, die vom Amban, dem chinesischen Distriktsvorsteher, von Jangi-hissar ausgeschickt worden waren, um mich auf seinem Gebiete willkommen zu heißen, für Proviant zu sorgen und unterwegs alles in Ordnung zu bringen.

Die Alleen und die angebauten Felder wurden jetzt immer öfter von Sandgürteln unterbrochen und zwei Stunden hinter Japptschan erreichten einige Dünen schon eine Höhe von fünf Metern. Wir ritten die Nacht hindurch nach Jangi-hissar, das wir früh am Morgen erreichten. In der Hindu-Karawanserei der Stadt war ein Zimmer für uns bereit. Am 23. Juni machte ein niederer Mandarin seine Aufwartung, brachte mir ein Schaf, zwei Hühner, einen Sack Weizen, einen Arm voll Grünfutter und eine Welle Holz, alles vom Amban, und wiederholte dessen Grüße und Versicherungen grenzenloser Freundschaft. Den ganzen Tag saßen drei Beks vor meiner Tür, beim leisesten Winke bereit, mir zu dienen.

Während der zwei Tage, die wir in Jangi-hissar blieben, wurden wir vom Amban mit Liebenswürdigkeiten überhäuft. Nachdem ich ihm als Gegengeschenk ein Messer und einen Revolver gesandt hatte, schickte er mir ein ganzes chinesisches Diner, aus merkwürdigen, aber hochfeinen Delikatessen bestehend, die auf Schalen und in kleinen Tassen ein ganzes gebratenes Ferkel umgaben, das in der Mitte eines gewaltigen, an einer langen Stange getragenen Präsentierbrettes thronte. Gleichzeitig ließ er bedauern, dass er schlechten Befindens halber beim Verzehren der Gerichte nicht helfen könne. Dies gab mir eine gute Gelegenheit zu antworten, dass ich allein unmöglich einem so ausgedehnten Menü Herr werden könnte und mich daher veranlasst sähe, die ganze Herrlichkeit wieder zurückzuschicken.

Ich hatte überdies den Verdacht, dass diese ganze Freundlichkeit listige Berechnung sei, um mir Verpflichtungen aufzuerlegen, die mich gezwungen hätten, den Wünschen des Herrn Amban zu gehorchen. Diese liefen darauf hinaus, dass ich meine Absicht, durch Keng-kol und Tar-baschi nach Pamir zu ziehen – ein Weg, der in seinen Distrikt fällt –, aufgeben sollte. Wahrscheinlich fürchtete er, dass ich von diesen Gegenden, die bisher von den Europäern ziemlich in Frieden geblieben waren, eine Karte aufnehmen würde. Er riet mir, stattdessen den Weg über Jarkent zu nehmen, und motivierte dies damit, dass die Bergbäche jetzt so hoch angeschwollen seien, dass meine Karawane die größte Gefahr laufen würde und dass er es dem Dao Tai gegenüber zu verantworten hätte, wenn mein Gepäck durch Wasser ruiniert würde.

Wir hatten indessen schon von anderer Seite gehört, dass sogar Eselkarawanen die Bäche passieren könnten, und überdies war die Jahreszeit nichts weniger als einladend, um den viel längeren Weg über Jarkent zu nehmen, wo die Pest im Sommer ständig ihre Opfer fordert. Als er meinen Entschluss erfahren, ließ er antworten, er würde mich mit Führern versehen.

Bei Jangi-hissar hat man ein Vorgefühl von der Nähe des Gebirges, da sich hier schon kleine Terrainunebenheiten zeigen. So zieht sich östlich von der Stadt ein ungefähr ein Kilometer langer und 20 bis 25 Meter breiter Landrücken hin. Die Aussicht von demselben ist herrlich und umfassend. Im Südwesten erscheint die stahlblaue Mauer des Mus-tag-ata, dessen weißer Scheitel uns nach kühleren Gegenden lockt. Im Westen und Süden dehnen sich niedrige Hügel aus, in den anderen Himmelsrichtungen aber ist der Horizont so eben wie der Meeresspiegel.

Jangi-hissar bietet dem Reisenden keine Sehenswürdigkeiten, und den wenigen Moscheen und Medressen fehlt es an jedem architektonischen Interesse.

Die chinesische Stadt, die auch hier Jangi-schahr (die neue Stadt) genannt wird, liegt unmittelbar neben der mohammedanischen und wird von einer hohen Mauer mit Zinnen, Türmen und Gräben geschützt. Hier hat der Amban sein Jamen.

Die indische Karawanserei, in der wir wohnten, umschließt mit ihrer Veranda einen kleinen viereckigen Hof. Hier hausen zehn Hindus aus Schikarpur, die indische

Stoffe über Leh, Karakorum, Schahidullah und Jarkent importieren. Sie sind jedoch hauptsächlich Wucherer und verstehen es, die Bevölkerung durch einen unverschämten Zinsfuß so in ihrer Hand zu halten, dass der Hauptertrag der Äcker in ihre Taschen fließt.

Doch wir haben keine Zeit, länger in Jangi-hissar zu verweilen. Die Bergluft lockt uns und es bleibt uns sehr viel zu tun, bevor wir uns wieder zur Ruhe setzen dürfen.

Vom Dorfe Kara-basch (der schwarze Kopf) richteten wir den Marsch direkt nach Süden und ließen den Weg nach Jarkent links liegen. Gegen zwei Uhr morgens kamen wir im Winterdorf Igis-jar (hohe Terrasse, absolute Höhe 1736 Meter) an, wo wir es uns in einem schön gelegenen Hofe bequem machten.

Am 25. Juni kam Emin Bek, der vom Amban von Jangihissar ins Gebirge geschickt worden war, um einen Weg für uns auszusuchen, mit der Nachricht zurück, dass die Bäche in der letzten Zeit sehr wasserreich gewesen seien, das Fortkommen der Karawane jedoch nicht hindern würden. Als Belohnung für seine guten Nachrichten bekam er Tee und zu seinem großen Vergnügen eine Arie auf der Spieldose zu hören.

Einen Tasch (acht Kilometer) südlich vom Dorfe liegt eine Eisengrube, wo das Erz, das in Erd- und Tonlagern vorkommt, ausgegraben und nach Igis-jar gebracht wird, um dort auf sehr primitive Weise gewonnen zu werden. In einem Schuppen von an der Sonne getrocknetem Lehm und Brettern hat man einen zwei Meter hohen Ofen mit einem inneren Durchmesser von kaum einem Meter aufgeführt. Dieser wird bis zur Hälfte mit Kohlen gefüllt; um Zug zu erhalten, hat man unten sechs Löcher angebracht, vor denen den ganzen Tag ebenso viele Männer sitzen, die mit Blasebälgen von Ziegenleder die Glut anfachen. Oben auf die Kohlen wird die eisenhaltige Erde in einer zwei Hände breiten Schicht gelegt; gegen Abend fließt das Eisen unten in die Kohlen hinein. Durch ein kleines Seitenloch untersucht man mit einer eisernen Stange, wie das

Schmelzen fortschreitet. Nach jedem Brande muss der Ofen von Schlacken und Asche befreit werden.

Das gewonnene Eisen ist natürlich so schlecht, dass es sich nicht schmieden lässt, sondern nur zu einfachen Ackergeräten verwandt wird; zu Hufeisen taugt es nicht. Es gehört eine ganze Masse dazu, um fünf Tschärek (37 Kilo) zu gewinnen, die in Jangi-hissar mit 30 Tengeh (6,70 Mark) bezahlt werden (ein Tschärel = zwölf Dsching; ein Dsching = zirka 620 Gramm). Der Besitzer, der zugleich Jus-baschi von Igis-jar (Anführer von 100 Mann, d. h. Dorfhäuptling) ist, leitet den Betrieb selbst, überwacht die Arbeit und zahlt jedem seiner vielen Arbeiter täglich nur sechs Datien (eine chinesische Bronzemünze von weniger als zwölf Pfennig Wert).

Am 26. Juni verließen wir Igis-jar am frühen Morgen. Die Berge rücken einander näher und beim Betreten des Tasguntales liegen die Felswände nur so weit voneinander, dass die enge Mündung von dem kleinen Fort Igis-jar-karaul mit seiner Besatzung von 24 Mann leicht verteidigt werden kann. Wir lagerten uns in der reinen, linden Abendluft in einer kleinen Grotte der Syenitfelsen von Tokaibasch.

Das Tal rückt merklich zusammen, aber hier und da gewährt es doch kleinen Wiesen und Weideplätzen Raum, auf denen im Sommer einige Kiptschak-Kirgisen ihr Lager aufschlagen, um im Winter talabwärts zu ziehen.

Abdu Mohammed, der Akfakal (Weißbart, d. h. Häuptling) des Auls Keng-kol (das breite Tal), nahm uns in seiner großen Jurte gastfrei auf. Der Aul hat 21 Einwohner, die hier alljährlich die drei Sommermonate zubringen. Jeden Abend werden die Schafe und Ziegen zum Melken nach dem Aul getrieben und dort nachts in großen Hürden von bissigen zottigen Hunden gegen die zahlreich vorkommenden Wölfe geschützt. Wenn die Hunde nachts zu bellen anfangen, eilt ein Mann nach der gefährdeten Stelle, um die Wölfe mit wildem Geheul in die Flucht zu jagen. Wir befanden uns hier schon in einer Höhe von 3369 Metern.

Kirgise aus dem östlichen Pamir.

Während der folgenden Tagemärsche wurde das Gebirge immer wilder. Wir sollten jetzt das Talgebiet des Keng-kol verlassen und uns nach dem Tschar-lung, einem der Nebenflüsse des Jarkent-darja, begeben. Der Pass, der beide trennt, heißt wie die beiden auf ihm entspringenden Bäche Kaschka-su (der bunte Bach).

Zu beiden Seiten des Passes tritt überall schwarzer Schiefer zutage, auf der Kammhöhe selbst (3972 Meter) gibt es dagegen keine Spur von anstehendem Gestein.

Jenseits des Passes steigen wir direkt nach Süden nach

dem Karaul Tschihil-gumbes (die 40 Kuppeln) hinunter, wo es einige Stein- und Lehmhütten, Ställe und Jurten sowie einen Friedhof mit kleinen kuppelgeschmückten Kapellen (Gumbes) gibt.

Am 1. Juli hatten wir noch einen Pass zu überschreiten, den Ter-art (Lederpass), der an Gestalt dem Kaschka-su gleicht, aber viel schroffere Hänge hat und eine Höhe von 4040 Metern erreicht. Gegen drei Uhr brachte der Südwestwind einen leichten Nebel mit, der sich allmählich verdichtete und gegen Abend in einen feinen, aber durchdringenden Sprühregen überging. Wir waren daher froh, in dem Aul Pas-rabat (niedrige Herberge) unter Dach und Fach zu kommen. Hier waren wir wieder auf 2884 Meter heruntergestiegen.

Pas-rabat ist insofern wichtig, als über diesen Ort ein Weg führt, der Kaschgar, Jangi-hissar und Jarkent mit Tasch-turgan, der bedeutendsten chinesischen Festung im östlichen Pamir, verbindet. Deshalb ist hier ein kleines Fort angelegt.

Am folgenden Morgen war die Gegend wieder in dichten Nebel gehüllt, der die Täler füllte.

Jetzt wurde mit den Kirgisen eifrig besprochen, ob wir bleiben sollten oder nicht. Sie rieten uns weiterzuziehen, denn sie fürchteten, dass, wenn der Regen anhielte, es unmöglich sein würde, den Fluss zu durchwaten. Unser Karakesch (Karawanenbesitzer) hielt es jedoch für zu spät, heute noch aufzubrechen, da wir dann erst in finsterer Nacht an den Flussübergang kommen würden.

Wir beschlossen zu warten, wodurch ich Gelegenheit erhielt, einige Beobachtungen über die Wassermenge des Flusses anzustellen. Er war infolge des Regens sehr erheblich gestiegen und das Wasser, das gestern kristallklar war, brauste jetzt grau und trüb wild zwischen den Steinen daher. Die Breite betrug 16 Meter, die größte Tiefe 55 Zentimeter, die Wassermenge sieben Kubikmeter in der Sekunde und die Temperatur mittags 10,5 Grad.

Um zu zeigen, wie empfindlich diese Bergflüsse gegen

Niederschläge und Temperatur sind, will ich noch anführen, wie der Fluss im Laufe des Tages schwankte. Gegen drei Uhr nachmittags war das Wasser um 1,5 Zentimeter gefallen, weil die höheren Quellenzuflüsse nachts gefrieren, aber schon um fünf Uhr stieg es wieder um 3,5 Zentimeter, weil das Regenwasser vom Vormittag erst um diese Zeit nach Pas-rabat hinunterkam. Um 7 Uhr war es 16 Zentimeter über das erste beobachtete Niveau gestiegen, die Breite hatte aber, der steilen Ufer wegen, nur um einen Meter zugenommen.

Am 3. Juli hatten wir einen schweren Marsch. Anfangs war das Tal mittelbreit und ziemlich reich an Weideplätzen, Sträuchern und Weidenbäumen, doch hinter dem Tale Jam-bulak (die Grottenquelle) wurde die Passage immer enger.

Hier, wo frische weiße Rosen das Auge erfreuen, heißt das Tal Tengi-tar, ein sehr bezeichnender Name, denn es bedeutet »enger Talgang«. Es treten wieder grobkristallinische Gesteine auf und innerhalb ihres Gebietes verändern sich die Bodenformen, indem die Höhen kuppelförmiger werden und die scharfen Kämme und Spitzen, die wir im Schiefergebiete gefunden haben, aufhören.

Die Talschlucht Tengi-tar wird weiter oben von Gneisfelsen eingeschlossen, die hier und da von Konglomeratbänken überlagert werden. Aus einer solchen entspringen bei Issik-bulak drei warme Quellen. In sprühenden, aber nicht besonders dicken Strahlen sprudelt das stark schwefelhaltige Wasser unter einem großen Konglomeratblocke hervor. Es hat einen unangenehmen Schwefelgeruch und färbt die in der Nähe liegenden Steine braun und gelb; aber gleich unterhalb der Quelle wuchert eine außerordentlich üppige Vegetation. Eine Dampfsäule steigt auf und das Wasser hat bei seinem Austritt eine Temperatur von 52,8 Grad.

Hinter den Quellen schrumpft der Durchgang zu einer Breite von ein paar Metern zusammen und wir blicken in einen langen, schmalen Gang mit kühler Luft hinein, an dessen Eingang uns ein Rosskadaver verkündet, dass wir alle Aussicht haben, unseren Pferden die Beine zu brechen.

Es ist eine wilde, großartige Natur. Das Echo hallt zwischen den Felswänden wider und man muss gehörig schreien, wenn man sich verständlich machen will. Über uns ist vom Himmel nur ein schmaler Streifen sichtbar; vor uns sind die Windungen dieses malerischen Hohlwegs, den sich der Fluss durch die Quarzit- und Granitfelsen gesägt hat.

Keine leichte Aufgabe ist es, unsere schwer beladenen Pferde mit heiler Haut durch diese lange, schwierige Passage zu bringen. An den tieferen Stellen des Flusses hat man aus Blöcken und kleineren Steinen eine Art provisorischer Brücken und Gangsteige aufgeführt, denn man muss die ganze Zeit im Flusse selbst reiten und sieht bei dem weiß schäumenden Wasser gewöhnlich nicht, wohin das Pferd tritt.

Doch auch diese Steige sind halsbrecherisch. Das Wasser hat die feinere Füllung zwischen den Blöcken fortgeschwemmt und es gähnen dort jetzt nur schwarze Löcher, in die die Pferde oft hineinrutschen und worin sie sich die Beine brechen können, wenn sie fallen.

Endlich wurde das Terrain besser. Eine an der linken Talseite vorspringende Bergpartie, Tarning-baschi-moinak (der Pass am Anfange des Korridors), bildet die Grenze zwischen zwei verschiedenen Taltypen. Wir sehen vor uns ein breites, ebenes Tal mit langsamer abfallenden Bergseiten, abgerundeten Höhen, mit Vegetation, einem geräumigen Talgrunde und fahrbaren Wege am Ufer des Flusses.

Links folgen gewaltige Konglomeratbänke, rechts steht Syenit an mit so blank polierten Flächen, dass man unwillkürlich vermuten muss, sie seien von Wasser oder Gletschereis abgeschliffen. Aus dem Kamme im Süden erhebt sich eine doppelte Bergspitze mit ewigem Schnee; sie heißt Karajilga-baschi (das Haupt des schwarzen Tales). Beim Aul Kara-jilga (schwarzes Tal) betrug die absolute Höhe 4175 Meter.

Kirgisisches Mädchen.

Wir hatten nicht mehr weit nach dem Lagerplatze Bulak-baschi (der Anfang der Quellen), dessen Jus-baschi, ein alter Bek, uns mit der größten Freundlichkeit empfing und sofort eine bequeme Jurte in Ordnung bringen ließ.

Hier beobachteten wir im Tar-baschi-Flusse um ½4 Uhr nachmittags ein sehr eigentümliches Phänomen. Das Wasser war niedrig und klar gewesen, plötzlich aber ertönte aus der Ferne ein donnerndes Brausen, und das Hochwasser, in den höheren Regionen durch das Schmelzen des Eises und Schnees, in den tieferen durch Regen verursacht, nahte sich schäumend wie eine weiße Woge, füllte das Flussbett und wälzte sich das Tal hinunter. Es war unser Glück, dass wir noch rechtzeitig aus dem Engpasse herausgekommen waren, sonst hätten wir alle Aussicht gehabt, fortgespült zu werden. Dies war es, wovor die Kirgisen in Tscharlung so Angst gehabt hatten.

Schon jetzt fielen uns die Veränderungen in der Natur des Hochlands auf. Wir hatten gefunden, dass die Gewässer gewöhnlich gegen vier Uhr nachmittags anfangen zu steigen und damit bis zum Abend fortfahren, was zeigt, dass das Wasser des mittags schmelzenden Schnees in den Tälern erst einige Stunden später ankommt. Um die Mittagszeit und in den paar Stunden darauf steigen die Flüsse am wenigsten, während sie nachts bis zu ihrem Maximum anschwellen. Doch treten auch durch Regen verursachte unregelmäßige Oszillationen ein. Diese Flutwellen sind es, die die eigentliche Erosionsarbeit ausführen, was schon aus ihrer schmutzigen Farbe hervorgeht. Während des Tages wird das Wasser wieder klar, nachdem die mitgeführten Produkte zu Boden gesunken sind.

In Bulak-baschi befanden sich sechs Jurten mit 30 Bewohnern vom Stamme der Kessekkirgisen. Sie müssen sich das ganze Jahr hindurch hier aufhalten und bilden einen Wachtposten, dessen Aufgabe es ist, reisende Chinesen zu beherbergen und ihnen beizustehen sowie die chinesische Post zu befördern.

Zwei Kirgisen des Auls galten für »Bai«, d. h. für reiche Leute, da sie jeder ungefähr 1000 Schafe, 200 Ziegen, 100 Yaks, 30 Pferde und 30 Kamele besaßen.

Der 5. Juli war ein schwerer Tag, denn wir sollten über den Hauptkamm der Mus-tag-Kette. Die Nacht war windstill und sternklar gewesen, die Temperatur unter den Gefrierpunkt gefallen und gegen Mittag sah man noch kleine Eisgarnierungen am Rande von Bächen und stillstehenden Gewässern.

Wie zwischen Kulissen rieseln kleine Bäche von den

Seiten in das Haupttal hinab und führen hier, nahe bei ihren Quellen, schon mittags ihren größten Wasservorrat, der noch nicht trübe geworden ist. Im Hintergrunde mehrerer solcher kleiner Nebentäler erscheint der Hauptkamm mit glänzenden Feldern ewigen Schnees, auf den nächsten Partien aber liegt der Schnee nur noch auf den nach Norden, Nordosten oder Nordwesten gewandten Abhängen.

Bald gelangen wir an ein ovales Kesseltal, das umkränzt ist von zum Teil schneebedeckten Bergen. In der Mitte dieses wie eine flache Schale geformten Tales liegen zwei kleine Seen von je ungefähr 500 Meter Länge. Sie werden vom Schmelzwasser der benachbarten Schneefelder gebildet und ihr kristallklares Wasser ist die Quelle des Tschitschekli-su, eines Baches, der sich in das Schindetal, den Pas-rabat und den Jarkent-barja ergießt.

Von dieser Stelle an führt der Weg mit einer weniger schroffen Steigung nach dem Passe Kitschik-kok-moinak (der kleine grüne Pass, 4593 Meter) hinauf. Sowohl dieser wie der weiter abliegende Katta-kok-moinak (der große grüne Pass, 4738 Meter) ist leicht zu überschreiten.

Im Westen des letztgenannten Passes fällt der Weg ziemlich jäh ab. Er folgt einem kleinen Bache, der sich wie der Tengi-tar einen engen Felsendurchgang gebrochen hat. Allmählich wird das Tal etwas breiter und schließlich sehen wir sein Ende, ein Felsentor, das auf eine Ebene hinausführt, auf deren fernem Hintergrund sich eine hellblaue, weiß gezähnte Mauer abzeichnet: die Mus-tag-Kette.

Erst nachdem wir eine kleine, unbedeutende, fast frei stehende Bergkette überschritten hatten, kamen wir auf die große, flache Tagarmaebene, die grün schimmernd in der Glut der Abendsonne dalag. Zur Rechten erschien die chinesische Festung Besch-kurgan (die fünf Festungen) mit ihrer viereckigen Mauer, hinter der eine Lansa von 120 Mann liegen soll.

Das Tagarmatal ist eine mit den üppigsten Weiden

bedeckte Steppe zwischen gewaltigen Bergketten und wird von allen Seiten vortrefflich bewässert, da Bäche von den Schneefeldern der benachbarten Kämme es nach allen Richtungen hin durchfließen und den nicht unbedeutenden Kara-su (das schwarze Wasser) oder Tagarma-su (Apfelbergwasser), der sich unterhalb Tasch-kurgan in den Jarkent-darja ergießt, bilden.

Der 6. Juli wurde zum Ruhetag bestimmt. Die Hitze war um die Mittagszeit erdrückend und erreichte im Zelte 32 Grad, in dem sandigen Boden aber 53 Grad, und die Insolation stieg auf 71,3 Grad. Die weite Ebene nimmt eine ungeheure Menge Wärme auf, sie liegt aber auch nach Süden offen und senkt sich nach dieser Himmelsrichtung hin.

Infolge der reichlichen Insolation und der vorzüglichen Bewässerung gibt es in der Steppe die herrlichsten Weiden. Yak- und Schafherden beleben die Landschaft und hier und da sieht man kleine, gemütliche, kirgisische Aule.

Die das Tagarmatal bewohnenden Kirgisen bleiben dort Winter und Sommer; sie zählen 80 Jurten, von denen 50 Kessek- und Teitkirgisen sind. Auf jede Jurte kommen durchschnittlich vier Bewohner.

Die hier wohnenden Kirgisen sind in der Mehrzahl arm. Sie besitzen zusammengenommen bloß 200 Schafe und 200 Yaks; manche von ihnen haben gar keine oder nur wenige Haustiere.

Die Kirgisen erklären, dass sie es vor 20 Jahren, zu Jakub Beks Zeit, viel besser gehabt hätten, denn damals genossen sie größere Freiheit und konnten nach Belieben mit ihren Herden in den Westen nach den Weideplätzen auf Pamir wandern, während ihnen jetzt das Überschreiten der russischen Grenze von den Chinesen streng verboten ist.

Am 7. Juli zogen wir am Fuße des Mus-tag-ata-Massivs entlang nach Westen und Nordwesten weiter und hatten zu unserer Rechten den Teil des Gebirges, der Kara-korum (die schwarze, steinige Gegend) heißt.

An einer Stelle, Gedjäk (die Geige) genannt, erhebt sich mitten im Tale des Kara-su, dem wir folgten, ein pittoresker Tu oder Opferaltar, der aus einem in einem Steinhaufen befestigten Birkenaste besteht, welcher mit Schädeln und Hörnern von wilden Schafen und Wildziegen, mit Pferde- und Yakschwänzen und weißen Lappen behängt ist. Zwischen die Steine des Tuhaufens sind auch viele kleine Birkenzweige und Stöcke gesteckt und rundumher liegen Schädel von Pferden und Antilopen. Vor dem Opferaltar war ein kleinerer, von Wasser oder Eis tief ausgehöhlter Gneisblock aufgeteilt worden; das Loch war rauchgeschwärzt. Man erklärte mir, dass die Pilger, die vor dem Tu ihre Gebete sprechen, hier Opferlichter oder Opferlampen anzuzünden pflegen.

Am 8. Juli hatten wir nur noch eine Tagereise bis Subaschi, unserem nächsten Ziele. Dabei mussten wir über den kleinen, bequemen Pass Ullug-rabat (die große Station), der mitten im Sarik-kol-Tale liegt und es in zwei Gebiete teilt, in das nördliche, dessen Wasser nach dem Ges-darja strömt, und in das südliche mit Abfluss nach dem Jarkent-darja. Es war ein herrlicher Tag. Die Gipfel zur Rechten hoben sich mit ihren blendend weißen Schneefeldern klar gegen den reinen, frischen, hellblauen Himmel ab. Nur im Süden schwebten ein paar leichte Federwölkchen. Die ganze Natur befand sich in Sonntagsstimmung.

Wir erreichten den Pass gegen ein Uhr und hatten von seiner kleinen Steinpyramide in einer absoluten Höhe von 4230 Metern einen guten Überblick über die Gegend. Die gewaltigen Gletscher, die vom zentralen Firngebiete radial ausgehen, strecken ihre schneebedeckten oder, bei Brüchen und Fällen, blau schimmernden Zungen nach Westen. Zwischen ihnen erheben sich wilde, schroffe Felspartien, die unterhalb der Schneegrenze beinahe rabenschwarz sind.

Am Fuße des Nordabhanges vom Ullug-rabat erreichten wir einen Aul von neun Jurten, bald darauf einen zweiten von fünf, beide am Ufer des Flusses gelegen und von großen Viehherden umgeben. In dem ersten kam mir Togdasin Bek mit freundschaftlichem Gruße entgegen und führte mich nach seinem Aul, wo die alte Jurte noch an ihrem Platze stand und jetzt wieder wie früher eingerichtet wurde. Sie war im Nu von elf schmutzigen chinesischen Soldaten angefüllt, die mich lange und gründlich angafften, schrien, lachten, meine Sachen anfassten und schlecht dufteten. Dann trat der Sekretär des Kommandanten Schi Darin ein und ersuchte mich, ihm meinen Pass zu zeigen, dessen Inhalt ihn beruhigte. Er wurde mit Tee bewirtet und betrug sich verhältnismäßig manierlich.

Togdasin Bek meinte, die Festung habe eine Garnison von 66 Mann; ich bezweifle aber, dass es mehr als ein Dutzend waren, mehr habe ich wenigstens nicht gesehen. Wären es mehr gewesen, so wären sie sicher alle in unsere Jurte gekommen, um ihre Neugierde zu befriedigen. Der Bek hatte nur die Pferde gezählt und glaubte, es müssten ebenso viele Reiter da sein. Die Chinesen haben hier zu Lande eine eigentümliche Art, ihre Truppen zu zählen. Sie lassen es nicht bei dem Soldaten bewenden, sondern zählen auch sein Pferd, sein Gewehr, seine Schuhe, Hosen usw. mit, sodass die Endsumme mehrere Mal größer wird, als sie sein müsste! Sie denken, das Gewehr ist mindestens so wichtig wie der Schütze, und dieser kann zu Fuß oder nackt nicht fortkommen; deshalb wird alles mitgerechnet.

Hierdurch glauben sie, stets den Vorteil zu haben, dass die leichtgläubigen Kirgisen auf beiden Seiten der Grenze und die drüben residierenden Russen den Eindruck erhalten, dass die Garnisonen viel stärker seien, als es in Wirklichkeit der Fall ist. Doch wehe dem Kirgisen, der sich untersteht, die chinesischen Soldaten so zu zählen, wie er bei seinen eigenen Schafen verfährt! Ein kirgisischer Jusbaschi, der sich vor einiger Zeit nach Tasch-kurgan begeben hatte, wurde vom Kommandanten Mi Darin gefragt, wie viele Soldaten es in Su-baschi gebe, worauf der Mann

»30« antwortete. Mi Darin schrieb an seinen Kollegen Schi Darin und fragte, ob die Angabe richtig sei. Dieser ließ den Jus-baschi rufen, prügelte ihn durch und fragte ihn, wie er es wagen könne, die Stärke der Garnison zu zählen oder auch nur darüber nachzudenken.

Die Bewaffnung besteht in Su-baschi aus einem halben Dutzend englischer Gewehre und ebenso vielen russischen, im Übrigen nur aus chinesischen Bogen und Lanzen. Mit den europäischen Waffen wird sehr bös umgegangen, weshalb sie gewöhnlich in einem erbärmlichen Zustande sind. Exerzieren, Scheibenschießen und andere kriegerische Übungen gibt es beinahe nie und Togdasin erzählte, dass der Kommandant und die Garnison den lieben, langen Tag hindurch nichts weiter tun, als Opium rauchen, um Geld spielen, essen, zechen und schlafen. Die Kirgisen sind frei von Abgaben, aber ihr Aul liefert monatlich ein halbes Dutzend Schafe, die von den Chinesen mit der Hälfte oder dem dritten Teile des Wertes bezahlt werden.

Die Kirgisen wurden mir allmählich immer sympathischer. Vier Monate lebte ich unter ihnen, und obgleich ich die ganze Zeit über der einzige Europäer war, kam mir doch diese Einsamkeit nie drückend vor, denn sie umgaben mich stets mit derselben Freundschaft und Gastlichkeit. Sie nahmen mit Vergnügen an meinem Nomadenleben teil und kamen auf allen Exkursionen, Gletscherwanderungen und Bergbesteigungen mit. Ich erlangte im Sarik-kol-Tal nach und nach eine gewisse Popularität.

Die Kinder machten mir am meisten Spaß und viele von ihnen waren so allerliebst, wenn sie mit einem bunten Mützchen und sonst keinem Faden auf dem Leibe oder nur mit den kolossalen Lederstiefeln ihres Papas bekleidet vergnügt umherliefen, dass es mir oft schwer wurde, mich von ihnen zu trennen. Beim ersten Anblick der sonderbaren Erscheinung mit der Brille und der eigentümlichen Tracht nahmen sie gewöhnlich Reißaus und versteckten sich hinter ihrer Mutter oder in den Schlupfwinkeln der Jurte; aber es bedurfte nur eines Zuckerstückchens, um ihr Vertrauen zu gewinnen.

Die Kirgisen merkten bald, dass auch ich sie als Freunde betrachtete und mich unter ihnen wohl fühlte. Ich wohnte immer in ihren Jurten, lebte von derselben Nahrung wie sie, ritt ihre Yaks, wanderte wie sie von Ort zu Ort und wurde gewissermaßen ein Vollblutkirgise. Sie schmeichelten mir auch oft mit den Worten: »*Siss indi kirgiss bo olldiniss*« (Nun seid Ihr Kirgise geworden).

Wie ich nach der freundlichen Aufnahme, die mir vor drei Monaten bei Togdasin Bek, dem Häuptling der Sarikkol-Kirgisen und ihrem Wortführer bei Dschan Darin in Bulun-kul, zuteil geworden war, schon hatte erwarten können, empfing er mich jetzt, da ich zum zweiten Mal um seine Gastfreundschaft bat, wie einen alten Bekannten, indem er auch jetzt alle Delikatessen der kirgisischen Artigkeit auftischte und mich von der Notwendigkeit überzeugte, ein paar Tage in seinem Zelte auszuruhen, bevor ich seinen Nachbarn, den Mus-tag-ata, aufsuchte, einen Häuptling, der von einem höheren Zelte herab größere Untertanen beherrsche.

Nachdem ich diese Einladung umso lieber angenommen, als ich gerade jetzt Kirgisen und Yaks für den Sommer engagieren musste, bereitete mir mein Wirt am 11. Juli eine großartige Überraschung: Er wollte mir den ganzen vollen Glanz zeigen und ordnete deshalb eine Baiga, ein Reiterspiel, an, das, wenn es auch, mit einer »Kaiserparade« verglichen, nur ein Tropfen im Meere war, sie doch vielleicht an märchenhaftem, den Blick fesselndem Effekt übertraf.

Im Laufe des Morgens sprengte die Blüte der männlichen Bevölkerung der Gegend in kleinen Scharen nach Süden, wo die wilde Jagd vor sich gehen sollte. Als ich um die Mittagszeit ihrer Spur folgte, eskortierten mich 42 Kirgisen in ihren besten Chalaten von allen erdenkbaren Farben, mit bunten Leibbinden, Dolchen und Messern, klappernden Gehängen mit unentbehrlichen Werkzeugen, als da sind Feuerstahl, Pfriemen, Tabaksbeutel usw., mit Mützen der verschiedensten Art, in dieser Jahreszeit meist kleinen runden, schwarzen Scheitelkäppchen mit roten, gelben und blauen Stickereien. In dieser festlich gekleideten Schar, die mich in geschlossenem Trupp umgab, kam ich mir in meinem einfachen grauen Reiseanzuge vor wie ein Derwisch unter feinen Leuten.

Die beiden vornehmsten an Rang und Kleidung waren Togdasin Bek in einem knallgelben, mit Goldbrokat besetzten Ehrenchalat aus Kaschgar, den er am Tage vorher von mir bekommen, und Togda Mohammed Bek, der Häuptling der östlich vom Mus-tag-ata wohnenden Kirgisen. Dichter werdende Reitergruppen verrieten uns, dass wir an Ort und Stelle angekommen waren, und auf einem »reservierten Platze« mitten im freien Felde machten wir Halt. Hier erwartete uns inmitten einiger 20 Reiter der 111-jährige Choat Bek, von fünf seiner Söhne, auch schon Greisen, umgeben und so vergnügt und sicher wie nur einer im Sattel sitzend, obwohl sein Rücken von der Last der Jahre ein wenig gebeugt war.

Alle bewiesen ihm die größte Ehrerbietung, sogar die Beks sprangen von ihren Pferden, um ihn zu begrüßen; er saß aber ruhig wie ein Gott da und nahm die Huldigungen entgegen. Der Greis war einst Tschong-bek (Oberhäuptling) der Sarik-kol-Kirgisen gewesen, eine Würde, die sieben seiner Vorfahren, vom Vater auf den Sohn übergehend, teils unter wechselnder Fremdherrschaft, teils unter eigenem Regimente, bekleidet hatten. Wenn er nicht in seine Grübeleien versank, war er sehr gesprächig und fand augenscheinlich großes Vergnügen daran, von seinen Erinnerungen und seinen Familienverhältnissen zu erzählen.

Er hatte sieben Söhne und fünf Töchter, 43 Enkel und 16 Urenkel. Sie wohnten beinahe alle in demselben Orte, einem großen Aul, der im Sommer am Kara-kul, im Winter am Bassik-kul liegt. Sein ältester Sohn, Oschur Bek, der mit der Zeit einer der Meinen wurde und ein außerordentlich humoristischer alter Mann war, erzählte mir, dass Choat Bek vier kirgisische Frauen gehabt habe, von denen zwei, Neunzigerinnen, noch lebten, daneben aber noch gegen 100 sartische, die von Zeit zu Zeit in Kaschgar gekauft und nachher wieder abgedankt wurden. Choat Bek war von meiner Brille so entzückt, dass er mich darum bat; aber da ich keine andere hatte, sagte ich ihm, dass er, nachdem er 111 Jahre ohne Brille fertig geworden wäre, es auch fernerhin tun könnte. Ich gab ihm später Zeugstoffe, Mützen und Decken.

Jetzt wird ein Bock vor unsere Front geschleppt; ein Kirgise trennt ihm mit einem einzigen Schlage den Kopf ab und lässt das Blut fließen, bis es stockt. Der Leib bildet gewissermaßen den Kernpunkt des Spiels und der Wettstreit geht darauf aus, ihn sich zu erkämpfen.

Ein Mann entführt ihn zu Pferde. Wir warten einige Augenblicke. In der Ferne erscheint eine Reiterschar. In wilder Eile nähert sie sich; die Hufe von 80 Pferden dröhnen auf dem harten Boden. Der Lärm wird ohrenbetäubend und vermischt sich mit wilden Rufen und dem Geklirr der Steigbügel. In einer Staubwolke eilen sie dicht an uns vorbei. Der Erste wirft meinem Pferde den Bock vor die Vorderfüße. Den Hunnen oder einer verheerenden Räuberbande gleich stürmen sie fort, machen einen Ritt auf die Ebene hinaus, aber nur, um im nächsten Augenblick wieder zurückzukehren. Wer mit dem Bocke beehrt wird, muss sich auf irgendeine Weise erkenntlich zeigen, entweder dadurch, dass er zum Dastarchan einlädt, wie es die Kirgisen gewöhnlich tun, oder durch eine Anzahl Silbertengeh, wie ich.

Es gelingt uns mit knapper Not, uns zurückzuziehen, als auch der wilde Haufe schon wieder dicht bei uns ist und sich auf den armen, noch nicht erkalteten Bock stürzt. Jetzt entsteht ein Kampf darum, als gälte es einen Beutel voll Gold, ein nicht zu unterscheidendes Durcheinander von Pferden und Reitern, von einer Staubwolke umhüllt. Verschiedene Pferde stürzen, andere bäumen sich oder werden scheu. Die Reiter lassen sich, immer den Fuß im Steigbügel, ungestüm auf den Boden hinabgleiten und haschen nach dem Preise. Einige sind vom Pferde gefallen und in Gefahr, zertreten zu werden, andere hängen zur Hälfte unter den Rossen, aber alle arbeiten und mühen sich ab, um in der wildesten Unordnung dem Vliese beizukommen. Zurückgebliebene oder neu hinzugekommene Reiter sprengen im Galopp mitten in den Haufen und scheinen über diesen Berg von Pferden und Menschen zu reiten, die, in Staub gehüllt, schreien und lärmen. Kleine Kniffe sind erlaubt. Um dem Vliese näher zu kommen, reißt man die Pferde seiner Nachbarn am Zügel oder schlägt sie mit dem Peitschenstiele über das Maul, damit sie sich bäumen und zurückweichen, oder man sucht einander aus dem Sattel zu stoßen.

Ein paar Kämpfer, die auf Yaks mit ihren spitzen Hörnern ritten, vergrößerten noch den Wirrwarr. Wo die Yaks sich eindrängten, konnten sie nicht umhin, die Pferde mit ihren Hörnern in unbehaglicher Weise zu kitzeln. Diese schlugen aus, reizten damit aber nur die Yaks, die nun noch ärger stießen und dadurch dem Spiele den Anstrich eines Stiergefechts gaben.

Endlich hat ein Mann das Vlies fest gefasst, klemmt es zwischen sein rechtes Bein und den Sattel, stürmt aus dem Haufen heraus und eilt wie der Wind in großem Bogen um die Ebene, von allen anderen verfolgt. Sie verschwinden in der Ferne, aber nach ein paar Minuten sind sie wieder da. Wieder hören wir die Hufe auf dem Boden dröhnen. Die Reiter stürmen, alle Hindernisse vergessend, gerade auf uns los; im nächsten Augenblick müssen sie über uns stürzen und uns niederreiten; wir können nicht mehr ausweichen, da: Ein paar Schritte entfernt und noch in vollstem Galopp, schwenken sie nach der Seite ab, nachdem das jetzt in eine unförmige Masse verwandelte Vlies uns wieder vor die Füße geworfen worden ist. So beginnt der Kampf immer wieder von neuem.

Als ich zu Choat Bek sagte, es sei doch schön, dass wir

alten Leute nicht mit in dem Tumulte zu sein brauchten, lachte er und meinte, seit er so alt gewesen wie ich jetzt, seien wohl gegen 100 Jahre verflossen. Ich erfuhr dabei, dass er wirklich beinahe viermal so alt war wie ich.

Togdasin Bek wurde bei dem Getümmel so erregt, dass er sich in den Haufen stürzte und den Bock auch wirklich einmal erkämpfte; aber nachdem er mit dem Pferde einen Salto geschlagen hatte, wurde er wieder zahm wie ein Lamm und blieb hübsch bei uns.

Während des Spiels zogen die meisten die Chalate aus, einige entblößten auch die rechte Seite des Oberkörpers. Wenige kommen mit heiler Haut davon; viele sind im Gesicht blutig und begeben sich an den nächsten Bach, um Kompressen aufzulegen; auch ein und das andere hinkende Pferd kann man bemerken. Auf dem Tummelplatze liegen Mützen und Peitschen umhergestreut und werden nachher von ihren Eigentümern gesammelt. Dass kein Unglück geschah, wunderte mich im höchsten Grade; es kommt aber davon, dass die Kirgisen von ihrer frühesten Kindheit an auf den Pferden groß geworden sind. Nachdem das spannende, gefährliche Spiel zu Ende war, wurden die Honoratioren in dem nächstgelegenen Zelte eines Beks mit einem Dastarchan bewirtet, wobei uns die Musikanten der Gegend mit Tafelmusik unterhielten.

Gleich nach der Ankunft in Su-baschi hatte ich meinem chinesischen Dolmetscher, den Tarantschi Daod, verabschieden müssen, weil er sich zu viel herausgenommen und in seinen Übersetzungen wenig genau gewesen und, um sein Sündenregister noch größer zu machen, obendrein angefangen hatte, mit den Chinesen Hasard zu spielen, wobei er auf einmal 40 Tengeh verlor. Als unser in Kaschgar angenommener Karawanenführer samt seinen Pferden entlassen wurde, musste Daod ihn begleiten. Von den Leuten, die ich von Kaschgar mitgenommen, war unser treuer Islam Bai noch allein bei mir. Wir engagierten deshalb zwei zuverlässige Kirgisen, Iehim Bai und Molla Islam, die uns auf allen Wanderungen des Sommers vortreffliche Dienste leisteten, und außer ihnen noch mehrere andere, die auf kürzere Zeit angestellt wurden und uns mit Pferden versorgen sollten.

WANDERUNGEN AM KLEINEN KARA-KUL

Ich hatte den Kleinen Kara-kul zum Ausgangspunkt für alle Kartenaufnahmen und Exkursionen dieses Sommers bestimmt. Am 12. Juli zogen wir dorthin, um eine Jurte zu beziehen, die verabredetermaßen an seinem Südufer aufgeschlagen worden war.

Auf dem Wege dorthin wurde bei ein paar kleineren Aulen noch eine Baiga abgehalten, die womöglich noch wilder war als die vorhergehende.

Als wir nach eingenommenem Dastarchan zum See hinunterritten, begleitete uns die wilde Schar, die das Spiel noch immer fortsetzte; aber wir waren froh, als wir sie bald verschwinden sahen und uns in unserem einsamen Zelte in Ruhe und Frieden niederlassen konnten.

Der 13. Juli war der erste Arbeitstag am See. Da wir fanden, dass das Südufer mit seinen von stillstehendem Wasser durchtränkten Steppen für einen längeren Aufenthalt nicht gesund genug war, beschlossen wir, nach einer passenderen Stelle am Ostufer überzusiedeln; die Leute mussten deshalb am Morgen zusammenpacken.

Ich selbst begann, von einigen Kirgisen begleitet, die Uferlinie mit Messtisch und Diopter aufzunehmen. Als wir in dem neuen Lager anlangten, war bereits alles in Ordnung. Die Jurte stand dicht am Ufer auf einer kleinen, üppigen Wiese, auf der unsere Pferde munter grasten.

Jolldasch (der Reisekamerad), ein jämmerlicher Kirgisenhund, der sich wie der später verloren gegangene Jolltschi von selbst zu unserem Zuge gesellt hatte und von meinen Leuten herausgefüttert worden war, hatte sich schon häuslich niedergelassen und bewachte das Zelt. Wir waren ihm eines Tages in Gesellschaft einiger chinesischer Reiter begegnet, die augenscheinlich alles, was in ihrer Macht stand, getan hatten, um ihn so verhungert aussehen zu machen wie nur möglich. Als der Hund unsere Schar erblickte, dachte er wohl, dass wir, wes Geistes Kinder wir auch sonst sein mochten, sicherlich besser wären als Chinesen; er kehrte daher um und folgte uns getreulich. Das Tier sah so mager und elend aus, dass ich es fortjagen wollte; aber die Leute baten für den neuen Kameraden und so durfte er bleiben. Bei uns ging es ihm gut; er durfte fressen, so viel er wollte, und konnte sich alle Abfälle von unseren Mahlzeiten allein zu Gemüte führen. Er erholte sich auch bald und wurde ein außergewöhnlich hübscher, netter Hund, der vorzüglichste Wächter und beste Kamerad, und als wir später wieder einen Besuch im russischen Pamir abstatteten, erregte Jolldasch durch sein vergnügtes Wesen bei den Offizieren förmlich Aufsehen. Er wurde mir mit der Zeit ein unentbehrlicher Gesellschafter und es war bitter, von ihm scheiden zu müssen, als er ungefähr ein Jahr später in der Gobiwüste vor Durst verschmachtete.

Es mögen einige Tagebuchaufzeichnungen folgen.

14. Juli. Nach der ersten meteorologischen Ablesung wurde ein kleiner botanischer Spaziergang in der Nachbarschaft gemacht und aus kleinen Uferlagunen in der Nähe einige Algen aufgefischt.

Gegen ein Uhr ging eine außerordentlich heftige Sturmbö mit gewaltigen Windstößen und kurzem Regen über die Gegend hin. Die weiß schäumenden Wogen wurden zu bedeutender Höhe emporgetrieben und schlugen lebhaft ans Ufer. Der Himmel überzog sich mit dicken, regenschweren Wolken, die nach Süden jagten. Am Vormittag waren die Berge in den gewöhnlichen Staubdunst gehüllt gewesen, jetzt aber hatte der Regen die Luft klar gemacht, sodass die weißen Schneefelder des Mus-tag-ata

Austritt des Ike-bel-su aus den Bergen.

in blendender Schönheit aus zerrissenen Wolken hervorleuchteten.

Erst später am Nachmittag erlaubte uns das Wetter eine kleine topographische Exkursion nach Nordosten, auf der wir jedoch von einigen heftigen, kurzen Regenböen überfallen wurden und den Donner in den Schluchten des Mus-tag-ata rollen hörten. Wir durchwanderten eine typische Moränenlandschaft; der ganze Boden ist mit Schutthaufen und Blöcken von jeder Größe bedeckt und besteht beinahe ausschließlich aus verschiedenen Gneis- und Schieferarten, meistens kristallinischem Glimmerschiefer.

Einer der Blöcke erregte meine besondere Aufmerksamkeit und wurde wegen seiner dominierenden Lage zum topographischen Fixpunkt ausersehen. Er hatte eine glatte, blank geschliffene Oberfläche, die zwei Meter in der Länge und einen Meter in der Breite maß; auf ihr sah man die nur mit einigen geraden Strichen, aber doch charakteristisch ausgeführten Bilder von sechs Tekkes (Wildziegen). Vermittelst eines spitzen Steins, vielleicht auch eines eisernen Werkzeugs waren sie in den braunen Gneisblock hineingemeißelt worden, auf dem sie mattgrau glänzten. Die Kirgisen wussten darüber nichts zu berichten, hielten die Zeichnungen aber für sehr alt.

Der Nordrand des gewaltigen Moränenbettes fiel steil nach einem ansehnlichen Flusse ab, der beinahe ausschließlich durch Schmelzwasser von Gletschern und Schneefeldern gespeist wird. Er heißt Ike-bel-su (der Fluss von den zwei Pässen) und durchfließt das nördliche Sarikkol-Tal, um später die Mus-tag-Kette zu durchbrechen und als Ges-darja die Ebenen bei Kaschgar zu bewässern.

Als wir nach dem Lager zurückkehrten, hatten die Kirgisen noch eine große Jurte für uns aufgestellt, in der sich meine Diener mit dem Küchengeschirr einquartierten.

Gerade im Südosten des Lagers erhebt sich ein dominierender Berg aus schwarzem Schiefer, Kara-kir (die schwarze Felsspitze) genannt. Da seine Lage einen orientierenden Überblick über die ganze Gegend zu gewähren versprach, wollten wir so bald wie möglich Gebrauch davon machen und bestiegen ihn am 15. Juli.

Das Panorama, das sich auf dem Gipfel vor uns entrollte, übertraf unsere kühnsten Hoffnungen. Der Moränenkamm mit seinem Labyrinth von Schuttkegeln und Schutthaufen schrumpfte, von diesem hohen Aussichtspunkte gesehen, zu einem unbedeutenden Landrücken zusammen, und der Ike-bel-su zog sein grünrandiges Wasserband durch den schmutzig grauen Untergrund und bildete einen außerordentlich markierten Zug in der Landschaft. Der alles beherrschende Mus-tag-ata erhob sich im Sonnenglanze und keine Wolke verhüllte seinen weißen Scheitel.

Rabenschwarze, bizarre Felsen schimmern aus den Schneefeldern bis in 6000 Meter Höhe hervor, darüber aber wölbt sich der fleckenlose Schneedom. Der nach Osten gekehrte Abhang des Berges zeichnet sich schroff und unregelmäßig ab, und schon an seiner Form sehen wir, dass er sich nicht besteigen lässt. Der Nordabhang zeigt ein Gewirr von Felsen, Schneefeldern und Gletschern. Dagegen ist der Westabhang nach dem Gipfel hin auffallend gleichmäßig gerundet; hier beträgt die Neigung nur 22 Grad, während sie sich im Osten zwischen 30 und 48 Grad bewegt.

Im Südwesten sehen wir das ebene, breite Su-baschi-Tal mit seinem Fluss, seinen Sümpfen und seinen unzähligen Miniaturseen, die wie Perlen auf einem Teppich verstreut liegen.

Auch nach Westen öffnet sich ein großartiges Panorama. Hier breitet der Kara-kul seine klare Fläche zwischen den massigen Bergketten aus; er erscheint klein im Verhältnis zu ihrer überwältigenden Masse.

Gerade uns zu Füßen liegt der See wie auf einer Karte. Sein hellgrüner Spiegel sticht grell ab gegen die grauen Berge und nicht weniger grell gegen die dunkelgrünen Wiesen an den Ufern.

Jenseits des Sees erhebt sich die Sarik-kol-Kette, die im Norden und Süden verschwimmt.

Das Nordufer des Kleinen Kara-kul besteht aus einem Moränenwall; infolgedessen ist die Uferlinie hier sehr launenhaft.

Nach Anbruch der Dunkelheit hatte ich in meiner Jurte jeden Abend große Gesellschaft. Von nah und fern kamen Kirgisen und brachten willkommene Gaben an Schafen, Rebhühnern, frisch gebackenem Brot, frischer Yaksahne und Milch mit; sie erhielten dafür Geld oder Zeugstücke, Mützen, Messer und dergleichen. In kurzem hatten wir einen Stab intimer Freunde und fühlten uns in der Gegend wie zu Hause.

Unser hauptsächlicher Freund und Beschützer war Togdasin Bek, der uns oft besuchte und alles herschaffen ließ, was wir brauchten: Yaks, Pferde, Zelte usw.

Am Morgen des 17. Juli ritten wir auf eine Exkursion aus, wurden aber von einem so heftigen Sturme aus Nordnordwesten überfallen, dass wir nach Hause zurückkehren mussten. Die Gegend ist der ständigen Winde wegen bekannt; am heftigsten sind die von Norden und Süden kommenden, da sie ungehindert durch das meridionale Tal fegen.

In der Tat stellte der Wind unsere Geduld oft auf die Probe. Er unterbrach manchen Ausflug oder machte ihn ganz unmöglich. An ungünstigen Tagen blieb mir nichts weiter übrig, als still in der Jurte zu sitzen und zu schreiben oder meine Kartenskizzen auszuarbeiten. Es war jedoch stets erquickend, das eintönige Lied der Wellen am Ufer zu hören. Auch heute war der See in wilder Raserei und lange, weiße Schaumstreifen durchzogen ihn der Quere nach. Die Wogen trieben Sand und Algen nach dem Uferwalle hin, sodass das Wasser wohl zehn Meter in den See hinein trübe blieb, ehe die klare, grünblaue Farbe wieder anfing.

Nachmittags regnete es tüchtig; gegen sechs Uhr wurde es aber auf einmal ruhig. Plötzlich hörte man aus Nordwesten ein Sausen wie von einem herannahenden Sturmwind. Es wurde immer stärker und kam immer näher. Auf der entgegengesetzten Seite des jetzt ruhigen, blanken Seespiegels zeigte sich ein dunkler Streifen, der sich unserem Ufer näherte. Es peitschte und pfiff über dem Wasser und im nächsten Augenblick prasselte eine Hagelbö auf die Gegend nieder; sie dauerte aber nur ein paar Minuten, und die vier bis fünf Millimeter dicken Hagelkörner, die für eine Weile den Boden weiß gemacht, schmolzen bald unter einem tüchtigen Regen.

Man braucht sich nicht lange am Kleinen Kara-kul aufgehalten zu haben, um dessen geologische Bildung deutlich zu erkennen. Wir sehen bald, dass er ein Moränensee ist, der dadurch entstand, dass die Moränen des Ike-belsu-Gletschers, deren Reste der dem See entströmende Fluss jetzt durchbricht, das Tal abgesperrt haben. Das von Moränen abgedämmte Becken oder gesperrte Tal hat sich mit Gletscher- und Quellwasser gefüllt. Mit diesem wurden und werden jedoch Massen von Schlamm herbeigeschwemmt, die im Verein mit Flugsand danach streben, das Seebecken auszufüllen und trockenzulegen. Es wird auch ohne Zweifel dereinst beseitigt werden und der Karakul-Fluss dann das Tal in einer ununterbrochenen Erosionsfurche durchströmen. Der See ist früher entschieden viel größer gewesen.

Das Material der Moränen, das aus feinkörnigem kristallinischem Schiefer, Glimmerschiefer, feinem, schönem grauem Gneis, grobkörnigem Gneis mit Feldspataugen sowie roten Abarten davon usw. besteht, ist dasselbe, welches ich in den höheren Regionen des Mus-tag-ata gefunden habe. Die Gneisblöcke, an denen die Gegend so reich ist, können nur von dort oben stammen, und die Kraft, die sie den langen Weg vom anstehenden Gestein heruntergeführt, ist nur das Eis. Sie zeigen davon auch deutliche Spuren; sie sind abgerundet oder schalenförmig ausgehöhlt, gekritzt oder haben glatt geschliffene Flächen.

Am 18. Juli hatten wir die Arbeiten am Ostufer des Karakul beendet und beschlossen, nach einem anderen Lagerplatze aufzubrechen. Die Leute erhielten den Auftrag, unter Islam Bais Befehl Zelte und Gepäck nach einer geeigneten Stelle am Ufer des Bassik-kul zu transportieren. Ich wollte, von einem Kirgisen begleitet, eine topographische Exkursion machen und dann am Abend das neue Lager aufsuchen.

Wir gingen zum Aul Keng-schevär hinunter, wo am linken Ufer des Ike-bel-su inmitten prächtiger Weiden vier Jurten lagen, in denen einige unserer Freunde wohnten. Wie gewöhnlich kam der Älteste des Auls dem Gaste entgegen, legte die Hand auf die Stirn und zeigte uns den Weg nach seiner Jurte, in der in größter Eile aufgeräumt worden war. Ein kleiner Teppich und ein paar Kissen wurden auf den Ehrenplatz, dem Eingange gegenüber, gelegt, dann wurde man gebeten, sich beim Feuer niederzulassen.

Die übrigen Bewohner des Auls kommen einer nach dem anderen herbei und nehmen um den Herd herum, auf dem ein eiserner Kessel mit Tee kocht, Platz. Den Gästen wird in Schalen von Holz oder chinesischem Porzellan Tee und Milch mit Brot angeboten und die Unterhaltung ist bald in vollem Gange. Sogar die Frauen mit ihren hohen, weißen, turbanähnlichen Hauben und die jungen Mädchen sind zugegen, nehmen aber nicht an der Unterhaltung teil. Sie machen sich nur beim Feuer wichtig, das mit Tesek, getrocknetem Yakdung, unterhalten wird, und besorgen im Übrigen die Haushaltsarbeiten.

Keng-schevär gerade gegenüber lag auf dem rechten Ufer ein Aul von sieben Jurten. Da die Bewohner desselben tagsüber ihre Herden auf dem linken Ufer weiden ließen, mussten sie am Abend die Schafe nach dem Aul hinüberführen, und es war spaßhaft, zu sehen, mit welcher Mühe diese Arbeit verknüpft war. Mehrere Reiter nahmen je zwei Schafe zu sich auf den Sattel und ritten in einer langen Reihe über den Fluss; aber der Schafe waren viele und es hat wahrscheinlich lange gedauert, bis die ganze Herde hinübergebracht war.

Doch wir mussten an die Heimkehr denken, ehe die Dämmerung die Gegend unsicher machte, und nahmen deshalb den Weg über die Moräne. Wir erreichten glücklich das neue Lager am Ufer des unteren Bassik-kul. Unsere beiden Jurten waren auf einer Wiese aufgeschlagen; um uns herum lag ein neues, noch zu untersuchendes Gebiet.

Unser erster Tag am Bassik-kul war nichts weniger als günstig. Im Freien zu arbeiten war undenkbar; aber ich hatte glücklicherweise noch so viel nachzuholen, dass der unfreiwillige Arrest mir willkommen war. Togdasin Bek kam auf Besuch; er wurde mit Tee und chinesischem Schnaps traktiert und erfreute sich dabei an den Klängen der Spieluhr, die nie verfehlte, bei den Kirgisen außerordentliche Bewunderung und großes Interesse zu erregen. Am meisten aber imponierten unseren Freunden in den Bergen unsere Gewehre. Sie fanden den Mechanismus so kunstreich, dass sie zu sagen pflegten, dergleichen Waffen könnten unmöglich von Menschenhänden hergestellt werden, sondern müssten von Gott selbst gemacht sein.

Togdasin Bek berichtete, dass die im Sarik-kol-Tale in

Mus-tag-ata vom Bassik-kul aus.

Garnison liegenden Chinesen mein Tun und Treiben mit einer gewissen Unruhe verfolgten und durch kirgisische Spione täglich darüber unterrichtet würden, was ich täte und wohin ich mich begäbe. Sie zerbrächen sich den Kopf darüber, ob ich ein Uruss (Russe) oder ein Ferengi (Europäer) sei, wie lange ich zu bleiben gedächte, welchen Zweck ich eigentlich mit meinen Vermessungen verfolgte und warum ich Steinstücke aus den Bergen bräche. Sie selbst hätten den Auftrag, die Grenze gegen das russische Pamir zu bewachen, und nun käme ein Fremdling hierher, den sie für einen Russen hielten, um ungehindert zu erkunden, wie es im Lande aussehe. Dank dem Passe, den ich vom Dao Tai erhalten, belästigten sie uns jedoch nie.

Während der folgenden Tage wurde das Gebiet um das neue Lager herum untersucht und eine Karte des Westufers des Kara-kul aufgenommen.

Von einem dominierenden Punkte konnte man mit dem Feldstecher das schöne, eigentümliche Alpengebiet genau studieren. Auf der Mus-tag-Kette zeigten sich alle ihre 21 von hier aus sichtbaren Gletscher klar beleuchtet und daher in den kleinsten Einzelheiten erkennbar.

Auf dem Kamme bildet der Firnschnee eine zusammenhängende Decke, die dem Relief des Berggrundes treu folgt und an ihrem unteren Saume oft abgebrochen ist, wo der Schnee die schroffen Wände heruntergerutscht ist. Sonst hat der Schnee die Neigung, nach dem Sammelbecken der Gletscher abzufließen und dort allmählich in Eisströme überzugehen.

Bei der Heimkehr von einer Exkursion fanden wir, dass Iehim Bai, der die topographischen Instrumente getragen, einen Diopter verloren hatte. Es wurde ihm klar gemacht, dass er auf ewig in Ungnade fallen würde, wenn er das Instrument nicht wieder herbeischaffte. Er machte sich sofort auf den Wegen, die wir passiert hatten, auf die Suche. Endlich erfuhr er von einem Bekannten, dass ein seltsames Metallstück gefunden und an den chinesischen Kommandanten von Bulun-kul, Dschan Darin, abgeliefert worden sei, der mir dadurch, dass er es behielt, einen schönen Schabernack zu spielen glaubte. Ich schickte sofort einen Kurier an Dschan Darin mit der Erklärung, dass er es mit dem Dao Tai zu tun bekäme, wenn er mir den Fund nicht zurückgäbe; darauf erhielt ich den Diopter umgehend wieder.

Am 24. Juli wurde der obere Bassik-kul untersucht. Ungefähr in der Mitte des Südufers tritt ein von einem Felsenvorsprung gebildetes Vorgebirge an den See und fällt ziemlich abschüssig nach dem Wasser ab, sodass unten nur Fußgänger passieren können, wir zu Pferd aber uns einen Weg über den Kamm des Vorsprungs suchen mussten.

Auf der Landenge zwischen dem oberen und unteren See erhebt sich der teilweise unterbrochene Moränenwall, dessen mittelster Teil nur zwei bis drei Meter über dem Spiegel des Sees emporragt. Mitten im Moränenwalle liegt ein Sumpf, aber trotz der niedrigen Lage der Landenge fehlt es an jeglicher sichtbaren Wasserverbindung zwischen den beiden, so dicht beieinander liegenden Seen. Die Kirgisen behaupteten, dass der See, auch wenn der Zufluss aus den westlichen Tälern im Frühling und Sommer zeitweise sehr lebhaft sei, doch niemals merkbar steige und kein Wasser nach dem unteren Becken überfließe. Bei einem flüchtigen Überblick erhält man also den Eindruck, dass der See keinen Abfluss hat, und man sollte daher erwarten, dass er salzig wäre. Das Wasser ist jedoch vollkommen süß und klar.

Man braucht nur die Karte der beiden Bassik-kul-Becken zu betrachten, um eine befriedigende Erklärung zu erhalten. Der untere See erhält nämlich keinen sichtbaren Zufluss, es entströmt ihm aber ein kleiner Bach. Der See muss also einen unsichtbaren Zufluss aufnehmen und dieser kommt entschieden vom oberen Becken her, dessen Überschusswasser unter dem Moränenriegel nach dem unteren See hinabrieselt. Ich maß den Bassik-kul mit 3726 Meter Meereshöhe und den Kara-kul mit 3720 Meter.

Am 25. Juli brachen wir vom Bassik-kul auf und begaben uns nach Keng-schevär, von wo aus wir mit der Untersuchung des Mus-tag-ata-Gebietes zu beginnen gedachten. Wir passierten hierbei eine außergewöhnlich schöne Zirkusmoräne, die am Südufer des Bassik-kul lag und gegen 100 Meter Durchmesser hatte. In der Mitte liegt ein kleiner, runder Tümpel mit einem Ringe von weißen Salzablagerungen, der von einem Vegetationsgürtel umgeben wird, und zu äußerst erhebt sich dann der Ringwall, der nur nach dem See hin eine Lücke hat. Obgleich der Tümpel mit dem See in einem Niveau und unmittelbar am Ufer liegt, sodass man mit Recht eine unterirdische Wasserverbindung voraussetzen könnte, ist doch sein Wasser stark salzig, weshalb der Tümpel Schor-kul (der Salzsee) genannt wird. Die Kirgisen behaupteten, dass Schafe, die daraus trinken, Krämpfe bekommen und sterben.

AUF DEN GLETSCHERN DES MUS-TAG-ATA

Am 26. Juli ritten wir nach den nördlichen Abhängen des Mus-tag-ata hinauf und überschritten den gewaltigen Moränenkamm auf der linken Seite des Ike-bel-su.

Jenseits des Kammes kamen wir wieder ins Gebiet des Kara-kul. Eine kleine Wasserader rieselt in einer flachen, breiten Talfurche, die nach dem See abfällt. An diesem Bache liegen in einer Höhe von 4124 Metern die Jeilaus (Sommerweideplätze) von Kotsch-kortschu, die wir zum Ausgangspunkte für die ersten Gletscherwanderungen ausersehen hatten.

Die Kirgisen des Auls waren vor drei Monaten hierher gekommen und beabsichtigten, noch drei zu bleiben. Es ist bei den Kirgisen ein traditionelles Übereinkommen, dass jede Familie und jedes Geschlecht bestimmte Kischlaks und Jeilaus hat, eine Regel, gegen die nicht ohne gemeinsame Zustimmung aller Beteiligten verstoßen werden darf.

Unsere erste Sorge in Kotsch-kortschu war, die beiden Kirgisen Nur Mohammed und Palevan abzulohnen. Sie hatten gute Dienste geleistet, waren nun aber nicht mehr nötig, da sie die Gletscherwelt nicht kannten und auch keine Yaks hatten. Statt ihrer nahmen wir ein paar Kirgisen aus der hiesigen Gegend in unseren Dienst und hielten am Abend Musterung über ihre Yaks, die einzigen Reittiere, die in diesen hohen, mit Moränen erfüllten Regionen vorwärts kommen können.

Von einigen des Weges kundigen Kirgisen begleitet steuerte ich auf einem prachtvollen schwarzen Yak am 27. Juli ostwärts zum Gorumdeh-Gletscher, dem ersten, der untersucht werden sollte. Zur Rechten ließen wir eine scharf markierte, rabenschwarze Felspartie, die von dem

Mus-tag-ata vorspringt; hinter dieser schaut ein kleiner, kurzer Gletscher hervor, der in seinem oberen Teile außerordentlich abschüssig ist und ein unbedeutendes Firngebiet hat.

Weiter nach Osten erscheinen noch mehrere solche Felsvorsprünge, gigantische, wilde Bergmassen, zwischen denen die Gletscher wie Finger nach Norden zeigen. Der größte von diesen heißt Gorumdehning-baschi (das Haupt der steinigen Gegend).

Auf diesem Ritt begnügten wir uns damit, die linken Seitenmoränen des Gorumdehgletschers aufzunehmen. Ich bediente mich dabei nur noch des Kompasses und maß die Entfernungen dadurch, dass ich die Schritte des Yaks in den verschiedenen Peilungsrichtungen zählte, nachdem ich vorher gemessen, wie viele Schritte auf den verschiedenen Böschungswinkeln des Terrains 100 Metern entsprachen.

Auf dem Rückweg nach der Jurte gerieten wir wiederholt über die Farbenpracht der hochalpinen Flora in Erstaunen. Die Blumen, die oft inmitten der kargen Moräne wuchsen, zeichneten sich stets durch fast schreiende Farben aus. Je höher wir hinaufkamen, desto reiner und schärfer schienen diese zu werden, und es unterliegt keinem Zweifel, dass die geringe Lichtabsorption der Atmosphäre in diesen bedeutenden Höhen der Pflanzenwelt direkt zugute kommt.

Noch ein Tag wurde dem Gorumdehgletscher gewidmet. Von einem grasbewachsenen Rücken ritten wir mit den Yaks auf sehr schwierigem Terrain in die holperigen Moränen hinein, wo sich Block neben Block erhebt und die Yaks oft in die dazwischen liegenden Löcher treten, jedoch ohne zu fallen.

Bei jedem Schritt hat man Gelegenheit, die Geschicklichkeit des Yaks beim Vordringen zu bewundern. Aber es gehört einige Geübtheit dazu, ehe man sich im Sattel vollkommen sicher fühlt. Bald balanciert das schwere Tier auf der scharfen Kante eines Blocks, bald springt es gewandt über ein schwarzes, gähnendes Loch und fasst sofort auf dem nächsten Blocke festen Fuß, bald rutscht es mit unbeweglichen, steifen Beinen einen steil abstürzenden Schuttwall hinunter, auf dem ein zweibeiniges Geschöpf unwillkürlich fallen würde.

Das Einzige, was bei dem Ritte auf einem Yak die Geduld auf die Probe stellt, ist die phlegmatische Trägheit des Tieres; denn oft hält der Yak es für überflüssig, weiterzugehen, und man muss ihn dann mit dem Knüppel an seine Pflicht erinnern. Gegen eine Reitpeitsche ist der Yak ganz unempfindlich, und einen Hieb damit sieht er als eine Art Freundschaftsdienst an, den er mit einem gemütlichen Schnaufen beantwortet. Nur ein tüchtiger Knüppel vermag das Tier zu überzeugen, dass wir nicht zu unserem Vergnügen draußen umherlaufen, und mit dumpfem Brummen setzt es dann in sachtem Trott seinen Weg fort.

Am 29. Juli brachen wir wieder auf, um uns nach einer neuen Operationsbasis zu begeben, die für die Untersuchung der Gletscher, die nach Westen strömen, näher lag.

In südsüdwestlicher Richtung wanderten wir steile, grasbewachsene Halden hinauf, bis wir den Sarimekpass (Pass des gelben Ellenbogens) erreichten, der einen wichtigen Zug in dem Relief der Gegend ausmacht, denn er bildet den Übergang über einen mächtigen Kamm, der sich vom Mus-tag-ata nach Nordwesten hinzieht und die Gletscher und Bäche des Nordabhanges von denen des westlichen trennt.

Ein paar Leute, die mit der Karawane vorausgeeilt waren, hatten schon unser neues Lager aufgeschlagen, ein wenig unterhalb des Platzes, auf dem wir im April kampiert hatten, auf einer saftigen, gut bewässerten Wiese, wo die Yaks gutes Futter fanden.

Abends schneite es tüchtig und am anderen Morgen waren die Höhen mit einer dünnen Schneedecke bekleidet. Die Kirgisen sagten, dass der Winter schon jetzt seinen Einzug ins Gebirge halte und es von Tag zu Tag kälter werden würde.

Aussicht vom Sarimek-Pass aus.

Am 30. Juli herrschte richtig vollständiger Winter. Es schneite ununterbrochen den ganzen Tag und zeitweise hüllte der Sturm die ganze Gegend in so dichte Wolken von wirbelndem Schnee, dass von dem Berge oder dem in der Tiefe gelegenen Tale keine Spur zu sehen war. Es war nicht daran zu denken, heute eine Exkursion zu unternehmen, denn vor Schnee konnte man keine fünf Schritt weit sehen. Vollständiges Winterkostüm war jetzt vonnöten und Schafpelz, Lederweste, Pelzmütze und Filzstiefel mussten ausgepackt werden.

Am Abend bekamen wir Besuch vom Aksakal des Auls Jam-bulak und von einem halben Dutzend Kirgisen, die uns auf ihrem Gebiete willkommen hießen und uns ein Schaf schenkten. Alle wurden mit Tee und Brot bewirtet und die Gäste erhielten Ersatz für das Schaf. Als das Wetter sich aufgeklärt hatte, leuchteten alle Berge kreideweiß und eine echte Winterlandschaft umgab uns. Die weiße Decke reichte jedoch nicht bis zum Boden des Sarik-kol-

Tales hinunter, wo in dieser Jahreszeit die Niederschläge noch in Gestalt von Regen fallen.

Am 31. Juli war das Wetter leidlich und wir konnten eine Wanderung auf dem Jam-bulak-Gletscher unternehmen. Eine zwei Meter breite, zehn Meter tiefe Querspalte hätte beinahe jedes weitere Vordringen verhindert, wenn wir nicht an den Seiten hätten hinüberkommen können.

Überall ist das Eis mit einer dünnen Schicht von porösem, nassem Schneeschlamm bedeckt, der sich teils direkt aus frisch gefallenem Schnee, teils infolge der Abschmelzung bildet. Nur in den Spalten und Furchen, in denen kleine Schmelzbäche über den Gletscher strömen, leuchtet das reine, blaue Eis hervor. Nachdem wir 400 Meter gletschereinwärts gewandert waren, eine Strecke, die wir auf ein Drittel der ganzen Breite schätzten, gebot uns ein ganz unpassierbares Stück Halt – ein Gewirr von Kegeln und Pyramiden, Spalten und Bächen, die sich tiefe, stellenweise heimtückisch unter Schneebrücken verborgene Furchen ins Eis geschnitten hatten.

Das Aussehen des Gletschers war diesmal ganz anders als im April. Die Spalten waren nicht so tief, da sie sich teilweise mit heruntergefallenem Material gefüllt hatten; ihre Ränder waren auch nicht so scharf und die Flächenformen im Allgemeinen abgerundeter und poröser. Kurz, aus allem ging hervor, dass der Gletscher jetzt in seiner lebhaftesten Tätigkeit begriffen war und alle Faktoren der Ablation daran arbeiteten, seine Oberfläche zu nivellieren und seine Vertiefungen auszufüllen.

Unmittelbar vor der Gletscherzunge machten wir Halt. Es war ein Gewirr von stark angefressenen Pyramiden, Eisrücken und Blöcken von Eis.

Es rauscht und rieselt überall an der Gletscherzunge und in den Moränen, eine Menge kleiner Bäche und Rinnsale sammeln sich zum Gletscherbache, und kaum armdicke Kaskaden mit vollkommen klarem Wasser stürzen sich vom Grate der Gletscherfront herab und bilden richtige Wasserkünste mit Regenbogen in den feinen Tropfen, die sie umgeben. Dass der Gletscher seit unserem Besuch im April vorgerückt ist, sieht man an der kleinen Frontmoräne, die an der Basis der Eisberge entstanden ist.

Am Abend ging ein ungemein heftiger Hagelschauer nieder, der auf das Jurtendach trommelte und uns zwang, den Rauchfang zu schließen und das Feuer auszulöschen. Jolldasch, der treu den Zelteingang bewachte, heulte draußen in der Kälte erbärmlich. Das Unwetter dauerte den ganzen folgenden Tag, 1. August, fort, sodass dieser verloren war und ich im Zelte sitzen musste, um die letzten Kartenskizzen auszuarbeiten.

Der 2. August wurde den Kamper-kischlak-Gletschern gewidmet. Der kleinere von ihnen endet in bedeutender Höhe. Vor der Front hat sich eine ungeheure Endmoräne von 250 bis 300 Meter Höhe angehäuft, die eher einen Schuttkegel bildet, da die Verwitterungsprodukte von den hier steilen Bergseiten herabstürzen. Der Moränenkegel hat eine Steigung von 35,5 Grad.

Jetzt galt es, auf den Großen Kamper-kischlak-Gletscher hinaufzukommen. Die Böschung war so schroff, dass wir die Yaks zurücklassen und zu Fuß weitergehen mussten, bis wir an der linken Seite des Felsentors anstehendes Gestein, harten, kristallinischen Schiefer, erreichten.

Nachdem wir über die Randspalten der Gletscherzunge gekommen waren, war es leicht, auf dem mit einer dicken Schneeschicht bedeckten Eise nach der Mitte des Gletschers zu wandern. Nach einer Wanderung von 600 Metern wurde das weitere Vordringen durch eine vier Meter breite und 13,6 Meter tiefe Spalte unmöglich gemacht, deren Wände tiefblau leuchteten und mit langen Eisstalaktiten garniert waren. Der Gletscher hat eine Breite von 1,2 Kilometern.

Am 3. August machten wir einen Ausflug nach dem Jambulak-Gletscher, um auf seiner Oberfläche Peilungsstangen einzusetzen, vermittelst welcher wir die Geschwindigkeit des Eisstromes zu erforschen suchen wollten. Es war keine Kleinigkeit, für diesen Zweck passende Stangen herbeizuschaffen, denn im ganzen Sarik-kol-Tale gibt es keine anderen Bäume noch Sträucher als den kleinen Hain von verkrüppelten Birken, die beim Kajindehmasar wachsen und die man natürlich nicht anrühren darf, da sie ein Heiligengrab beschatten. Endlich gelang es Iehim Bai, ein Bündel Oks zu beschaffen, d. h. Stangen, die man zum Stützen der domförmigen Jurtendächer nimmt.

Wir konnten 529 Meter weit auf dem Eise vordringen und neun Stangen teils in kleine Moränenhaufen, teils ins Eis selbst einschlagen, deren Lage auf einer Karte im Maßstabe von 1 : 4480 aufgenommen wurde. Die Stangen, wie wünschenswert gewesen wäre, in einer Linie quer über den Gletscher aufzustellen war unmöglich, denn seine ganze linke Hälfte ist absolut unübersteigbar. Die erreichte absolute Höhe betrug etwa 4690 Meter.

Der gewohnte Hagelsturm trat gegen vier Uhr ein. Erst erscheinen leichte Wolken, die wie Rauch vor dem Nordwinde tief unter uns durch das Tal ziehen, dann steigen sie schnell an den Bergseiten empor und hüllen uns in ihren Schleier ein. Es wird dunkel und kalt. Die Hagelkörner klatschen auf das Eis und man kann nichts ausrichten, sondern muss sich hinter einer hohen Eispyramide in den Windschatten setzen und warten. Müde und durchfroren kamen wir wieder im Lager an.

Der neue Tag brachte uns der Ungewöhnlichkeit halber schönes Wetter. Wir machten einen herrlichen Ausflug nach dem Kamper-kischlak-Gletscher, dessen rechte Seite noch untersucht werden musste. Es stellte sich heraus, dass der Gletscher nach dieser Seite hin einen mächtigen Ast aussendet, der beinahe die linke Ufermoräne des Sarimekgletschers berührt, im Übrigen aber ein 30 Meter hohes, an der Spitze beinahe lotrecht abgeschnittenes Eisfeld bildet, das sich durch seine große Reinheit auszeichnet.

Das Eis war hier überall porös wie ein Schwamm und man konnte mit den Händen Bälle davon formen. Von allen Seiten rinnt und tropft es und überall hört man ein Sprudeln und Brodeln. Das Eis geht seinem Untergang entgegen, sobald es sich in Gegenden hinabgewagt hat, deren Klima es nicht verträgt.

An einer Stelle, wo eine Kaskade mit lautem Schall in einen Tümpel stürzt, den sie selbst am Fuße des Gletschers gebildet hatte, kommt der Kamper-kischlak der Ufermoräne seines Nachbars Sarimek so nahe, dass man kaum durch die enge Passage hindurchkann.

Die Gletscherfläche hat hier 25,5 Grad Neigung, ist also sehr steil, wenn man sie mit den Gletschern der Alpen vergleicht, die in ihren unteren Regionen oft nicht einmal 1 Grad Neigungswinkel haben.

Wie bei dem Jam-bulak fanden wir auch bei dem Kamper-kischlak, dass die linke Gletscherhälfte viel höher ist als die rechte und von kolossalen Moränen überdeckt wird, während die rechte solche überhaupt kaum hat. Dieses Verhältnis beweist deutlich, dass der Eisstrom sich dichter an die linke Seite der Felsen anschmiegt, wo er mit Gewalt gegen den Fuß des Gesteins drückt und sich sein Material ganz aus der Nähe holt. Auf der linken Seite liegt also Eis unter der Moräne, auf der rechten dagegen die Moräne unter dem Eise.

AUF DEM VATER DER EISBERGE

Während der Zeit, die wir in dieser bedeutenden, von nicht vielen Alpengipfeln übertroffenen Höhe zugebracht, hatten wir dem Berge sozusagen oft aufgelauert und auf eine günstige Gelegenheit, ihn zu besteigen, gewartet. Aber das Wetter schien uns beständig unüberwindliche Hindernisse in den Weg legen zu wollen. Ein paar Mal hatten wir bereits die Yaks beladen und das Gepäck auf die Träger verteilt und wollten gerade aufbrechen, als der Sturm uns zwang, die Exkursion aufzuschieben.

So kam der 5. August heran, und da wir nur allzuwohl gemerkt hatten, dass der Winter hier oben ein zeitiger Gast ist, und uns nicht viel Zeit zu verlieren blieb, beschlossen wir, am folgenden Tage marschbereit zu sein. Unsere in der letzten Zeit stark in Anspruch genommenen Yaks durften mit ihren Besitzern nach Hause zurückkehren und Molla Islam hatte frische Tiere besorgt.

Der Tag war schön gewesen, aber in der Dämmerung fingen das Hagelwetter und der Wind wieder an. Der Berg, der mit seinen weißen Schnee- und Eisfeldern eben noch in blendender Klarheit geglänzt, hüllte sich wieder in dichte Wolken und am Abend führten die Windgötter einen wahnsinnigen Rundtanz um einen ihrer höchsten Throne aus.

Nachdem ich Islam Bai zur Bewachung des Lagers zurückgelassen, brach ich am 6. August um ½ 7 Uhr mit Iehim Bai, Molla Islam und drei anderen Kirgisen samt sieben prächtigen Yaks auf.

Es war das herrlichste Wetter und vollkommen klar, sodass man schon vom Fuße des Berges aus selbst die kleinsten Einzelheiten wahrnehmen konnte und der Gipfel ganz nahe schien; die Gehänge verdeckten nämlich die höchsten Partien, was die Ursache war, dass man sich täuschte.

Während des Sonnenaufgangs ritten wir den langsam ansteigenden Abhang von Jam-bulak-baschi hinauf und erklommen dann im Schatten die steilen Wände, bis die Sonne so hoch gestiegen war, dass sie uns auch hier ins Gesicht schien.

Noch ging es rasch vorwärts und um 7 Uhr 10 Minuten waren wir schon in der Höhe von 4500 Metern. Die jetzt schroffen Abhänge sind mit dem Verwitterungsschutt der Gesteine bedeckt, die wir höher oben anstehend fanden. Der Schutt liegt so dicht, dass die Vegetation keinen festen Fuß fassen kann.

Um 8 Uhr hatten wir die Höhe des Montblanc und bald darauf in einer Höhe von 4950 Metern die Schneegrenze erreicht. Anfangs lag der Schnee in kleineren runden Flecken mit schneefreien Schuttpartien dazwischen, dann in einer zusammenhängenden Decke, die nur hier und da einzelne Steine hervorgucken ließ; er war dicht, feinförmig, aber ohne Kruste. Erst nachdem wir ein paar Hundert Meter gestiegen waren, war er mit einer dünnen Schicht einer harten Kruste bedeckt und so fest, dass die nicht mit Holzsohlen versehenen weichen Lederstiefel keine Spuren darin zurückließen; unter den spitzen Hufen der Yaks knirschte er stark; aber die Tiere glitten nie aus.

Der Schnee wurde immer tiefer, je höher wir stiegen, doch ohne irgendwo nennenswerte Wehen zu bilden. Von einigen Zentimetern stieg die Tiefe auf einen Dezimeter, und an dem höchsten Punkte, den wir erreichten, war er auch nur 35 Zentimeter tief. Der Wind, die starke Verdunstung und die den Winden ausgesetzte Kuppelform des Untergrundes bewirken es, dass der Schnee hier keine Gelegenheit hatte, sich in tieferen Wehen anzuhäufen. Die Schneefläche glänzte in der Sonne mit tausend blendenden Facetten; obgleich ich zwei Schneebrillen übereinander trug, tat mir doch die blendend weiße Decke, die sich nach allen Seiten hin ausbreitete, in den Augen weh. Die Leute, die keine Brille trugen, klagten, dass sich ihnen alles im Kreise zu drehen scheine und es ihnen manchmal schwarz vor Augen werde. Immer öfter mussten wir rasten. Ich pflegte dann Skizzen zu machen, Kompasspeilungen zu nehmen und mich zu orientieren. Wir folgten unmittelbar dem Rande der rechten Felswand und hatten daher eine großartige Aussicht über den ganzen Gletscher, dessen Eismassen in der Tiefe schimmerten.

Der Gletscher dürfte in der Felsenpassage eine Breite von knapp einem Kilometer haben und ist im Allgemeinen gleichmäßig breit. Er sieht bedeutend steiler aus, als er in Wirklichkeit ist. Es ist dies eine Sinnestäuschung, denn wir sehen das Firngebiet hoch über uns, die Gletscherzunge aber gerade unter uns in der Tiefe, und der Abstand zwischen diesen beiden Punkten erscheint in der hohen klaren Bergluft sehr gering.

An den lotrechten Felsmauern, die sich gegen 400 Meter über die Gletscherfläche erheben, konnte man keine Spur von Schrammen oder Schliffflächen wahrnehmen. Dies ist jedoch nicht erstaunlich, denn wenn solche auch früher vorhanden gewesen, sind sie längst von der Verwitterung, die in diesen Gegenden infolge großer Temperaturveränderungen rastlos arbeitet, beseitigt worden.

Der Berg fällt hier mit 22 Grad Neigung nach der Subaschi-Ebene ab, eine Neigung, die in der verdünnten Luft recht fühlbar ist. Langsam schreiten wir über einen Vorsprung nach dem anderen hin oder daran vorbei und durch die Schluchten dazwischen, den Konturen des Felsrandes folgend, und beständig öffnen sich höher oben neue Perspektiven.

In der Höhe von 5100 Metern blieb Molla Islam zurück; zwei andere Kirgisen ließen ihre Yaks ganz einfach im Schnee stehen mit der Behauptung, es ginge sich besser zu Fuß. Sie waren jedoch nicht imstande, mehr als 200 Meter weiterzusteigen, worauf sie vor Erschöpfung und Kopfweh liegen blieben und, todmüde, in den Schneewehen einschliefen.

Mit den beiden übrigen Kirgisen und zwei Yaks zog ich weiter. Ein Mann führte stets mein Tier und auf dem anderen Yak ritten sie abwechselnd. Auch sie klagten über entsetzliche Kopfschmerzen und erstickten beinahe vor Atemnot. Ich litt nicht sehr daran, aber ich hatte ebenfalls leichtes Kopfweh, das höher oben zunahm; Atemnot verspürte ich nur, wenn ich abstieg, um Beobachtungen anzustellen. Sooft ich wieder in den Sattel steigen wollte, bekam ich heftiges Herzklopfen und hatte bei der unbedeutendsten Anstrengung das Gefühl, vor Atemnot ersticken zu müssen.

Auf dem Vulkan Demawend in Armenien hatte ich auf weit geringeren Höhen viel mehr gelitten, aber dort war ich zu Fuß gegangen. Das ganze Geheimnis besteht eben darin, dass man den Körper möglichst wenig anstrengt, indem man z. B. reitet. Hat man dazu Gelegenheit, so kann man sehr ansehnliche Höhen ohne Nachteil erreichen. Hier waren alle meine Kirgisen krank, ja einige erklärten sich für sterbenskrank, während ich mich die ganze Zeit über verhältnismäßig wohl befand. Aber die Kirgisen hatten die Unklugheit begangen, ganz gegen meinen Rat die Yaks zurückzulassen und durch das mühsame Stampfen im Schnee an den steilen Abhängen die Kräfte zu erschöpfen, deren sie so sehr bedurft hätten, um dem erschlaffenden Einfluss der Luftverdünnung widerstehen zu können.

Wir waren alle so erschöpft, dass wir beschlossen, Rast zu machen. Brot und Tee sowie ein wenig Brennmaterial zum Kochen wurden hervorgeholt; aber wir brauchten nur die Gerichte anzusehen, so wurde uns schon übel und keiner wollte davon essen. Nur der Durst quälte uns und beständig aßen wir Schnee; auch die Yaks verschluckten große Schneeklumpen.

Die Aussicht, die sich von dem 6300 Meter hohen Punkte bietet, ist hinreißend großartig. Über die Sarik-kol-Kette hinweg sehen wir in weite Fernen, nach den malerischen Schneebergen des Transalai und des Murghab. Von den uns am nächsten liegenden Partien des Sarik-kol-Gebirges scheinen nur einige Spitzen 5000 Meter zu übersteigen, aber aus der Mus-tag-Kette, die den Mus-tag-ata im Norden fortsetzt, erheben sich ein paar Gipfel, die dem »Vater der Eisberge« an Höhe nur wenig nachgeben.

Das Sarik-kol-Tal breitet sich wie eine Karte zu unseren Füßen aus. Von Ullug-rabat bis Bulun-kul ist alles zu sehen. Alle Seen, außer dem von einer Felsengruppe verdeckten oberen Bassik-kul, glänzen blaugrün in der grauen Moränenlandschaft, sehen von hier aus jedoch nur wie unbedeutende Tümpel aus. Der Jam-bulak-Gletscher streckt seinen eisigen Zeigefinger nach dem Tale hinunter, und weit vor seinem Ende sehen wir seine früheren, längst verlassenen Endmoränen in konzentrischen Halbkreisen.

Höher oben erschienen noch vier Felsvorsprünge, hinter ihnen der nördliche Gipfel selbst, der uns jetzt ganz nahe dünkte; zwischen ihm und dem Kulminationspunkte des Berges breitete sich das Firnbecken aus, das sich in flacherer Perspektive zeigte.

Wir hielten Kriegsrat. Der Tag neigte sich seinem Ende zu und es fing an im Winde kalt zu werden (+ 0,7 Grad um vier Uhr). Die Kirgisen waren so erschöpft, dass sie nicht mehr gehen konnten, und die Yaks keuchten mit lang heraushängender Zunge. Wir befanden uns gerade am Fuße einer kuppelförmigen Erhöhung, die allmählich in den flachen Scheitel des Gipfels überging.

Die Kirgisen warnten vor dem Betreten des steilen, fallbereiten Schneeabhanges, da die Yaks durch ihre Schwere leicht eine Lawine auslösen könnten und wir in diesem Falle schneller als erwünscht in jämmerlichem Zustand nach dem Fuße des Berges zurückexpediert würden. Sie erzählten, dass man vom Tale aus auf diesem Abhange manchmal Lawinen beobachten könne. Der Schnee pflege ins Rutschen zu geraten, in gewaltigen Wolken aufzuwirbeln und, von kreideweißen Schleiern feinen Treibschnees umhüllt, die Abhänge hinunterzugleiten und sich beim Niederfallen in der Tiefe teilweise in Eis zu verwandeln.

Blutenden Herzens beschloss ich umzukehren, und sausend eilten wir in unseren Spuren zurück, erreichten immer wärmere und ruhigere Luftschichten, fischten die Fahnenflüchtigen und die Yaks, die noch dort standen, wo wir sie gelassen hatten, wieder auf und kamen gegen sieben Uhr abends glücklich im Lager an, wo unsere Freunde uns mit essbaren Gaben erwarteten.

Diese Wanderung hatte uns ausgezeichnet orientiert und uns gelehrt, dass die Entfernung des nördlichen Gipfels schon so bedeutend ist, dass man ihn in einem Tage nicht erreichen kann, und dass die einzige mögliche Art seiner Besteigung die wäre, sie in zwei Tagemärsche einzuteilen, den ersten Abend möglichst hoch oben zu biwakieren und am anderen Morgen mit ausgeruhten Yaks in leichter Ausrüstung den Weg bis zum Gipfel fortzusetzen. Die Kirgisen und Islam Bai waren sehr dafür, den Versuch zu wagen. Aber noch hatten wir weiter südlich drei große Gletscher zu untersuchen und verlegten deshalb das Lager am 8. August zum Tergen-bulak-Gletscher.

Ich machte mit Molla Islam einen Umweg am Westfuße des Berges. Wir wollten erst den Bach des Jam-bulak-Gletschers an der Stelle sehen, wo er alle seine Zuflüsse aufgenommen hat.

Auf beiden Ufern erheben sich kolossale Moränen aus Gneis und kristallinischem Schiefer in Stücken von 140 Kubikmeter bis zu kleinen Scherben mit Bindematerial von Glazialton, doch ohne Spur von Schichtung. Wo der Fluss rauscht, sind die größeren Blöcke losgespült worden, sodass sie das Bett beengen und Fälle und Stromschnellen verursachen.

Es ist kein leichtes Ding, mit den Yaks hinüberzukommen, denn das Wasser ist so trüb, dass die Tiere nicht sehen, wohin sie treten, und oft hat man das Gefühl, als verschwände der Yak unter einem, wenn er das Bein zwischen ein paar heimtückische Blöcke gesteckt hat, um die herum das Wasser brodelt.

Wir ritten zu dem Punkte hinauf, wo der Gletscher aus seinem Felsentore tritt. Hier ist die Ufermoräne ausschließlich aus kolossalen Gneisblöcken gebildet, während die Felswand aus hartem, dunklem, kristallinischem Schiefer besteht. Die Moräne erhält also ihr Material aus höheren Regionen.

Es war keine Kleinigkeit, durch dieses Labyrinth von Gneisblöcken hindurchzukommen. Sogar den Yaks waren sie zu groß und Molla Islam musste mit den Tieren einen Umweg machen, um mich am Fuße der Moräne zu treffen.

Nur in Gesellschaft des treuen Jolldasch setzte ich meinen Weg fort, bald kriechend, bald über die Blöcke balancierend, die durch klaffende, dunkle, kalte Zwischenräume voneinander getrennt wurden, in deren Tiefe das Schmelzwasser laut gegen die Steine schlug. Ein Gefühl

Togda Bai Bek.

der Erleichterung empfand ich, als mir endlich geglückt war, mich aus diesen gefährlichen, düsteren Irrgängen herauszuwinden, in denen man sich ohne Kompass leicht verirrt.

Doch als ich nach vielen Abenteuern unten am Fuße der Moräne angekommen war, stand Jolldasch noch auf einem Blocke, heulte und winselte jämmerlich und konnte nicht vor- und nicht rückwärts. Schließlich verschwand er hinter dem Blocke. Ich hörte ihn heulen und ins Wasser plumpsen; dann kam er unter der Moräne heraus, sichtlich zufrieden, aber doch auch ärgerlich darüber, dass ich ihn in ein so unangenehmes Terrain gelockt hatte; mit der einen Pfote hinkte er etwas.

In der Dämmerung erreichten wir das neue Lager, in dem alles schon in Ordnung war. In der Nähe liegt der Agil (Aul oder Zeltdorf) von Tschal-tumak, der aus vier Jurten besteht. Der Häuptling Togda Bai Bek, ein schöner Tadschik von vornehmem Aussehen, kam zu Besuch und teilte uns mit, dass das Dorf 25 Einwohner habe; ein Zelt sei von Tadschiks bewohnt (die von arischer Abstammung sind und einen persischen Dialekt sprechen), die übrigen drei aber von Naimankirgisen; sie hielten sich das ganze Jahr hindurch in dieser Gegend auf, wanderten aber doch von Jeilau zu Jeilau und blieben an jeder Stelle einen oder zwei Monate. Im Winter sei es fürchterlich kalt; der Schnee falle in Massen und mache es den Schafen schwer, Futter zu finden. Nach lange andauernden Niederschlägen pflegten ungeheure Schneemassen als Lawinen herabzustürzen und Steine und Schutt mit sich zu führen.

Der treffliche alte Bek schenkte uns ein Schaf und einen Eimer Yakmilch und erklärte sich bereit, uns alles zu liefern, was wir brauchten, wobei er nur bedauerte, dass er selbst seines hohen Alters wegen uns nicht auf unseren Bergwanderungen begleiten könne. Wir unterhielten uns lange über neue Pläne und erst spät am Abend kehrte der Greis nach seinem einsamen Heim zwischen den Moränen zurück.

Am 9. August untersuchten wir die linke Seite des Tschal-tumak-Gletschers und ritten auf den Moränen nach einem Punkte hinauf, von wo wir einen ausgezeichneten Überblick über den regelmäßig gebauten Gletscher hatten. Um den Punkt herum, auf dem wir standen, waren die Gneisplatten vom Eise blank poliert, denn hier war einst ein Ausläufer des Panzereises entlanggeglitten. Dieses Panzereis bedeckt sehr große Flächen der Seiten des Mus-tag-ata. Es schmiegt sich dem Leibe des Riesen wie

Tschal-tumak-Gletscher.

ein Mantel an, dessen Enden in Zipfeln und Falten nach den schroffen Wänden hinunterhängen, und der Saum selbst ist oft so jäh abgeschnitten, dass das blaugrüne Eis unter der weißen Schneedecke, die überall auf seinem Rücken ruht, erglänzt.

Natürlich kann diese, an die norwegischen Gletscher erinnernde Gletscherbildung sich nur auf den konvexen Bergflächen entwickeln, denn in den konkaven Partien finden wir die gewöhnlichen alpinen Gletscherformen mit einem muldenförmigen Firngebiete und einem tiefen, schmalen Gletscherbett.

Schließlich machten wir einen Besuch bei Togda Bai Bek, der die Vornehmsten des Dorfes zusammenrief und einen Dastarchan spendierte. Der Aul lag am Ufer des Gletscherflusses und war von Wiesen umgeben, auf denen die Yaks, Kamele und Pferde des Bek weideten.

Die Aussicht nach Osten ist eine der großartigsten, die man haben kann. Vor uns erhebt sich der ganze kolossale Gebirgsstock zu schwindelnden Höhen, wo der Firnschnee die Gewebe spinnt, die am Fuße des Berges der Sonne als Opfergaben dargeboten werden, wo die Winde sich in zwangloser Ausgelassenheit tummeln und wo im Übrigen die Ruhe des Todes sich mit der Kälte in die Herrschaft teilt.

Wir sehen den Gletscher ruhig und feierlich, wie einen König aus seinem Saale, aus dem Berge treten und die Moränen sich Verschanzungen gleich um diese uneinnehmbare Burg erheben. In der Sonne glitzert der trübe Gletscherbach, der in fröhlichen Sprüngen zwischen den Steinen in seinem Bette herniedertanzt, ausgelassen und mutwillig wie ein Schulknabe während der Ferien, glücklich, den Eisesbanden entschlüpft zu sein und nach warmen, fruchtbaren Gegenden hinabkommen zu dürfen.

Am 10. August ritten wir an dem Gletscherbach hinauf, an dessen Ufer unser Lager jetzt aufgeschlagen war. Er führte uns nach der rechten Seite des nahe liegenden Tergen-bulak-Gletschers. Schwerfällig und vorsichtig wandern die Yaks aufwärts in der tiefen Furche zwischen der Moräne und einem kolossalen Schuttkegel, der sich am Fuße der nördlich davon stehenden lotrechten Felswand gebildet hat.

Der Tergen-bulak ist ein Drillingsgletscher, der von drei Seiten gespeist wird. Der mittlere Arm ist viel größer als die beiden anderen und beherrscht das Terrain.

Im Eise kracht und knallt es; Steine und Blöcke stürzen

polternd in die Spalten und die Gletschertische thronen auf ihren Sockeln. Überall rieselt und brodelt Wasser; die Oberfläche des Eises ist mürbe und porös, und alles zeigt an, dass auch dieser Gletscher sich jetzt in der lebhaftesten Tätigkeit befindet.

Als wir hinunterritten, sahen wir ein paar große graue Wölfe, die zwischen den Moränen entflohen. Sie sollen hier häufig sein und sogar junge Yaks zerreißen. Togda Bai Bek tut daher klug, seine Schafe durch eine Schar bissiger Hunde beschützen zu lassen. Am selben Abend besorgte der brave Mann eine kleine provisorische Jurte und andere notwendige Dinge für eine zweitägige Besteigung des Mus-tag-ata, die wir am folgenden Tage, 11. August, zu versuchen gedachten.

Als wir uns in früher Morgenstunde zu einem neuen Sturm auf den Riesen bereitmachten, hüllte noch kalte Nachtluft die Seiten des Berges ein. Das Wetter war für eine Besteigung besonders günstig; keine Wolke war zu sehen, und die schwache Brise, die wehte, hörte bald auf. Wir hatten die Absicht, bis zu einer Höhe von ungefähr 6000 Metern hinaufzusteigen, dort die Nacht zuzubringen und am folgenden Tage so hoch wie möglich weiter vorzudringen. Deshalb wurden die kleine Jurte, vier große Bündel Teresken als Brennholz, Bergstöcke, Stricke, Beile, Pelze und Proviant mitgenommen, was alles von neun starken Yaks getragen wurde.

»*Bissmillah!* In Gottes Namen!«, erscholl es, als alles fertig war, von sechs muselmännischen Lippen, und in langsamem Tempo schritten wir den Berg hinauf. Ich hatte beschlossen, mich so wenig wie möglich anzustrengen, um meine Kräfte zu schonen, bis ich sie am nächsten Tage, an dem die eigentliche Besteigung mit nur drei Leuten vor sich gehen sollte, besser gebrauchen würde.

Deshalb musste mein Yak schon von Anfang an wie ein Lasttier behandelt werden. Ein Kirgise, zu Fuß oder reitend, führte ihn die ganze Zeit über am Nasenknorpelstrick, ein anderer trieb ihn von hinten mit einem Knüppel an, sobald das Tier glaubte, dass meine Pläne denn doch zu hochstrebend seien, stehen blieb und darüber nachgrübeln wollte, wozu diese ewige Kletterei eigentlich diene.

Auf diese Weise brauchte ich nicht den Yak anzutreiben, was sonst recht anstrengend ist, sondern konnte gemütlich, die Hände in den Hosentaschen, still sitzen, hier und da einen Blick auf die Aneroide werfend, deren Zeiger während der Tage, da wir den Vater der Eisberge zu besteigen versuchten, nicht viel Ruhe hatten.

Unsere kleine Karawane arbeitete sich in langsamem Zickzack an dem linken Seitenberge des Tschal-tumak-Gletschers empor, der mit einem langen, gleichmäßig steilen Rücken abfällt. Die Yaks keuchen und schnaufen und die Zunge hängt ihnen blau und triefend aus dem Maule.

Schließlich verschmälert sich der kahle Bergrücken zu einem Keil, der unter dem Panzereise verschwindet. Dieses ist hier nicht scharf abgeschnitten, sondern am Saume ganz dünn, sodass wir mit Leichtigkeit auf das mit einer schwachen Schneedecke belegte Eis hinaufkamen. Anfangs glitten die Yaks ab und zu aus, aber bald wurde der Schnee hinreichend tief, sodass sie darin ebenso sicher gingen wie vorher im Schutt.

Plötzlich ertönte von der rechten Felswand jenseits des Tschal-tumak-Gletschers ein ohrenbetäubendes Donnern und Krachen. Es war eine Eislawine, die von dem hier überhängenden Panzereise niederging. Große blaue Eisblöcke stürzten vom Rande herab, zerschellten und zersplitterten am Felsvorsprunge in feines, weißes Pulver und fielen dann wie Mehl auf die Fläche des Hauptgletschers.

Wir hatten hier eine vorzügliche Gelegenheit gehabt zu sehen, wie dieser kleine Gletscher arbeitet. Schwer und dick schiebt sich das Panzereis über den Felsrand vor, bricht da, wo es Spalten hat, ab und fällt von Zeit zu Zeit in gewaltigen Blöcken in die Tiefe, um, wie eben erzählt, in Gestalt eines mehlfeinen Eispulvers auf den Hauptgletscher zu gelangen, auf dessen Fläche es wieder zu einem regenerierten Parasitgletscher zusammenfriert.

Vor uns und über uns dehnte sich die öde Panzerkruste blendend weiß aus. Wir wussten, dass sie hielt, aber es war doch, als wagte man sich auf unsicheres Eis, als wir dieses unbekannte, noch nie von Menschen erreichte Gebiet betraten, auf dem uns vielleicht die vielen Gefahren einer Eislandschaft drohten. Bald kamen wir in ein System von Querspalten des Panzereises, die jedoch gewöhnlich nicht mehr als einen Fuß breit waren; aber wir mussten im Zickzack gehen, indem wir ihnen, die gewöhnlich nach beiden Seiten hin in Keile ausliefen, auf diese Weise auswichen.

Weiter oben passierten wir eine Stunde lang ein Gebiet voller Querspalten, wo mehrere unangenehme Fälle vorkamen; doch hatten wir es gewöhnlich den Yaks zu verdanken, dass es glücklich ablief. Wenn der Yak mit den Vorderbeinen in den Schnee einbricht und in die heimtückisch darunter verborgene Spalte stürzt, hält er sich an der anderen Seite mit dem Maule fest und klettert wieder heraus.

Das Panzereis wölbte sich da und dort zu Hügeln auf. Wir schritten vom einen zum anderen und befanden uns gerade auf dem verhältnismäßig flachen Scheitel eines solchen, als Molla Islams Yak, der von seinem Eigentümer an der Spitze des Zuges geführt wurde, einbrach und bis auf den rechten Hinterfuß, die Hörner und die Tereskenbündel, die aus dem Schnee hervorschauten, verschwand.

Er war in eine meterbreite, ganz verschneite Spalte gefallen und hing über einem gähnenden Abgrund. Dort lag er ächzend und keuchend, zeigte aber durch seine Regungslosigkeit, dass er selbst die Gefahr vollständig erkannte; denn hätte er sich auch nur ein bisschen bewegt, so wäre er von der sich nach unten verschmälernden Spalte verschlungen worden und verloren gewesen. Ein langer Aufenthalt war die Folge. Mit größter Vorsicht legten die Kirgisen dem Yak Stricke um Leib und Hörner, und nachdem sie einige der übrigen Yaks daran angespannt und alle Männer zugegriffen hatten, gelang es, das schwere Vieh herauszuziehen.

Es stellte sich heraus, dass die ganze Eiskappe, auf der wir standen, nach allen Richtungen hin in Felder von Spalten geteilt war, die einander kreuzten und uns nach allen Seiten hin das Vordringen verwehrten. Das Allerschlimmste war, dass wir eine drei bis vier Meter breite, sechs Meter tiefe Spalte entdeckten, auf deren Boden große Schneemassen angehäuft lagen. Wir blickten vorsichtig über ihren Rand und fanden, dass sie sich, einem gewaltigen Graben gleich, nach beiden Seiten hin erstreckte, nach Norden bis an das Bett des Tschal-tumak-Gletschers, nach Südosten bis an den Fuß einer der höchsten Eisprotuberanzen. Sie zu überschreiten oder zu umgehen war absolut unmöglich. Wir blieben stehen und hielten Rat.

Der Schnee lag in einer 20 Zentimeter dicken Decke auf dem Eise. Er spannte sich wie eine Persenning über die Spalten; bloß über den breiteren war er unterbrochen oder eingestürzt. Da, wo die Yaks durch ihn hindurchgetreten waren, entstanden schwarze, gähnende Löcher, auf deren Boden es anfangs pechfinster aussah. Sobald sich aber die Augen an das Dunkel gewöhnt hatten, fand man, dass es in einen blauen Schimmer überging, der Boden mit Schnee bedeckt war, die Wände aus klarem, blauem Eise bestanden und das von der Schneedecke herabrinnende Schmelzwasser lange Eisnadeln gebildet hatte, die in Reihen in den Schlund hinuntergingen. Die tiefste dieser Spalten maß 6,8 Meter.

Der Abend kam heran und ich musste mich noch einmal zum Rückzug entschließen, denn am nächsten Tage zu versuchen, einen anderen Durchgang zu finden, würde nichts genützt haben. Von dieser Seite eine Besteigung des Mus-tag-ata zu wagen war ohne Hilfsmittel, die uns nicht zu Gebote standen, entschieden unmöglich. Die beiden ersten Besteigungen, die wir an der rechten Felswand des Jam-bulak gemacht, hatten uns durch ein unvergleichliches besseres Terrain geführt. Dort gedachten wir es noch einmal zu versuchen, bevor wir den Berg seinem Schicksal überließen.

Hatten wir auch nur eine Höhe von 5820 Metern erreicht, so hatte doch die Wanderung in kartographischer Beziehung wichtige Resultate ergeben. Wir hatten einen ausgezeichneten Überblick über die höheren Regionen, über die Wölbung und Eisbedeckung des Berges, die von dort unten so schwer erklärbar sind, und über das Verhältnis des Panzereises zu den Gletschern. Letztere, die in Wirklichkeit große Eisströme sind, erscheinen von diesen Höhen wie unbedeutende, weiße Bänder, die im Vergleich mit der ungeheuren Masse des Panzereises verschwindend klein sind.

Am Sonntag, 12. August, gönnten wir uns Ruhe und ich las wie gewöhnlich in einsamer Morgenstunde die betreffenden Predigttexte und studierte dann Heims »Gletscherkunde«. Das Wetter war für eine Exkursion wenig einladend; die Luft war dick, es wehte stark und der Berg war in dichte Wolken gehüllt. Alle meine Leute hatten Urlaub bekommen. Nur ich und Jolldasch waren zu Hause geblieben und erfreuten uns an der friedlichen Ruhe, die uns nie herrlicher erschien, als wenn es draußen stürmte und der Wind zwischen den Moränenblöcken pfiff und heulte. Zwischen diesen entlegenen Gletschern, wo ein Tag im Großen und Ganzen dem anderen glich, fühlte ich mich dennoch nie allein.

Übrigens hatte ich nicht viel Zeit, daran zu denken; ich hatte mehr als genug zu tun, und das Einzige, was mich beunruhigte, war, dass der Sommer so schnell dahinging, dass ich keine Möglichkeit sah, mit dem ganzen aufgestellten Programm fertig zu werden. Die Tage erschienen mir viel zu kurz.

Wenn ich mich morgens angekleidet, hatte ich erst die meteorologischen Instrumente abzulesen, während Islam Bai das Teebrett in Ordnung brachte, das sich jeden Tag unter denselben Gerichten »bog«: Tschisslik (am Spieße über glühenden Kohlen gebratenes Schaffleisch), Asch (Reispudding) und Brot, das wir teils von den Kirgisen erhielten, teils selber buken. Ich wurde indessen des

Tschisslik bald so überdrüssig, dass ich es nicht mehr sehen konnte, sondern nur noch von Reis und Brot lebte, und diese Speisekarte sollte noch zwei und ein halbes Jahr hindurch, bis nach Peking, dieselbe bleiben!

Gelegentlich wurde eine Konservendose geöffnet, aber der Vorrat war gering und die Zeit lang, und ich musste daher mit solchen Delikatessen sparsam sein. Glücklicherweise wurden mir Reis und Tee nie zuwider und ich befand mich bei der einfachen Diät vortrefflich. Der Tee wurde stets mit Yakmilch oder -sahne serviert und mit diesen herrlichen Dingen brauchten wir zum Glück nicht zu geizen. Von Tabak hatte ich aus Taschkent reichlichen Vorrat mitgenommen, der zum geringen Teil aus Zigarren, hauptsächlich aber aus Pfeifen- und Zigarettentabak bestand, und ich will die Schwäche eingestehen, dass ich mich außerordentlich unbehaglich gefühlt haben würde, wenn ich auf den Gletscherwanderungen nicht die Pfeife zur Begleiterin gehabt hätte.

An den Tagen, an denen uns das Wetter zum »Zuhausebleiben« zwang, hatte ich stets unvollendet gebliebene Arbeiten, Kartenskizzen, Profile, Notizen usw. fertig zu machen. Das Innere der Jurte war so gemütlich, dass man sich dort vollkommen heimisch fühlte. Mitten auf dem »Fußboden« brannte ein kleines Feuer von Teresken und Yakdung, im Übrigen aber war die Erde mit Filzdecken belegt. Dem Eingang gerade gegenüber stand mein Bett, das aus zwei Stangen bestand, deren Enden vermittelst Lederösen an den Kisten befestigt waren. Zwischen ihnen war Sackleinwand ausgespannt. An den Wänden entlang war das übrige Gepäck untergebracht. Ich bekam täglich nur zwei Mahlzeiten. Abends wurde nach derselben Speisekarte serviert wie beim Frühstück.

Nachdem ich zu Bett gegangen, las ich gewöhnlich beim Scheine eines Stearinlichts ein Weilchen in irgendeiner schwedischen Zeitung. Hier in der Fremde kam mir jede Rubrik außerordentlich interessant vor, und Zeilen, die das Auge sonst gleichgültig überfliegt, wurden mit der größten Begierde gelesen. Und dann entschlummerte ich und, mochte es noch so sehr stürmen und Jolldasch noch so verzweifelt hinter den Wölfen drein bellen, die das Gebirge durchstrichen, ich schlief wie ein Sack, bis Islam Bai mich am nächsten Morgen weckte.

EINE NEUE FAHRT QUER DURCH PAMIR

Am 18. August wurde dem Jam-bulak-Gletscher ein letzter Besuch gemacht. Es galt, nach den Stangen zu sehen, die am 3. August ins Eis eingeschlagen worden waren. Das Resultat ergab ein beinahe unmerkliches Vorrücken während der letzten 15 Tage.

Das Aussehen des Eises war in hohem Grade verändert. Als wir den Gletscher zuletzt besuchten, war er mit Schnee und Hagelkörnern bedeckt gewesen, jetzt lag er frei da, mit messerscharfen Kanten und tiefen, von eingesunkenen Steinen gebohrten Löchern, und war im Allgemeinen glatt und gefährlich zu passieren.

Auf dem Rückweg beobachteten wir ein Phänomen, das uns vorher nicht aufgefallen war. Der Tümpel an der rechten Ufermoräne des Jam-bulak-Gletschers liegt in einer Erdbebenspalte, die sich von der Zunge des großen Kamper-kischlak-Gletschers bis in die unmittelbare Nachbarschaft unseres Messungsplatzes erstreckte. Sie ist meistens einfach, bisweilen aber doppelt. Sie gleicht einem Wall- oder Chausseegraben, ist ungefähr fünf Meter tief und 15–20 Meter breit, und ihr Boden ist mit Geröll, Sand und Erde überschüttet, die nachträglich hineingestürzt sind.

Die beiden Ränder haben miteinander gleiches Niveau, sodass keiner im Verhältnis zum anderen eingesunken erscheint. Die rechte Ufermoräne des Jam-bulak-Gletschers zeigt an der Stelle, wo die Erdbebenspalte unter ihr hindurchläuft, eine scharfe Einsenkung. Die Kirgisen teilten mir mit, dass diese Spalte vor 18 Jahren, als Jakub Bek noch lebte, bei einem heftigen Erdbeben entstanden sei. Es berührte Tagarma, Turbulung und die ganze Westseite des Mus-tag-ata, wurde aber in Su-baschi nicht wahrgenommen. Die Ufermoräne hatte also volle 18 Jahre lang keine Veränderung erlitten.

Der Umstand, dass das Erdbeben in dem nur zwei Stunden entfernten Su-baschi nicht verspürt wurde, zeigt, dass es ein Erdstoß lokaler Natur gewesen ist. Ob er den Gletscher zu spalten vermocht, konnten mir die Kirgisen nicht sagen. Erdbeben kommen in der Mus-tag-ata-Gegend nicht häufig vor, nur alle drei bis fünf Jahre werden schwache Stöße verspürt.

Als ich im Juni Kaschgar mit dem Mus-tag-ata als Ziel verließ, war es meine Absicht, an diesem Berge nur zwei Monate zu bleiben. Aber diese Zeit war zu kurz bemessen. Als sie verflossen war, hatte ich noch nicht die halbe Arbeit getan und keinen Proviant mehr und musste deshalb nach Pamirskij Post, um das Nötigste zu beschaffen.

Da ich aber wusste, dass die Chinesen mich bewachten und mich beinahe wie einen Spion betrachteten, wollte ich ihrem Verdacht nicht unnötigerweise noch mehr Nahrung geben und beschloss, die Grenze bei Nacht über einen unbewachten Pass zu überschreiten, um später auf dieselbe Weise zurückzukehren. Nur zwei Kirgisen und Islam Bai sollten mich begleiten. Mit Togdasin Beks Hilfe sprengten wir das Gerücht aus, dass ich mich nach Karakorum, dem Südabhange des Mus-tag-ata, begeben hätte.

Am Abend des 19. August wurden alle meine Sachen und Sammlungen zu einem meiner kirgisischen Freunde, dem alten Jehim Bai, gebracht, der sie in seinem Zelte unter Teppichen und Filzdecken wohl versteckte. Bei der Rückkehr von Pamirskij Post erfuhren wir, dass die Chinesen, über mein Verschwinden verwundert, in der Gegend Nachforschungen angestellt hatten. Der kluge Jehim Bai hatte es infolgedessen für geratener gehalten, mein Gepäck nach einem sicheren Versteck zu bringen. Er hatte es unter einem gewaltigen Block an der Front des Kamperkischlak-Gletschers versteckt und dort alles mit Filzdecken umwickelt, um die Kisten gegen Niederschläge zu schützen.

In Jehim Bais Zelt machten wir uns zur Flucht bereit. Vier gute Pferde waren angeschafft worden, Teppiche, Filzdecken, Instrumente und was sonst zur Ausrüstung nötig, wurden eingepackt. Proviant auf drei Tage wurde mitgenommen, denn wir sollten durch eine ganz unbewohnte Gegend reiten und hatten bis Pamirskij Post 130 Kilometer.

Ein paar Stunden saßen wir um das Feuer, plauderten, tranken Tee und genossen, so viel wir konnten, von den alten, gewöhnlichen Gerichten: Schaffleisch und Yaksahne. Doch nachdem der Mond aufgegangen war, wurde das Gepäck auf den Pferden festgebunden, und um elf Uhr ritten wir bei starkem Wind zwischen den altersgrauen Moränen des Mus-tag-ata hinab.

Nach mehrstündigem Ritt waren wir im Sarik-kol-Tal angekommen. Der Weg schlängelte sich an der anderen Seite durch das Mus-karau-Tal nach dem Passe gleichen Namens hinauf, der in der Sarik-kol-Kette liegt. Unten im Tal hatten wir den gefährlichsten Punkt zu passieren, denn hier liegt ein chinesischer Wachtposten, dessen Aufgabe es ist, die Grenze nach den russischen Besitzungen zu bewachen. Schweigend, in langsamem Schritt ritten wir so nahe daran vorbei, dass die Kirgisen mit ihren Falkenaugen die Zelte sahen; aber keine Wache hielt uns an und sogar die Hunde blieben still, obgleich wir meinen Kirgisenhund Jolldasch bei uns hatten. Meine Leute waren entsetzlich ängstlich und ihr Mut kam erst wieder, als wir den Aul weiter hinter uns hatten; sie wussten, dass ihnen einige Hundert chinesische Peitschenhiebe über den bloßen Rücken gewiss waren, wenn wir ertappt wurden.

Am 20. August gegen vier Uhr morgens erreichten wir

glücklich den Mus-karau-Pass. Von hier an sinkt das Terrain langsam nach Westen. Wir ritten durch das breite Tal Nagara-kum (Trommelsand).

Gegen Abend kamen wir auf die weiten Ebenen von Kosch-agil, wo der Boden flach und hart wie ein Fußboden ist. Wir zogen hier durch die für das östliche Pamir charakteristische Plateaulandschaft mit breiten, ebenen, wasserlosen Tälern und niedrigen, abgerundeten, stark verwitterten Bergketten an den Seiten.

In der Dämmerung erreichten wir den Murghab, der sich während des Sommerhochwassers als ein majestätischer Fluss präsentierte, und lagerten uns an seinem rechten Ufer auf einer kleinen Wiese, wo wir die Nacht unter freiem Himmel zubrachten.

Noch einige Worte über meinen treuen Hund Jolldasch! Er war auch auf dieser Reise über Pamir mein Reisekamerad, ertrug ohne Murren die ärgsten Strapazen, hielt scharfe Wache bei unseren Lagerplätzen und war immer vorzüglicher Laune. Er gehörte auch nicht zu den Feigen. Wenn wir uns auf dem Marsche gelegentlich einem Aul nahten, schoss er wie ein Pfeil voraus und begann sogleich Streit und Händel mit den Hunden des Auls. Obgleich er mit bewunderungswürdiger Gewandtheit nach rechts und links um sich biss, erhielt er selbstverständlich stets Prügel, zeigte aber nicht die geringste Furcht vor zehnfacher Übermacht.

Nun, da er in Eilmärschen nach Pamirskij Post laufen musste, bekam er Wunden an den Hinterbeinen. Die Leute nähten ihm deshalb ein Paar Lederstrümpfe, die ihm eine gewisse Ähnlichkeit mit dem Gestiefelten Kater gaben. Ungemein komisch war er anzuschauen, als er diese wunderbaren Dinger mit äußerster Vorsicht probierte. Erst gebrauchte er nur die Vorderbeine und rutschte in sitzender Stellung weiter. Dann lief er auf drei Beinen und zog abwechselnd eine Hinterpfote empor. Schließlich kam er doch dahinter, dass die Stiefel praktisch waren und die Füße gegen weitere Wunden schützten.

Am nächsten Morgen ritten wir nach dem linken Ufer des Murghab hinüber und setzten unseren Weg nach Westen flussabwärts fort. Endlich passierten wir eine kulissenartige Felspartie, die sich ins Tal hineinschob, und hatten nun die offene Talweitung vor uns, in die der Ak-baital-Bach ausmündet und in der Pamirskij Post gelegen ist.

Wir ritten den ganzen Tag scharf. Gegen fünf Uhr zeichnete sich hellblauer Rauch auf dem Grunde der dunkleren Berge ab und eine Stunde später ritten wir in den Hof der Festung ein.

Alles war still und stumm; keine Offiziere waren zu sehen, nur ein Wacht habender Kosak rief sein »Wer da!«. Ich machte es mir aber allein gemütlich. Es stellte sich heraus, dass ein junger Leutnant aus Petersburg in der Festung zu Besuch war und sämtliche Offiziere ihm zu Ehren in der Nähe ein Picknick arrangiert hatten.

Es dauerte indessen gar nicht lange, so kam die Gesellschaft wieder, mein alter Freund Hauptmann Saizeff an der Spitze. Dagegen waren alle jüngeren Offiziere, die im vorigen Winter unter ihm gedient, jetzt unter General Jonnoff gegen die Afghanen in Schugnan im Felde.

Zwei andere Veränderungen waren seit meinem letzten Besuche in der Festung vorgegangen. An diesem einsamen Orte, den einer meiner Freunde in Fergana ein Paradies genannt hatte, weil es dort keine Damen gab, residierte jetzt die junge Frau des neuen Kommandanten, Frau Skerskij, eine Deutsche von Geburt. Der Geschmack ist in der Welt verschieden, aber meiner Ansicht nach hatte die Festung jetzt einen paradiesischeren Anstrich als vorher. Abgetragene Waffenröcke und staubige Stiefel hatten einem gepflegteren Äußeren Platz gemacht und in allem ließ sich der zivilisierende Einfluss des weiblichen Elements verspüren.

Eines Tages machten Hauptmann Saizeff und ich eine Ausfahrt auf dem Murghab in einem Boote, das sich die Kosaken aus ölgetränktem Segeltuch und Latten gemacht hatten.

Westliches Ende des Jeschil-kul.

Die vielen kleinen Krümmungen, die der Fluss beschreibt, verursachen, dass das Panorama seine Lage beständig zu verändern scheint. Man wird eine Beute der komischsten Sinnestäuschungen und glaubt, dass das Boot die ganze Zeit über in gerader Richtung dahingleite, der Horizont dagegen sich hin- und herwinde. Bisweilen kommt die Festung auf der rechten Seite zum Vorschein, um gleich darauf wieder auf der linken zu liegen, bis einem schließlich ganz wirr im Kopfe wird.

Als ich am 27. August nach dem Jeschil-kul aufbrach, wobei ich auf dem ganzen ersten Tagemarsche (40 Kilometer) von Hauptmann Saizeff und einem jungen Leutnant begleitet wurde, gaben uns die Kirgisen bei Schahdschan den schlechten Rat, den Fluss erst zehn Kilometer weiter unten zu passieren, weil der Weg auf dem rechten Ufer besser wäre und die Wassermenge bedeutend abgenommen hätte. Als wir an die von ihnen vorgeschlagene Furt kamen, musste ein Kirgise erst den Weg durch den Fluss zeigen. In der Mitte betrug jedoch die Tiefe 120 Zentimeter; das Pferd verlor den Boden unter den Füßen und wurde stromabwärts getrieben, fand jedoch glücklicherweise wieder Grund und kam auf der anderen Seite an, nachdem der Reiter bis zur Hüfte nass geworden war.

Nachdem noch einige Kirgisen hinübergeritten waren, stürzte sich Hauptmann Saizeff mit seinem Pferde ins Wasser und erreichte das andere Ufer, aber so nass, dass er es für geraten hielt, die voll Wasser gelaufenen Stiefel auszuziehen und die Kleidung in der Sonne zu trocknen. Da ich keine unbezwingliche Lust zum Baden verspürte, wartete ich eine Weile, bis die drei Kamele, die unsere Sachen trugen, anlangten, bestieg das größte von ihnen und kam so trocknen Fußes hinüber.

Wir setzten unseren Weg fort und kamen in der Dämmerung an der Mündung des Ak-alchar-Tales an, wo wir uns im Schutze eines Felsblockes lagerten. Saizeff hatte das Mittagessen und ein paar Flaschen Rotwein mitgenommen und beim Scheine bunter chinesischer Laternen und eines lodernden Lagerfeuers soupierten wir in vergnügtester Stimmung.

Den Tag darauf blieben wir noch in Ak-alchar, wo Saizeff Gerste und Weizen, Rüben und Radieschen gesät hatte und alles über jede Erwartung gut gediehen war, obgleich die Höhe gegen 3500 Meter betrug. Nachdem wir noch einen vergnügten Abend verlebt hatten, trennten wir uns am 29. August in aller Frühe. Die Russen kehrten nach Pamirskij Post zurück und ich und meine Leute setzten den Ritt das Ak-alchar-Tal hinauf fort.

In zwei Tagesmärschen passierten wir die Basar-därä-Kette und entdeckten einen neuen, 4869 Meter hohen Pass, der den Namen Saizeff erhielt. Er ist von geringer Bedeutung, denn er ist ziemlich schwer zu überschreiten.

Auf der Südseite fällt das Terrain langsam nach dem breiten Alitschurtale ab, das etwa 600 Meter höher liegt als das Murghabtal. Zwei weitere Tagemärsche führten uns nach Sumeh am Ostende des Jeschil-kul (Grüner See). Auf dem Wege dorthin passierten wir Akbalik (Weißer Fisch) oder, wie die Stelle ebenfalls heißt, Balik-masar (Fischheiligtum). An der Nordseite des Tales entspringen mehrere Quellen und bilden ein Becken von drei Meter Tiefe und knapp 20 Meter Durchmesser, dessen in marineblauen Schattierungen schimmerndes kristallklares Wasser (4 Grad) einer Menge fußlanger, fetter, schwarzrückiger Fische als Aufenthaltsort dient.

Vom kulinarischen Gesichtspunkt aus sahen sie außerordentlich verlockend aus. Es wurde also an den Quellen eine längere Rast gemacht, um einige zu fangen. Dass wir weder Angeln noch sonstige Fischereigerätschaften hatten, genierte uns wenig. Mit Hilfe eines Bindfadens, eines Uhrkettenhakens und eines Stückchens Schaffleisch zogen wir bald drei Fische aus dem Wasser. Im Nachtlager bei den Kirgisen von Bosala wurden sie in Yakbutter gebraten und sollten uns eine recht feine Mahlzeit liefern. Die Fische waren jedoch ungenießbar und hatten einen unangenehmen, widerlichen Geschmack. Jolldasch allerdings nahm damit vorlieb, aber er muss danach gewiss Bauchgrimmen bekommen und seine Gier bereut haben, denn die ganze Nacht hindurch heulte er jämmerlich.

Die Nacht auf den 2. September brachten wir im Rabat (Herberge) von Sumeh zu. Am Morgen besuchten wir die 60,6 Grad heiße, stark schwefelhaltige Quelle, die in der Nähe aus dem Boden hervorsprudelt, und einen würfelförmigen chinesischen Tamga-tasch (Siegelstein), der beweist, dass es eine Zeit gegeben, in der die Chinesen sich als die Herren von Pamir betrachtet haben.

Dann ritten wir nach Westen weiter, dem Nordufer des Jeschil-kul folgend, in einer absoluten Höhe von 3799 Metern. Schon hier ist das Alitschurtal so eingeengt, dass die Breite des Sees drei Kilometer nicht übersteigt, während seine Länge 23 Kilometer beträgt. Das Wasser ist grünblau und hatte noch eine Temperatur von 18 Grad, war aber weniger klar als das des Kleinen Kara-kul.

Auf einer kleinen, niedrigen Landzunge unmittelbar am Ufer machten wir Halt. Zwischen einigen dichten, schon dürren, entlaubten Büschen breiteten wir unsere Filzmatten auf dem Boden aus, kochten Tee und nahmen ein sehr einfaches Abendessen ein. Ein mächtiges Feuer erhellte die Gegend.

Am 3. und 4. September wurde das Westende des Jeschil-kul, eine besonders interessante Gegend, untersucht. Am Südufer erhebt sich ein Ast der mächtigen Bergkette, die den Jeschil-kul von Schugnan trennt und hier den gewöhnlichen Namen Kara-korum trägt. Ihr Kamm ist am westlichen Teile des Sees, wo der Guntfluss austritt, mit Schnee bedeckt.

Der Jeschil-kul ist ebenso entstanden wie der Kleine Kara-kul. Der Wasservorrat des Alitschurtales sammelt sich in diesem Behälter, ehe es die Moränenschwelle überschreitet, um sich dann unter dem Namen Gunt in ein enges, abschüssiges, wildes Tal einzuschneiden und in den Pändsch zu ergießen.

Durch Alitschurpamir und über den Pass Naisa-tasch (4155 Meter) kehrten wir noch einmal nach Pamirskij Post zurück. Hier hörten wir, Togdasin Bek habe 300 Hiebe auf den bloßen Rücken erhalten, weil er Dschan Darin nicht gemeldet, dass ich die Grenze überschritten, und der Bek liege nun halb tot in seinem Zelte. Da ich fürchtete, dass die Chinesen meine zurückgelassenen Habseligkeiten und Sammlungen mit Beschlag belegen könnten, eilten wir nach herzlichem Abschied von den gastfreien Russen über den 4434 Meter hohen Pass Sarik-tasch nach dem Mus-tag-ata zurück, auf dessen Westabhang wir am 16. September Rast machten.

Hier erfuhren wir, dass das Gerücht gelogen hatte. Togdasin war wohl und munter und besuchte uns schon an demselben Abend, und meine Habseligkeiten hatten die Chinesen bei der Razzia, die sie bei den Kirgisen, die meine Diener gewesen waren, angestellt hatten, nicht gefunden, denn die Sachen lagen wohl versteckt droben unter dem Block.

Der Winter hatte, während wir fort waren, einen Riesenschritt vorwärts gemacht. Die Schneedecke auf den Bergen war bedeutend weiter heruntergerückt und die ganze Sarik-kol-Kette lag mit einem dünnen, weißen Schleier umhüllt da. Eisig kalt und abschreckend erhob sich der Mus-tag-ata über uns und wir hatten jetzt nicht die geringste Lust mehr, einen Ansturm auf den Riesen zu versuchen.

Am 20. September machte ich noch eine Wanderung über den Tschumkar-kaschka-Gletscher, um die Signalstangen wiederzufinden, die wir am 13. August dort eingeschlagen hatten. Ihre Lage wies eine äußerst unerhebliche Bewegung nach. Wahrscheinlich ist diese Trägheit allen Gletschern des Mus-tag-ata gemeinsam und rührt wohl in erster Linie von dem langen Winter, der starken Insolation und der lebhaften Verdunstung her. Die vom Gravitationsgesetze vorgeschriebene Bewegung wird in gewisser Hinsicht dadurch neutralisiert, dass die Schwere der Eismassen durch die Einwirkung der angeführten Kräfte vermindert wird.

Der Tschum-kar-kaschka-Gletscher ist eine wichtige Grenzmarke. Sein Bach strömt nach dem Kleinen Karakul und damit nach Kaschgar, aber alle südlich davon gelegenen Gewässer gehen zum Jarkent-darja. Alle diese Bäche, über die wir auf unserer weiteren Reise ritten, haben sich ein ziemlich tiefes Bett in die unteren, abgerundeten Hänge des Berges eingeschnitten, welche aus Verwitterungsprodukten und alten Moränen bestehen.

Zur Linken fallen die Felswände über diesem Schutt jäh ab. Man sieht mehrere scharfe Gipfel und aus einer gewaltigen Schlucht tritt der Kol-sel-Gletscher heraus. Seine Moräne ist ungeheuer groß und reich an gigantischen Gneisblöcken. Wir fanden jetzt, dass, je weiter wir nach Süden kamen, die Gletscher umso kleiner und die Moränen umso größer wurden, was darauf beruhen dürfte, dass die nach Süden fließenden Gletscher eine lebhaftere Tätigkeit entwickelt haben als die nach Norden gerichteten.

Am 21. September zogen wir in weitem Bogen um den Fuß des Berges herum nach Ostsüdosten und Osten nach dem Bache des Saragil-Gletschers und am 22. weiter an den Gletschern Schver-agil und Gerdumbeh vorbei, die infolge der unübersteigbaren Moränenwälle, die sie einschließen und auf denen nicht einmal Yaks gehen können, beide unzugänglich sind. Der Gebirgsstock ist auf dieser Seite zerklüftet und zersägt. Die Gletscher sind hier so kurz, dass sie gewöhnlich schon aufhören, ehe sie aus dem Berge herausgetreten sind, dessen untere Abhänge den Anblick einer alten Moränenlandschaft mit Zirkussen, Wällen, Blöcken und Tümpeln gewähren. Allmählich ging sie in die Ebene von Tagarma über.

Die zwei folgenden Schluchten heißen Kara-korum. Sie haben keine Gletscher, aber die alten Moränen an ihrer Basis sind von fließendem Wasser stark gemodelt und die ganze Gegend ist mit riesigen Blöcken bestreut. Die Gegend selbst wird auch Kara-korum genannt.

Schließlich bogen wir nach Nordosten ab und traten in das Tal des Tegermen-su ein. Wir fanden am Ufer des Baches zwischen Buchholz und Gras einen gemütlichen Lagerplatz und rasteten dort am 23. September.

Es war meine Absicht gewesen, den Mus-tag-ata an der Basis selbst zu umgehen und deshalb vom Tegermen-su über Norden und Nordwesten wieder nach dem Kleinen Kara-kul zu ziehen. Leider erklärten die Kirgisen dies für unmöglich, da die östlichen Abhänge selbst für Fußgänger unübersteigbar seien. Um mich zu überzeugen, machte ich eine Rekognoszierungstour zu den Quellen des Flusses hinauf und fand, dass die Kirgisen Recht hatten.

Es blieb uns nichts anderes übrig, als den Berg auf dem alten Wege über Gädschek und Ullug-Rabat zu umgehen, und am 30. September langten wir wieder in den wohl bekannten Gegenden am Ostufer des Kleinen Kara-kul an.

SEGELFAHRTEN UND TIEFENLOTUNGEN AUF DEM KLEINEN KARA-KUL

Wir lagerten am Kleinen Kara-kul vom 30. September bis zum 9. Oktober. Teils tat uns Ruhe Not und durften wir von den bedeutenden Höhen nicht sofort in die Täler der östlichen Seite hinuntereilen, teils wollte ich die bei unserem ersten Besuche in dieser Gegend gemachten Beobachtungen in Hinsicht auf die Entstehung des Sees durch Tiefenlotungen kontrollieren.

In unserer unmittelbaren Nachbarschaft lag ein Aul von sechs Jurten. Mit seinen männlichen Bewohnern, Togdasin Bek und einigen unserer übrigen Freunde berieten wir uns am ersten Tage über die Art, wie die Lotungen anzustellen seien. Ein Boot war natürlich nicht da, ja es hatte überhaupt nur einer von den Kirgisen ein Boot, auf dem oberen Amu-darja, gesehen. Die Übrigen hatten auch nicht die entfernteste Ahnung davon, was ein Boot ist, und konnten es sich gar nicht vorstellen, wie ein solches Ding angefertigt werden könnte. In dem ganzen, weiten Sarik-kol-Tale gibt es nur die sechs kleinen Birken am Heiligengrabe Kajindehmasar, und diese anzurühren würde als Entweihung des Heiligtums betrachtet werden. Im Übrigen hatten wir etwa 150 Kilometer bis zum nächsten Buschholz!

Das einzige Material, das es in unserer unmittelbaren Nähe gab, waren Oks, die leicht gebogenen Stangen, die das domförmige Filzdach der Jurte tragen, und Häute. Aber wie dieses Material zu einem Boote zusammenzufügen sei, das konnten sich nicht einmal die schlauesten unter den Kirgisen ausklügeln. Ich machte aus Holzspänen und Öltuch ein kleines Modell mit Mast, Segel, Steuer und Kiel, das zum großen Staunen und Vergnügen der Kirgisen außerordentlich gut manövrierte.

Togdasin Bek erklärte aber geradeheraus, dass eine solche Geschichte ins Große übertragen mich sicher das Leben kosten würde, und riet mir, lieber zu warten, bis der See zufröre, was seiner Ansicht nach in sechs Wochen geschehen müsste.

Während der zehn Tage, die wir an den Ufern des Karakul zubrachten, flogen vom Morgen bis zum Abend richtige Südstürme mit heftigen Schlägen über den See. Aber wir waren nicht bange. Ich hatte schon früher Wogen brausen gehört und wollte lieber dem munteren Äolus trotzen als auf das Eis warten.

Ich hatte die Jurte kaum zwei Meter vom Ufer aufschlagen lassen, um aus nächster Nähe der Musik der Wellen lauschen zu können, und die Werft, auf der das Boot gebaut werden sollte, lag neben dem Zelte. Hier wurde der Kiel gestreckt, die zähen Rippen mit starken Tauen zusammengeschnürt, und nach ein paar Stunden war das Gerippe fertig; es war zwei Meter lang und einen Meter breit.

Ein Pferd, das am Tage vorher gestürzt war, gab seine Haut her, und nachdem auch ein Schaf die seine beigesteuert, wurde der Rumpf fertig. Ein Mast mit feuerrotem Kattunsegel wurde aufgerichtet; an jeder Seite befestigten wir zwei mit Luft gefüllte Ziegenfellsäcke und einen am Achterende des Bootes, das schon bedenklich nach unten zeigte. Ruder wurden aus Oks hergestellt, an einem Ende gespalten und zwischen diesen Gabeln Ziegenhaut ausgespannt; als Steuer musste ein am Achter festgebundener Spaten dienen.

Es war ein köstliches Fahrzeug, das hier am 3. Oktober vom Stapel lief. Aufrichtig gesagt machte es der schwedischen Schiffsbaukunst gerade keine Ehre. Es war an allen Enden schief und kantig wie eine alte Sardinenbüchse, und als diese famose Barke, die nun eine Woche lang auf dem Kleinen Kara-kul fahren sollte, auf ihren aufgeblähten Ziegenfellsäcken am Strande schaukelte, erinnerte sie an ein unbekanntes, vorsintflutliches Tier, das brütend auf seinen Eiern lag.

Schon am frühen Morgen hatte sich Togdasin Bek eingefunden, um das Untier zu besehen. Er blieb vorsichtig in gemessener Entfernung stehen und machte ein unbeschreiblich komisches Gesicht, als hätte er sagen wollen: »Also so sieht ein Boot aus? Das hätte ich mir nie träumen lassen.« Und als im nächsten Augenblick ein ironisches Lächeln seine Lippen kräuselte, schien er bei sich selbst zu denken: »Das ist ja ein schauderhaftes Fahrzeug!« Er besaß aber hinreichend Takt, um nichts zu sagen, und ich biss mir auf die Lippen, um ernsthaft bleiben zu können. Er wurde jedoch nachher zum Segeln eingeladen und nahm die Einladung nach allerlei Wenn und Aber an; er zeigte sich viel weniger furchtsam vor dem Wasser als seine Stammesgenossen.

Am Tage des Stapellaufs waren die Kirgisen von nah und fern herbeigekommen und halb hinter einem Moränenhaufen verborgen saßen wohl 20 Frauen mit ihren großen weißen Hauben. Kurz, es war ein Aufsehen erregendes Ereignis, ein höchst ungewöhnliches Tamaschah (Schauspiel), und das Gerücht davon verbreitete sich wie ein Lauffeuer durch ganz Ostpamir. Als wir auf der Rückseite fern vom Kara-kul in kirgisischen Aulen übernachteten, wurden wir oft von den Bewohnern gefragt, ob es wahr sei, dass ein Fremdling mit Flügeln erst auf den Mus-tagata hinauf und dann kreuz und quer über den See geflogen sei.

Es war ein wichtiger Augenblick, als unser Schiff vom Stapel lief. Mit verhaltenem Atem folgten die Kirgisen seinen Bewegungen und wunderten sich nicht wenig, als ich den Mut hatte, hineinzusteigen und, obgleich es stark wehte, eine kürzere Segelfahrt zu machen. Aber das Boot lag, auf seinen fünf Ziegenfellsäcken ruhend, sicher auf dem Wasser, und Togdasin Bek wurde bei diesem Anblick so dafür eingenommen, dass er bei der nächsten Probefahrt mitkam.

Nie haben reinere, blauere, frischere Wogen ein ungeschlachteres Boot umspült als dieses, das sich ungefähr wie eine Katze oder ein Huhn in dem nassen Elemente fühlte. Es sah nicht im Geringsten hochmütig darüber aus, das erste Segelschiff auf dem Kara-kul und in so bedeutender Höhe über dem Weltmeere zu sein. Ängstlich schaukelte es auf den munteren Wellen, die ihren Spaß damit zu treiben schienen, und obgleich sein Rumpf aus lauter Pferde-, Schaf- und Ziegenfellen zusammengefügt war, machte es doch nur Bewegungen wie eine Kuh.

Oh, dieses törichte Ding von einem Boote war vollkommen unempfindlich gegen alles, was Segelmanöver heißt, und kehrte sich nicht daran, wenn man wie ein Galeerensklave mit dem Steuer arbeitete! Wohin wir auch wollten, nach Norden oder Süden, das Schiff hielt es stets für selbstverständlich, dass wir günstigen Wind haben müssten, und wenn wir ein wenig zu kreuzen versuchten, fiel es ab, ging ganz ruhig mit Wind und Wogen und war mit einem Worte eigensinnig wie ein Yak.

Da der Wind beständig aus Süden kam, blieb uns weiter keine Wahl, als das Boot zu jeder Segelfahrt nach dem Südufer zu ziehen und dann mit dem Winde über den See zu treiben und die Lotungen auszuführen. Diese Methode wurde am 4. Oktober eingeweiht, indem das Boot von einem Pferde durch das seichte Wasser nach der Mitte des Südufers bugsiert wurde, woselbst ich und der Kirgise Mohammed Turdu hineinstiegen.

Wir waren noch nicht weit vom Ufer entfernt, als eine jener orkanartigen Sturmböen aus Süden über den See fegte und den heftigsten Seegang verursachte. Wir zogen das Segel ein und hielten uns an der Reling fest, denn das Boot hüpfte wie ein unbändiges Füllen. Unsere Lage war kritisch. Es trieb nach der Mitte des Sees hin und wir waren weit von jedem Ufer.

Ich saß und »steuerte«, als in einem Nu das Achterende ins Wasser tauchte und eine Welle hineinschlug, die das Boot zur Hälfte füllte und uns gründlich durchnässte. Es stellte sich heraus, dass der Ziegenfellsack, der das Achter trug, losgerissen war und nun auf eigene Faust im See umhertrieb.

Unsere Lage war ziemlich ernst, umso mehr als die beiden Ziegenfellsäcke an der Steuerbordseite rasch zusammenschrumpften. Die Luft entwich so laut aus ihnen, dass man sie pfeifen hörte, und das Boot legte sich nun nach dieser Seite hinüber. Die Sturzseen enterten von allen Seiten und umhüpften uns wie wilde, tückische Wassergeister mit weißen Kappen.

So trieben wir mit den schäumenden Wogen über unbekannte Tiefen hin. Ich fürchtete, dass die vier anderen Säcke sich ebenfalls auf die Drift begeben oder ihre Tragkraft vollständig verlieren würden, ehe wir den Strand erreichten, und stellte deshalb von Zeit zu Zeit eine Berechnung darüber an, ob ich die noch übrig bleibende Strecke würde durchschwimmen können.

Die Stimmung wurde dadurch nicht gehoben, dass Mohammed Turdu seekrank wurde. Der Ärmste hatte noch niemals in einem Boote gesessen und nie etwas von der Seekrankheit gehört und glaubte daher, als er zum ersten Mal ihre Bekanntschaft machte, sein letztes Stündlein sei gekommen.

Die Kirgisen versammelten sich zu Pferd und zu Fuß am nächsten Ufer und erwarteten nichts anderes, als die Barke untergehen zu sehen. Es glückte uns jedoch, sie flott zu halten, und wir fühlten eine unbeschreibliche Erleichterung, als wir endlich in seichtem Wasser weiterglitten. Glücklich und mit heiler Haut, aber gründlich durchnässt erreichten wir das Ufer, eilten nach dem Lager und machten ein gewaltiges Feuer, an dem wir unsere Kleider trockneten.

Die erste Lotungsexpedition war also ein vollständiges Fiasko. Die einzige dabei gemachte Entdeckung war, dass der Flugsand vielleicht in ebenso hohem Grade zur Ausfüllung des Seebeckens beiträgt wie der Gletscherschlamm. Denn während die Gletscherbäche nur im Sommer arbeiten, gehören die Stürme jahraus, jahrein zu den alltäglichen Erscheinungen. Der Flugsand der Winterstürme wird jedoch spurlos über das blanke Eis hinweggefegt. Auf unserer ersten Segelfahrt waren wir zeitweilig so in Sandwolken eingehüllt gewesen, dass die Ufer kaum zu erkennen waren.

An den nächsten Tagen legten wir ohne weitere Abenteuer drei Lotungslinien fest und am 8. Oktober begaben wir uns vom westlichen Teile des Südufers aus auf den See. Langsam trieben wir über den See hin und benutzten das Segel nicht, um keine Störung in die Genauigkeit der Lotungen zu bringen. Stunde auf Stunde verging; es wurde dämmerig und war finster, als wir endlich auf Untiefen kamen und nur noch ein paar Hundert Meter bis zum Nordufer hatten.

Einen Augenblick war es ganz ruhig; aber im nächsten erhob sich ein außerordentlich heftiger Nordwind, der das Boot wie eine Nussschale wieder auf den See hinaustrieb. Wir hatten jetzt den ganzen See und die ganze Nacht vor uns. Es half uns nichts, dass wir mit den Rudern aus Leibeskräften arbeiteten; der Wind nahm überhand und wir trieben bis in die Mitte des Sees hinaus. Es war stockdunkel, bis der Mond aufging, und Islam Bai, der über unser Ausbleiben unruhig war, zündete beim Lager ein großes Feuer an, das uns als Leuchtturm diente. Der Nordwind war von kurzer Dauer und rudernd langten wir um Mitternacht bei dem Lager an.

Ein großer Vorteil auf diesem Gewässer war, dass man nie zu befürchten brauchte, anderen Segelschiffen zu begegnen oder umgesegelt zu werden, wenn man abends spät nach Hause kam. Wir waren unbeschränkte Herren auf dem Kara-kul und hatten hinreichend Platz, mit dem Boote zu wenden.

Nachdem ich unser ausgezeichnetes Schiff lächerlich gemacht habe, muss doch schließlich auch ein Wort zu seiner Ehre gesagt werden. Es schmerzte mich sehr, die stolze Lustjacht, als die Schifffahrt nach vollbrachter Arbeit und des ungünstigen Wetters halber eingestellt worden war, wieder auseinander nehmen und das Material den respektiven Lieferanten zurückgeben zu müssen, statt sie, wie sie war, ins Nordische Museum nach Stockholm schicken zu können, wo sie gewiss Aufsehen erregt hätte. Genug, sie hatte die Kirgisen gelehrt, was für ein Ding ein Boot ist, aber eine übertrieben hohe Meinung von der Navigationskunst der Schweden hatte sie ihnen schwerlich beigebracht.

Wir hatten die Tiefenverhältnisse des Kleinen Kara-kul kennen gelernt und 103 Lotungen ausgeführt. Die Maximaltiefe erreicht in der Südhälfte des Sees 24 Meter; in den mittleren Teilen variiert die Tiefe zwischen 15 und 20 Metern.

Die Tiefenlinie von einem Meter zieht sich nur ein paar Meter entfernt am Südufer entlang, an dem schroffe Felsen stehen, während sie im ganzen nördlichen Seebecken 200–400 Meter weit im See verläuft. Ganz nahe der Mitte des Westufers liegt die kleine Insel Kindik-jasar, auf der im Frühling unzählige Wildgänse nisten.

Die Kirgisen behaupteten steif und fest, dass im Kara-kul keine Fische leben, und wirklich fand ich auch nur einen ganz kleinen, der tot auf dem Wasser schwamm und von derselben Art war wie diejenigen, von welchen ich Proben aus dem benachbarten Bassik-kul mitgenommen hatte. Wahrscheinlich war er von einem Vogel hierher getragen worden.

Das Wasser ist süß und gut zum Trinken und hatte eine Temperatur, die während unseres Aufenthalts am Ufer zwischen 12 und 3 Grad wechselte und in der Mitte des Sees auf dem Grunde 8 Grad betrug. Der Kara-kul friert Mitte November zu und das Eis bricht Mitte April auf.

Die Kirgisen sagten, dass das Eis wie eine Spiegelfläche daliege, auf deren Fläche der Wind jede Schneeflocke fortfege. Sie erzählten auch, dass man durch das Eis hindurch »ganze Wälder und Viehweiden« (die Algen) auf dem Seeboden sehen könne.

Es wäre ungerecht, den Kara-kul einen leblosen See zu nennen. Während meiner topographischen Aufnahmen an den Ufern stieß ich bei mancher Peilung auf eine wohlgenährte Familie von Wildgänsen oder Enten, die friedlich in den Uferbinsen schnatterte und bei unserem Herannahen auf den See hinausflüchtete. Nachts hörten wir oft den Schrei der Wildgänse, wenn sie ihre Jungen lockten oder in Scharen über unser Zelt hinflogen.

Am schönsten war es jedoch, das Spiel der Atmosphäre zu beobachten. Mit Meisterhand verstand sie, aus dem See die fesselndsten, farbenreichsten Bilder zu machen, Bilder, die einander so ungleich waren, dass man sich, oft im Laufe von einigen Minuten, aus einem Erdteil in einen anderen versetzt glauben konnte.

So konnte z. B. die Sonne an einem Himmel vom reinsten Blau aufgehen, die Luft ruhig und warm sein, der Mustag-ata sich scharf und rein abzeichnen, die feinsten Einzelheiten in den blauen Nuancen der Schneefelder konnten voll unnachahmlicher Schönheit hervortreten; kurz: eine vollkommene Sonntagsruhe mochte in der ganzen Gegend herrschen – da, in einem Nu jagen erst weiße, dann dunkle Wolken vom nördlichen Horizont herbei, der Himmel nimmt einen stahlgrauen, winterkalten Farbenton an und das ganze Firmament bedeckt sich in einem Augenblick mit Wolken. Der Wind beginnt zu sausen, erst stoßweise, dann mit ununterbrochener Wut, der See wird in der Nähe meergrün, weiter draußen dunkelviolett und ist mit weißen Streifen durchzogen, und gewaltsam schlagen die Wellen gegen die Ufer.

Der Sturm legt sich nach einer Stunde; ihm folgt ein Hagelschauer, darauf ein Platzregen. Der Wind lässt nach, der See wird grau von dem Regenwasser, er verliert seine frische Farbe ganz und gar und mit schweren Tropfen schlägt der Regen auf das straff gespannte Dach der Jurte. Das Unwetter geht gewöhnlich schnell und spurlos vorüber, aber beinahe regelmäßig jeden Abend kommt der Ostwind und hüllt die Landschaft in seinen Nebelschleier ein.

Mit Ausnahme der nächsten Umgebungen verschwindet alles.

Und dann bot die Nacht neue Bilder. Nachdem der Nebel sich wieder zerstreut hatte, zog der Mond bleich und kalt an dem dunkelblauen, mit funkelnden Sternen übersäten Himmel auf und warf lange Schatten auf die Bergseiten, die umso dunkler waren, als sie von weiß glänzenden Partien und Vorsprüngen abgelöst wurden. Grabesstille herrschte in der Gegend; horchte man schärfer, so konnte man sein eigenes Herz schlagen hören.

Nicht ohne Bedauern nahm ich Abschied von diesem herrlichen kleinen Alpensee, den ich beinahe als mein Eigentum betrachtete und an dessen gastfreundlichen Ufern wir so viele friedliche, angenehme und an Beobachtungen reiche Tage verlebt hatten. Aber am 9. Oktober verließen wir ihn doch. Ein rasender Südsturm heulte; der wehmütige, einschläfernde Gesang der Wellen, dessen Tönen zu lauschen man nie müde wird, erklang wie gewöhnlich am Ufer. Bald jedoch verhallte er in der Ferne, als wir jetzt noch einmal den Weg nach der Gletscherwelt hinauf einschlugen.

DAS LEBEN DER KIRGISEN. RÜCKREISE NACH KASCHGAR

Bevor wir die Hochländer von Pamir verlassen, um nach Kaschgar zurückzukehren, sei es mir erlaubt, wenn auch nur mit einigen Worten, die Kirgisen zu erwähnen, das Volk, unter dem ich so lange geweilt.

Ich habe ihre Baigas oder Reiterspiele und deren wichtige Rolle in ihrem sonst einförmigen Leben schon geschildert. Im Übrigen bilden die Pflege der Herden und die jährlichen Wanderungen, die damit in Zusammenhang stehen, das einzige Interesse der Kirgisen. Den Sommer bringen sie auf den Jeilaus, den Sommerweideplätzen, zu, die auf den höheren Abhängen des Mus-tag-ata und der Pamirgebirge liegen; ihre Winterweiden, Kischlaks, in den Tälern suchen sie auf, wenn der Schnee und die Kälte sie von den Bergen herunterjagen.

In jedem Aul sind die meisten Bewohner miteinander verwandt. Sie ziehen stets auf dieselben Jeilaus und Kischlaks und kein anderer Aul hat das Recht, ohne Übereinkommen in das von einer Familie durch die Tradition gewonnene Gebiet einzudringen.

Wenn ein Kind geboren wird, kommen die Verwandten am Tage darauf zur Gratulation. Ein Schaf wird geschlachtet, ein Schmaus veranstaltet und die Gebete verrichtet. Am dritten Tage erhält das Kind einen Namen. Der Mollah, der mohammedanische Geistliche, schlägt in einem Buche nach, in dem jeder Tag einen Namen hat, und gibt dem Kinde den Namen des Tages seiner Geburt, wozu noch der des Vaters und das Wort Ogli (Sohn) gefügt wird, z. B. Kentsche Sattovaldi Ogli.

Wenn ein junger Kirgise sich verheiraten will, suchen seine Eltern ihm eine passende Frau aus, mit der er zufrieden sein muss. Ist das Mädchen dagegen der Sache abgeneigt, so kann die Partie wieder auseinander gehen, obgleich auch sie in den meisten Fällen von ihren Eltern abhängig ist. Hat der Jüngling keine Eltern, so wählt er sich seine Braut selbst, muss aber stets ihren Eltern Kalim bezahlen. Ein reicher Kirgise gibt bis zu zehn oder zwölf Jambaus (ein Jambau = 180–200 Mark), ein armer ein paar Pferde oder Yaks. Die Eltern des Mädchens suchen daher stets einen Bai, einen reichen Mann, zum Schwiegersohn zu bekommen, die des Burschen eine hässliche, arme Schwiegertochter zu finden, die mit einem geringen Kalim zufrieden ist. Ist ein Mädchen jung und hübsch, so wird stets ein sehr hohes Kalim verlangt.

Ist die Sache abgemacht, so kann die Verlobung unbestimmte Zeit dauern, sobald aber das ganze Kalim erlegt ist, wird die Hochzeit abgehalten. Eine neue Jurte wird aufgeschlagen und darin die Hochzeit in Gegenwart so vieler Gäste, wie kommen wollen, gefeiert. Ein Dastarchan von Schaffleisch, Reis und Tee wird herumgereicht; der Mollah liest den Brautleuten ihre gegenseitigen Pflichten vor, eine Baiga wird arrangiert, alle haben ihre besten Chalate angezogen und die Braut ist mit Putz und Schmucksachen behängt. Gehört der Mann einem anderen Aul an, so feiert man die Hochzeit im Aul des Mädchens, worauf die Neuvermählten von allen Gästen nach ihrer neuen Wohnung begleitet werden.

Wenn ein Kirgise stirbt, wird die Leiche sauber gewaschen, in reine, weiße Kleider gekleidet, in Leinwand und Filzdecken gewickelt und sobald wie möglich zu Grab getragen. Das Grab ist metertief; von seinem Boden wird ein horizontaler Gang nach der Seite gegraben, in den die Leiche hineingeschoben wird. Dann wird das äußere Grab wieder ausgefüllt und mit einem Steine oder, wenn der Beerdigte ein Bai ist, mit einer kleinen Kuppel auf viereckiger Basis bedeckt. 40 Tage lang besuchen die Hinterbliebenen das Grab.

Das Mobiliar einer Kirgisenfamilie ist nicht groß und beim Umzug genügen gewöhnlich ein paar Yaks, um alles, was zur Ausstattung eines Zeltes gehört, zu transportieren. Das am meisten Platz einnehmende ist die Jurte (Ui) selbst mit ihrem Holzgerippe und den dicken Filzmatten sowie die Sättel und Pferdedecken, das »Bettzeug« und die Teppiche. Dann kommt das Hausgerät, unter dem der Kasan, ein großer Eisentopf, den ersten Platz einnimmt, ferner Porzellanschüsseln (Tschinneh und Pialeh), flache Holzschüsseln (Tabak), eiserne und kupferne Kannen mit Henkeln und Deckeln (Kungan und Tschugun), Holzschalen (Tschetschuk) und Eimer (Tschellek).

Eine Menge andere Geräte, wie Webstühle, Backtröge, Siebe, Äxte, Säcke zum Aufbewahren von Korn und Mehl, Wiege, Geige und Gitarre, Dreifuß zum Eisentopf, Feuerzange usw., dürfen in einer wohl versehenen Ui nicht fehlen.

Die Kirgisen leben hauptsächlich von Yakmilch und Schaffleisch. Ein oder ein paar Mal in der Woche wird ein Schaf geschlachtet und die ganze Einwohnerschaft des Auls hält dann eine ordentliche Mahlzeit. Alle setzen sich im Zelt im Kreise um das Feuer herum, auf dem das Fleisch im Kasan gekocht wird. Die Stücke werden unter die Anwesenden verteilt. Jeder zieht das Messer aus der Scheide und verzehrt seinen Anteil bis auf die Knochen. Diese werden zerbrochen, um das Mark herauszuholen, das als das Beste gilt. Vor und nach der Mahlzeit wäscht man sich die Hände, und wenn das Mahl zu Ende ist, führt man die Hände an den Bart und alle rufen miteinander *»Allahu ekbär«* (Gott ist groß). Die fünf täglichen Gebete des Islam werden von dem jeweiligen Ältesten des Auls pünktlich verrichtet.

Im täglichen Leben liegt die Hauptlast auf den Frauen. Sie schlagen die Jurte auf und flicken sie, weben Teppiche und Bänder, drehen Stricke und Bindfaden, melken die Yakkühe und die Ziegen und besorgen die Schafe, die Kinder und die Hauswirtschaft. Zur Bewachung der Herden bedient man sich verschiedener großer, bissiger Hunde, die von den Abfällen der Mahlzeiten leben.

Die Männer tun eigentlich gar nichts. Gewöhnlich sitzen sie den ganzen Tag um das Feuer herum oder führen höchstens die Yaks nach und von den höheren Weiden. Oft reiten sie aus, um ihre Nachbarn zu besuchen, zu handeln und Vieh zu tauschen. Im Winter sitzt man meistens von frühmorgens bis spätabends zu Hause und plaudert am Feuer, das mit Tesek (Yakdung) unterhalten wird.

So verfließt das Leben des Kirgisen ruhig und einförmig; ein Jahr gleicht dem anderen. Er wird nur der Zeit nach älter; er sieht seine Kinder fortziehen und sich ein neues Heim gründen, sieht seinen eigenen Bart weiß werden und wird schließlich nach dem nächsten Heiligengrab geführt, um am Fuße der schneebedeckten Berge zu ruhen, zwischen denen er und seine Vorfahren den Kampf um ein freudenarmes, aber sorgloses Dasein gekämpft haben.

Ihre Kenntnis von der Außenwelt ist sehr dürftig. Sie kennen nur, und zwar sehr gut, die Gegend, in der sie wohnen, samt den Wegen über Pamir und nach den westlichen Städten Ostturkestans, aber was darüber hinaus liegt, ist ihnen ein Chaos. Oft erzählten mir die alten Kirgisen von ihren Lebensschicksalen; es war stets lehrreich und interessant zuzuhören, nicht zum wenigsten der Sprache wegen.

Ich weiß nicht, ob die Kirgisen mich mit Bedauern scheiden sahen, denn in ihrer Brust schlägt ein hartes, für wärmere Empfindungen unempfängliches Herz. Aber manch freundliches »*Hosch*« (Lebewohl), »*Choda joll värsun*« (Gott bereite den Weg) und »*Allahu ekbär*« (Gott ist groß) wurde mir nachgerufen und lange standen sie am Ufer des Kara-kul und sahen meiner Karawane mit nachdenklichen Blicken nach.

Am 9. Oktober zogen wir nach dem Tuja-kuiruk-Aul (3884 Meter) und am Tage darauf durch das Tal des Ikebel-su hinauf. Bei dem großen Kok-sel-Gletscher schwenkten wir nach links ab und erstiegen in steifen Zickzackwegen den Abhang der rechten Talseite. Abends rasteten wir im Aul Tur-bulung, dessen Einwohner sich bald nach dem Kleinen Kara-kul zu begeben gedachten, um dort den Winter zuzubringen. In Tur-bulung ist der Winter außerordentlich streng und Schneestürme stehen auf der Tagesordnung. Wölfe, Füchse und Bären sind dort häufig.

Am 12. Oktober ritten wir über den berüchtigten Merkebel-Pass.

Der Ostabhang ist ungemein abschüssig und besteht aus einer Moräne mit ziemlich großen Blöcken und Schieferscheiben mit scharfen Spitzen und Kanten, auf der man lieber zu Fuß geht, da die Tiere unausgesetzt vornüberzufallen drohen. Glücklicherweise hatten wir diesmal Yaks gemietet, die das Gepäck trugen. Nach und nach verringert sich die Steilheit und wir kamen in das Merketal hinunter, wo wir in einer Höhe von 3593 Metern in einer einsamen Jurte übernachteten.

Während der folgenden Tage ging es schnell nach der Ebene hinunter.

Am 14. marschierten wir nach Mohammed Togda Beks Lager bei Tschatt. Er ist der Häuptling der Ostkirgisen.

Als wir am 16. das Kengkoltal rechts hinter uns ließen, kamen wir wieder auf eine bekannte Straße und am Abend lagerten wir in Igis-jar in derselben Karawanserei, die wir schon einmal besucht hatten.

Am 19. Oktober langte ich wieder in meinem Zimmer im Konsulat zu Kaschgar an, wo sich während des Sommers eine ganze Moräne von Zeitungen und Briefen angesammelt hatte.

Jetzt kam eine Zeit notwendiger Ruhe. Ich konnte mich bei meinem alten edlen Freunde Generalkonsul Petrowskij ordentlich erholen.

DER WÜSTE ENTGEGEN

Am 17. Februar elf Uhr vormittags zog ich mit Islam Bai, dem Missionar Johannes und Haschim Achun nach Osten, Maral-baschi als nächstes Ziel betrachtend. Unsere Karawane bestand aus zwei großen Arben auf hohen, eisenbeschlagenen Rädern, die von je vier Pferden gezogen wurden. Auf der ersten, in der ich mit Johannes fuhr, war das Strohdach inwendig mit einem Kigis (Filzteppich) bekleidet worden und auch hinten war der Wagen mit einem solchen verhängt, um das Eindringen des Landstraßenstaubes möglichst zu verhindern. Auf dem Boden der Arba hatten wir Filzdecken, Kissen und Pelze ausgebreitet und saßen weich und bequem, obgleich das Fuhrwerk auf dem holperigen Wege wie ein Boot bei Seegang schaukelte und so rasselte, dass man fast taub davon wurde. In der anderen Arba fuhren Islam und Haschim, außerdem war sie mit meinem Gepäck voll gela-

Meine Arba im Walde des Kaschgar-darja.

den. Unsere beiden Hunde, Jolldasch und Hamra, waren hinten an meinen Karren angebunden.

Rasselnd und knarrend führten uns die beiden Arben auf der Hauptstraße längs der westlichen Stadtmauer nach dem Kum-därvaseh (Sandtor), von wo wir beinahe zwei Stunden bis Jangi-schahr, dem chinesischen Kaschgar, hatten. Der Tag war nasskalt und unfreundlich, der Himmel düster, die Luft ruhig, aber voll dichten Staubnebels, der jede Aussicht benahm. Der Kisil-su hatte jetzt beinahe gar kein Wasser und das bisschen unter der Doppelbrücke war gefroren. Wir schwenkten nach Osten ab und hatten den Fluss unmittelbar zur Rechten. Erst um neun Uhr erreichten wir, nachdem wir ein paar Stunden im Stockdunkeln gefahren waren, das Dorf Jaman-jer (die schlechte Stelle), wo wir in einer Herberge einkehrten.

Am 18. Februar fuhren wir durch verschiedene kleine Dörfer nach Faisabad (Wohnsitz des Segens), dem bedeutendsten Orte auf dem Wege zwischen Maral-baschi und Kaschgar. Es war gerade Basartag und in den engen Gassen wogte ein außergewöhnlich reges, buntes Leben. Mit den umgebenden Gehöften zählt der Ort 700–800 Häuser.

Der größte Teil der Bevölkerung ist sartisch (Dschaggataitürken); sie umfasst aber auch eine große Anzahl Dunganen und eine kleine Zahl chinesischer Ansiedler.

Rund um uns herum dehnte sich jetzt, am 19. Februar, eine flache, graugelbe, öde Ebene, mit einer Schicht von trocknem, feinem Staub, der beim leisesten Luftzug emporwirbelte und überall eindrang, sich auf die Pelze und Sachen im Wagen legte und auf dem Dache der Wagen anhäufte. Um uns zu schützen, hatten wir die Arba mit dem Zelttuche überdeckt, dessen Falten vorn so weit herabhängen durften, wie sie, ohne die Aussicht zu versperren, nur konnten. Man fährt in diesem dicken Staube, in dem die Räder der Arben sich beinahe festsaugen, wie auf einem Federbett. Die schweren Wagen kommen daher nur langsam vorwärts.

Die armen Pferde mühen sich in ihrem Geschirr aus Leibeskräften ab und ihre Seiten triefen von Schweiß. Auch sie werden mit Staub überschüttet und nehmen eine schmutzig graue Farbe an. Drei von ihnen gehen an langen Leinen nebeneinander vor der Arba, das vierte zwischen den Deichseln; dieses ist es, das den Wagen im Gleichgewicht hält, das wohl abgewogen sein muss, damit das Ziehen dem Tiere nicht zu schwer wird. Fällt das Pferd, so kann man auf die Nase purzeln.

Wir fuhren die ganze Nacht hindurch, von abends fünf Uhr bis morgens fünf Uhr, im Stockdunkeln weiter. In der Nacht verirrten wir uns, denn die Arbakutscher nehmen manchmal die Gelegenheit wahr, ein Schläfchen zu machen. Nach vielem Suchen und Rufen und nachdem wir beinahe umgeworfen worden, kamen wir wieder auf den rechten Weg. Bei dem Dorfe Kara-julgun (die schwarze Tamariske) fuhren wir auf einer hölzernen Brücke über den Kaschgar-darja.

Gegen fünf Uhr abends kamen wir zu einem Platze, wo ein zugefrorener Arm des Flusses sich quer über den Weg zog. Wir fuhren im Galopp; die Vorderpferde stürzten auf dem glatten Eise, das unter der Arba brach. Es knackte und krachte und da saß nun unsere Equipage bis an die Radachse wie in einem Schraubstock. Alle Pferde wurden an die Rückseite der Arba gespannt und nach einstündiger Anstrengung gelang es uns, das Fuhrwerk wieder flottzumachen.

Wir versuchten es an einer anderen Stelle, wo meine Arba auch glücklich hinüberkam, während die andere mit dem einen Rade wie mit einem scharfen Messer durch das Eis hindurchschnitt. Das ganze Gepäck musste abgeladen und über das Eis getragen werden. Das Wetter war kalt und unfreundlich; Islam Bai machte deshalb ein gewaltiges Feuer am Ufer, während die anderen noch eine Stunde mit der Arba beschäftigt waren.

Am 22. Februar fuhren wir den ganzen Tag durch den Wald, den man einen Schlupfwinkel für Tiger, Wölfe, Füchse, Hirsche, Antilopen und Hasen nennen kann. Auf der Station Tschürgeh waren wir etwa sieben Kilometer vom Kaschgar-darja entfernt.

Die Stationsgebäude mit ihren Haufen von Brennholz und Heu, ihren Schuppen und Karren sind oft sehr pittoresk. Hornvieh, Hunde, Katzen, Schafe und Hühner tragen dazu bei, sie zu beleben; Eier, Milch und Brot bekommt man überall. Für den Verkehr sorgen meistens Eselkarawanen, die Baumwolle, Tee, Teppiche, Häute usw. zwischen Kaschgar und Ak-su befördern. Die Entfernung zwischen den beiden Städten beläuft sich auf ungefähr 550 Kilometer, die in 18 Örtäng (Stationen oder Tagemärsche) eingeteilt werden. Eine Karawane oder Arba macht täglich nur einen Örtäng, die chinesische Post dagegen wird, wenn sie wichtige Depeschen mitführt, in 3 ½ Tagen befördert.

Auf jeder Station gibt es einen chinesischen Postmeister und drei mohammedanische Kuriere, von denen einer gewöhnlich die Chinesen bedienen, die beiden anderen aber die Post befördern müssen. Die Posttasche wird nur nach der nächsten Station gebracht, um dort sofort von einem anderen Reiter nach der folgenden getragen zu werden. Jede Station hat zehn Pferde zur Verfügung und die Post wird schnell und pünktlich befördert. Die alte Postbeförderung hat jedoch, besonders zwischen Kaschgar und Ak-su sowie von dort nach Kara-schahr, Urumtschi, Chami, Su-Tscheo und Liang-tscheo-su, an Bedeutung verloren, seit die chinesische Regierung auf das Anraten der Engländer eine Telegrafenlinie errichtet hat. Es war ein eigentümlicher Anblick, diese Telegrafenstangen hier tief im Innern Asiens zu sehen.

Der Wald hört ein gutes Stück vor Maral-baschi auf; der Weg wird schlecht, die Landschaft kahl und uninteressant. Nachdem wir noch einmal den jetzt trockenen Kaschgar-darja auf einer schmalen hölzernen Brücke überschritten, fuhren wir am 23. Februar an der chinesischen Festung Maral-baschi vorbei, deren Mauern von gebrannten Ziegelsteinen Zinnen und an den Ecken kleine Türme tragen; sie soll eine Garnison von 300 Mann haben. In einer erbärmlichen Bude erhielten wir ein paar Zimmer für uns selbst und unsere Sachen.

Maral-baschi mit dem daraufstoßenden Kischlak soll 1000 Häuser zählen. Der Ort heißt auch Dolon, und in einigen Gegenden, z. B. in Jarkent, wird nur dieser Name gebraucht. Ich machte einen Spaziergang durch das unbedeutende Städtchen. Es gibt zwei Hauptmoscheen mit einfachen Fassaden von grauem Lehm und hölzernen Altanen nach dem Hofe hinaus; sie heißen Dolon und Mussasir. Die Dolon-Moschee liegt dicht beim Ak-su-Tore; davor finden wir einen Begräbnisplatz (Gabristan). Hier kamen wir an den Kaschgar-darja, der etwas Wasser, wenn auch beinahe stillstehendes, hatte, und hier münden auch einige Ariks oder Kanäle, die Mühlen treiben.

Wir besuchten eine dieser Mühlen. Sie war unter einem auf Pfählen ruhenden Strohschuppen errichtet worden. In einer Ecke des Schuppens wird das Korn zwischen waagerechten Mühlsteinen gemahlen, die aus Kaschgar bezogen werden, 100 Tengeh (23 Mark) kosten und fünf Jahre Dienst tun, ehe sie abgenutzt sind. Jetzt war man damit beschäftigt, Mais und Weizen zu mahlen. Der Müller erhält als Bezahlung 1/6 des Gemahlenen und kann im Tage 32 bis 40 Tschärek (240–300 Kilo) mahlen.

An einer anderen Stelle wurde Reis gereinigt. Ein Wasserrad auf horizontaler Achse treibt ein paar Stampfhämmer, die in ausgehöhlte, schief stehende Holzrinnen passen, wo der rohe Reis hineingeschüttet und durch unaufhörliche Hammerstöße von der Spreu, die man nachher aussiebt, befreit wird. Jede Quantität Reis geht auf diese Weise dreimal durch die Stockhülsen. Der Müller bekommt den zehnten Teil des Gereinigten und kann täglich mit 15 Tschärek (110 Kilo) fertig werden. Ein Tschärek (7 1/2 Kilo) Reis kostete in Maral-baschi vier Tengeh (90 Pfennig), der Mann verdiente also sechs Tengeh (1,40 Mark).

Am Morgen erhielten wir Besuch von einem chinesischen Beamten und vier Beks, die mich seitens des Ambans willkommen hießen. Die Beks waren sehr freundlich und mitteilsam. Sie hielten meinen Plan, die Wüste Takla-makan zu durchqueren, für unausführbar und erzählten, dass es mitten in der Wüste zwischen dem Jarkent-darja und dem Chotan-darja einst eine große Stadt, Takla-makan, gegeben habe, die aber schon seit langem im Sande begraben liege. Das ganze Wüstengebiet werde jetzt mit diesem Namen bezeichnet, den man indessen manchmal in »Takan« verkürze.

Ferner hatten sie gehört, dass im Innern der Wüste »Talesmat« herrsche (ein arabisches Wort, das Zauberei und übernatürliche Dinge bedeutet) und dass es dort Türme, Mauern und Häuser gebe, in denen Silberstangen und Goldbarren massenhaft aufgestapelt lägen. Käme jemand mit einer Karawane dorthin und belüde seine Kamele mit Gold, so könne er nie wieder fort, sondern würde von den Geistern der Wüste festgehalten; nur wenn er das Gold wieder fortwürfe, könne er sich retten. Die Beks meinten, dass man die Wüste durchziehen könne, wenn man am Masar-tag so weit wie möglich entlangginge und Wasser mitnähme; aber Pferde würden dort bald sterben.

Von Maral-baschi machte ich am 25. Februar einen Ausflug nach dem nur eine Tagereise östlich gelegenen Berge Masar-tag. Nur ein Kutscher, Islam Bai und Jolldasch begleiteten mich. Die leicht belastete Arba brachte uns schnell vorwärts. Nach zweistündiger Fahrt trat der Berg mit zackigem Kamme aus dem Staubnebel hervor. Nachdem wir die große Heerstraße nach Ak-su verlassen hatten, schwenkten wir nach rechts in eine öde, harte, dünn mit Grasschöpfen bewachsene Steppe ein und kamen dann zwischen zwei Bergmassen, von denen die zur Rechten gewaltiger ist. Sie ist ein wilder, von Winderosion und Verwitterung zerklüfteter Berg.

Nicht weit vom Nordostfuße des Berges erhebt sich Ullug-masar (das große Grab). Es wird von einer grauen Mauer aus an der Sonne getrockneten Ziegelsteinen umgeben. Erst kommt man in einen großen viereckigen Hof, wo ein Bündel hoher Stangen um einen Strauch herum in den Boden eingeschlagen sind. Diese Stangen sowohl wie die Zweige des Strauches sind mit kleinen Fahnen und Wimpeln behängt.

Ein Tor führt in den Chanekah (Betsaal), dessen Fußboden mit Teppichen belegt ist. Im Hintergrund ist ein durchbrochenes Holzgitter angebracht und dahinter befindet sich das eigentliche Heiligengrab, ein gewöhnlicher Grabstein in einem viereckigen dunklen Raume mit Tughs, Fähnchen, Widderhörnern und Hirschgeweihen geschmückt. Das Heiligtum mit seinen Kuppeln ist aus gebrannten Ziegelsteinen erbaut und wird jeden Freitag von Pilgern aus der Gegend besucht. Auf dem äußeren Hofe gibt es eine Chaneh (Küche), in der die Pilger ihre Mahlzeiten bereiten.

In einem gastfreien Hause des Kischlaks Masar-alldi (vor dem Heiligengrabe) ließen wir uns nieder und bekamen sofort Besuch von den Landleuten der Gegend. Von ihnen erhielten wir mehrere wichtige Mitteilungen. Sie sagten, dass der Jarkent-darja hier in zwei Arme geteilt sei, und beschrieben uns drei ziemlich große, fischreiche Seen in der Nähe, die mit dem Hochwasser an Umfang zunähmen. Besonders interessierte es uns zu hören, dass der Masar-tag sich in südöstlicher Richtung durch die Sandwüste bis an den Chotan-darja hinziehe.

Diese Angabe erschien uns jedoch zweifelhaft, denn keiner von den Männern hatte selbst gesehen, wie weit sich das Gebirge in die Wüste hinein erstreckt. Einige von ihnen nannten die Wüste Dekken-dekka, weil dort tausendundeine Stadt begraben sein sollten. Sie sei voller Sand; Silber und Gold gebe es dort in Menge; man könne dort mit Kamelen durchkommen und möglicherweise in Bodenmulden Wasser finden.

Es handelte sich jetzt darum, einen Überblick vom Masar-tag zu erhalten. Wir folgten deshalb mit der Arba und einem Wegweiser seinem östlichen Fuße. Nach dreistündiger Fahrt erreichten wir den Kodai-darja (Schwanenfluss), den nördlichen Arm des Jarkent-darja, der wohl 110 Meter breit und mit porösem Eise bedeckt war, das Fußgänger trug, unter der Arba aber brach.

Am rechten Ufer des Kodai-darja standen einige Hütten. Anfang April siedeln Doloner mit ihren Herden hierher über und bringen hier ein halbes Jahr zu. Sie bauen sich kleine Binsenhütten an Stellen, die vor Überschwemmung sicher sind; sie sind also zur Hälfte Nomaden.

Da wir mit der Arba nicht weiterkommen konnten, setzte ich mit einem Begleiter meinen Weg zu Pferde fort. Ich ritt auf einem recht beschwerlichen Passe über den Masar-tag, ging dann rund um den Berg herum, am westlichen Fuße entlang, wo sich der an Schilf und Gänsen reiche Schor-kul (der »Salzsee«, der jedoch süßes Wasser hat) ausdehnt. Der Schor-kul ist ein typischer Ufersee am linken Ufer des Jarkent-darja. Das Flussbett hebt sich allmählich durch heruntergeschwemmtes Material und wird höher als das zunächstliegende Uferterrain, das daher leicht überflutet wird. Über Ullug-masar kehrten wir nach dem Lager zurück. Wir hatten gefunden, dass der Masartag aus kristallinischem Schiefer, Porphyr und einem syenitartigen Gesteine besteht. Er erhebt sich wie eine Ruine in dem Winkel zwischen dem Kaschgar-darja und dem Jarkent-darja und wird als ein Masar oder Heiligengrab angesehen.

In nordnordöstlicher Richtung kehrten wir am 27. Februar auf die große Straße nach Ak-su zurück, die wir bei Tschar-bag (die vier Gärten) erreichten. Der Weg führte wieder über den Kaschgar-darja, der sich hier in mehrere Arme mit kleinen hölzernen Brücken teilte, und bald zeichnete sich linker Hand der kleine Berg Achur-masartag in der stauberfüllten Luft ab. Auf einem seiner Vorsprünge thront der Masar Hasrett-Ali. Gegen Mittag nahm der östliche Wind bedeutend an Stärke zu; alles wurde in einen undurchdringlichen Staubschleier gehüllt. Nur dann und wann tauchten Bäume und Sträucher, Häuser und Dörfer aus dem grauen Nebel auf.

Rechts erscheint der Berg Tumschuk (das Vorgebirge), der vier Felsvorsprünge nach Norden ausschickt. Hier gibt es eine Menge Ruinen von Häusern und Mauern, die amphitheatralisch wie Schwalbennester an den Felswänden klebten, jedoch nicht höher als 20–25 Meter über dem Boden. Man konnte deutlich zwei Bauperioden unterscheiden. Bei den ältesten Häusern bestand das Material aus gelbroten, gebrannten Ziegeln, bei den jüngeren aus an der Sonne getrocknetem Lehm. Auf der Ebene darunter gab es ebenfalls eine Menge Ruinen. Es sind die Trümmer einer alten Stadt, die vermutlich durch eine Zitadelle auf dem dominierenden Berge geschützt wurde. Die Gegend ist jetzt unfruchtbar und unbewohnt. Wahrscheinlich haben Veränderungen im Laufe des Kaschgar-darja das Aufgeben des Ortes veranlasst.

Eine Stunde Weges nordwestlich von der Station Tumschuk findet sich ebenfalls eine Ruinenstätte, Eski-schahr (die alte Stadt) genannt, der wir einen Besuch abstatteten.

Die am besten erhaltene Ruine war ein viereckiges Gebäude von zehn Meter Seitenlänge, nach den vier Haupthimmelsgegenden gerichtet und mit einem Tore nach Osten. Es war aus gebrannten, harten Ziegeln aufgemauert und wahrscheinlich eine Moschee gewesen.

Der kleine benachbarte Berg sendet zwei parallele Bergrücken nach Nordosten aus. Hier fanden wir Ruinen von Steinmauern. Der mohammedanische Baustil beweist, dass das Alter dieser Trümmer 1150 Jahre nicht übersteigen kann.

Der Sturm dauerte auch heute an. Gegen Mittag verfinsterte sich die Sonne wie an einem Gewittertage; Sand und Staub fegten am Boden hin und stiegen in die Luft empor. Wir kehrten deshalb rechtzeitig nach der Herberge in Tschar-bag zurück. Es war eine unangenehme Fahrt. Bei jedem Atemzug verschluckte man eine Menge erstickenden Staub; zeitweise entschwanden sogar die Pferde vor der Arba unseren Blicken.

Der Sturm hatte sich gelegt und wir kehrten am 1. März bei gutem Wetter nach Maral-baschi zurück, wo ich die Freude hatte, eine Postsendung aus der Heimat zu empfangen. Der Postdschigit Mohammed Jakub war ein alter Sarte aus Osch; ich hatte ihn am Murghab gesehen. Er trat bis auf weiteres in meinen Dienst.

Ein 80-jähriger Greis, der gehört hatte, dass wir in die Wüste Takla-makan ziehen wollten, besuchte mich in meinem Quartier und erzählte mir, dass er in seiner Jugend einen Mann gekannt, der sich auf dem Wege von Chotan nach Ak-su in der Wüste verirrt habe und dort an eine alte Stadt gekommen sei, wo er in den Häusern eine Unzahl von chinesischen Schuhen gefunden, die aber in Staub zerfallen seien, sowie er sie berührt habe.

Ein anderer Wanderer habe sich von Aksak-maral ins Wüstenmeer hineinbegeben und sei vom Zufall nach einer Stadt geführt worden, in deren Ruinen er eine Menge Silberjambaus gefunden habe, mit denen er seine Taschen und einen mitgenommenen Sack füllte; als er aber sich mit seiner Beute auf den Heimweg begeben wollte, sei eine Schar Wildkatzen herbeigestürmt, die ihn so erschreckte, dass er alles wieder hingeworfen und Hals über Kopf die Flucht ergriffen habe. Als nach einiger Zeit sein Mut wieder erwacht sei und er sein Glück noch einmal habe versuchen wollen, habe er die Stelle nicht mehr finden können; der Sand habe die geheimnisvolle Stadt wieder verschlungen.

Glücklicher sei ein Mollah aus Chotan gewesen. Er sei in Schulden geraten und in die Wüste gegangen, um dort zu sterben. Dort aber habe er Gold und Silber gefunden und sei jetzt ein außerordentlich reicher Mann. Nicht zu zählen seien diejenigen, die zu demselben Zweck in die Wüste gegangen und nie wieder zurückgekehrt seien. Der Greis behauptete, dass man erst die bösen Geister fortscheuchen müsse, ehe man mit Hoffnung auf Erfolg nach dem verborgenen Golde suchen könne. Jetzt verhexten die Geister die Unglücklichen, die sich dorthin begeben. Ihr Kopf wird ihnen verdreht; ohne dass sie es wissen, bewegen sie sich im Kreise und kommen immer und immer wieder in ihre eigene Spur zurück. Sie wandern und wandern, bis sie vor Müdigkeit umfallen und vor Durst verschmachten.

So gibt es also auch in den Orten rund um die Wüste herum eine Menge Taugenichtse, die blind daran glauben, dass sie darin früher oder später große Schätze finden werden. Diese Goldsucher sind stets verdächtige Menschen, vor denen man sich in Acht nehmen muss. Sie sind gewöhnlich übel beleumundet, wollen nicht arbeiten und hoffen, das Glück mit einem Griffe zu erhaschen. Sie sind Schmarotzer, die ihren Nachbarn zur Last liegen und sich in ihrer freien Zeit mit Stehlen und Plündern beschäftigen.

Doch woher kommen alle diese Sagen? Wie lassen sich diese übereinstimmenden Erzählungen von begrabenen Städten und diese Legenden von der großen Stadt des Altertums, Takla-makan, die der Sand verschlungen, erklären? Ist es nur ein Zufall, dass diese Sagen von Chotan über Jarkent und Maral-baschi nach Ak-su von Mund zu Mund fliegen und dass die alte Stadt überall unter demselben Namen bekannt ist? Wollen die Eingeborenen sich nur dadurch interessant machen, dass sie verlassene Häuser, die sie gesehen haben wollen, bis in die kleinsten Einzelheiten beschreiben und bestimmt versichern, es habe in grauer Vorzeit im Innern der Wüste große Wälder gegeben, Aufenthaltsorte für Moschustiere und anderes Wild?

Nein, es kann kein Zufall sein; diese Sagen müssen einen Grund und einen Ursprung haben; weit, weit hinter ihnen gibt es gewiss eine Wirklichkeit, auf der sie fußen, und sie sind nicht zu verachten.

Wie ein Kind lauschte ich diesen abenteuerlichen Sagen, die mir die gefährliche Fahrt, die ich zu wagen beabsichtigte, mit jedem Tage verlockender erscheinen ließen. Sie hypnotisierten mich; ich wurde blind gegen jede Gefahr, die unheimliche Wüste verhexte mich; sogar die Sandstürme, die ihre Wurzeln in der Tiefe der Wüste haben, erschienen mir prachtvoll und bezaubernd.

Und dort hinten am Rande des Horizonts türmten die Dünen sich in edel gerundeten Formen auf, die zu betrachten ich nie müde wurde, und hinter ihnen lag in der Ruhe der Grabesstille das unbekannte verzauberte Land, von dessen Dasein nicht einmal die ältesten Urkunden eine Ahnung haben, das Land, das ich als der Erste betreten wollte.

Am 2. März verließ ich, nachdem alles fertig und bezahlt war, Maral-baschi und fuhr nach Südwesten nach dem Dorfe Chamal (Wind) am linken Ufer des Jarkentdarja.

Zwischen Busch- und Schilfdickichten und durch Pappelhaine, unbedeutende Sandgürtel und Moräste, deren Eis gerade im Aufbrechen begriffen war, führten uns unsere rasselnden Wagen am linken Ufer des Jarkentdarja weiter. In den Dickichten gibt es Wildschweine, die den Saaten rings um die Dörfer großen Schaden zufügen. Um diese zu schützen, haben die Eingeborenen hier und dort auf den Äckern kleine Schuppen errichtet, in denen sie die Nächte zubringen und Wache halten, wenn die Erntezeit herannaht.

Der Marsch führte uns am 4. März durch einen sehr umfangreichen Sumpf, in dem die chinesischen Behörden vor sieben Jahren einen Weg haben anlegen lassen, der dem Hochwasser sollte widerstehen können. Das Baumaterial bestand aus Pfählen, Stämmen, Reisig und Erde. Wie ein schmales Band schlängelt sich dieser Weg durch den Sumpf. Hier und da ist er unterbrochen und mit Brücken versehen worden, um die Wasserzirkulation nicht zu hindern. Im Juni, Juli und August wird der Weg ab und zu doch überschwemmt; man muss dann über Kaschgar fahren. Der Sumpf ist eigentlich ein niedriger Ufersee und soll seit Menschengedenken existieren.

Ala-aigir (die bunte Stute) ist der Name der nächsten Station. Auch zwischen Maral-baschi und Jarkent besteht eine chinesische Postverbindung und der Verkehr ist im Allgemeinen recht lebhaft, doch wird der Weg meist von Arben und Eselkarawanen benutzt; Kamele sieht man hier sehr selten.

Ala-aigir liegt jetzt einen Kilometer vom Jarkent-darja entfernt; wenn aber der Fluss im Sommer steigt, reicht das Wasser bis ans Dorf. Vor zwei Jahren lief auch noch die winterliche Uferlinie dicht unterhalb des Dorfes hin; der Fluss soll jedoch in den letzten Jahren angefangen haben seinen Lauf etwas mehr nach Osten zu richten.

Zehn Stunden fuhren wir auf oft beschwerlichem, überschwemmtem Wege, auf dem die Arbenräder tief in Sand und Schlamm eindrangen. In dem Dorfe Meinet kehrten wir in einer außergewöhnlich sauberen Karawanserei ein. An der Wand war ein großes, gelbes Plakat mit chinesischer und türkischer Schrift angeschlagen, das folgenden landesväterlichen Inhalt hatte: »Da ich (der Kaiser) gehört habe, dass einige Beks dem Volke ungesetzliche Steuern auferlegt und sich das Fischereirecht angemaßt haben, will ich, dass derartige Übergriffe beim nächsten Dao Tai gemeldet werden. Wenn dieser nicht auf die Klage hört, soll das Volk sich direkt an mich wenden. Kuang Tsü.«

Der arme Kuang Tsü! Er hat nie etwas vom Dorfe Meinet gehört und kümmert sich den Kuckuck um den Fischfang im Jarkent-darja.

Meinet zählt 15 dolonische Häuser. Der Waldgürtel ist hier nur wenige Kilometer breit und geht in eine Wildnis über. Wölfe sind häufig und tun dem Vieh großen Schaden. Dagegen ist der Tiger seit vielen Jahren aus der Gegend verschwunden; aber bei Ala-aigir hatte noch vor zwei Jahren ein solcher gehaust.

Die nächsten Kilometer führten uns am 6. März durch einen ziemlich großen Pappelwald; dann kamen wir an den Fluss, der hier in zwei großen und mehreren kleinen Armen dahinfließt.

Lailik (schmutziger, lehmiger Ort), das Ziel des Tages, ist das letzte Dorf in dieser Richtung, das unter dem Amban von Marat-baschi steht. Es grenzt im Süden an den Distrikt Jarkent und zählt 15 Doloner Familien. In dem Flusse, dessen Maximaltiefe in der Hochwasserzeit fünf Manneslängen betragen soll, wird Fischfang getrieben. Die Stromgeschwindigkeit ward ziemlich groß, doch nicht so schnell »wie ein Reiter«. Ein Reiter braucht nämlich bis Maral-baschi vier Tage, der Strom aber zehn.

Lailik wurde für einige Zeit unser Hauptquartier, denn hier wurden verschiedene Vorbereitungen zur Wüstenfahrt getroffen. Am wichtigsten von allem war die Kamelfrage. Wir hatten uns von den Kaschgarer Kaufleuten mit der Versicherung anführen lassen, dass Maral-baschi der Ort sei, in dem man die größten Aussichten habe, gute Kamele zu finden; wir hatten aber in dieser Stadt kaum ein einziges Kamel gesehen. Es blieb uns also keine andere Wahl, als zu versuchen, Kamele aus Kaschgar zu bekommen. Dieser Auftrag wurde Mohammed Jakub erteilt, der auf alle Fälle mit Briefen dorthin reiten und meine Post holen sollte. In Jarkent kostete jetzt ein mittelgutes Kamel 500 Tengeh (120 Mark), in Kaschgar 400. Jakub nahm

Briefe an den Konsul und an den Aksakal des Konsulats mit, mit der Bitte, sie möchten ihm beim Ankauf behilflich sein. In zehn Tagen sollte er mit acht Kamelen und zwei Mann wieder in Lailik sein.

Islam Bai erhielt den Auftrag, nach Jarkent zu reiten, um allerhand zur Wüstenreise notwendige Dinge einzukaufen: Eisenkisten für Wasser, Brot, Reis, Stricke, allerlei Werkzeuge, wie Spaten und Beile, ferner Sesamöl (Jagh) und die ausgepresste Schale derselben Frucht (Küntschür) usw. Das Öl dient zur Ernährung der Kamele in der Wüste. Wenn das Kamel täglich einen halben Liter Öl bekommt, kann es einen Monat lang ohne jede andere Nahrung marschieren. Vorteilhaft ist es natürlich immer, wenn man auf dem Marsche eine Gegend mit Vegetation findet, wo die Tiere sich ein wenig ausruhen können. Im März und April sollen sie nicht gut drei Tage ohne Wasser sein können, sollen es aber im Winter und auf ebenem Terrain sechs bis sieben Tage und noch länger aushalten, wenn es nötig sein sollte.

Mein Gefolge zerstreute sich wie Spreu vor dem Winde; der Missionar Johannes war der Einzige, der bei mir blieb.

EINE WALLFAHRT

Um die Zeit der Abwesenheit meiner Leute gut anzuwenden, beschloss ich, eine Exkursion nach dem Grabe Ordan Padschahs in der Sandwüste, zwei Tagereisen westlich von Lailik, zu machen.

Um 8 Uhr morgens saßen wir am 9. März im Sattel und ritten in starkem Trab nach Westnordwesten, erst durch den Wald, dann durch die Steppe, die ihrerseits der Sandwüste Platz machte. Hier liegt jedoch der Sand noch wenig tief, in unbedeutenden Dünen, deren nach Westen gekehrte, abschüssige Seiten auf vorherrschend östliche Winde während dieser Jahreszeit hindeuten.

Es war interessant, diese bisher von Europäern noch nicht bereiste Gegend zu besuchen. Nachdem wir das große Dorf Mogal (Mongole) rechts gelassen, machten wir in Terem Halt, wo uns der Bek sein Haus zur Verfügung stellte.

Die Dörfer Terem und Mogal haben jedes 200 Häuser und stehen unter einem Bek und acht On-baschis. Der Name Terem bedeutet »angebauter Ort« und die Einwohner erzählen, dass diese Gegend in alten Zeiten wirklich wegen ihrer üppigen Ernten und ihrer reichlichen Bewässerung bekannt gewesen sei. Der Wechsel steht sicher mit der Veränderung der Flussläufe in Verbindung. Jetzt erhält man das Wasser aus dem großen Kanal Chan-arik, der wie eine große Pulsader vom Ges-darja ausgeht und das äußerste seiner Fühlhörner bis hierher ausstreckt.

Aber die Wasserzufuhr ist unzureichend, ungleichmäßig und unsicher und oft schlägt die Ernte fehl. Besondere, von den chinesischen Behörden überwachte Gesetze regulieren die Zuleitung des Wassers aus dem Chan-arik und jedes Dorf darf nur eine bestimmte Zeit davon Gebrauch machen. So hatte Terem jetzt drei Monate Wasser gehabt; doch in zwölf Tagen sollte der Zufluss abgesperrt werden und das Dorf bekommt volle vier Monate hindurch keinen Tropfen Wasser; die Einwohner müssen sich dann mit ihren Brunnen begnügen.

Am 10. März ritten wir nach Westen weiter, durch Steppe, Einöden und Sümpfe. Ich machte hier die wichtige Entdeckung von vier alten, ausgetrockneten, aber sehr deutlichen Flussbetten von je 80 bis 100 Meter Breite und nordnordöstlicher Richtung. Nur der Jarkent-darja kann hier geflossen sein.

An dem Punkte, wo die eigentliche Sandwüste beginnt und die Dünen ungefähr acht Meter hoch sind, liegt ein unbedeutendes Dorf namens Lenger (Herberge).

Von hier an standen die Dünen ziemlich dicht; aber da ihre Längsrichtung von Südsüdwesten nach Nordnordosten ging und wir nach Südsüdwesten ritten, konnten wir oft die Zwischenräume benutzen, in denen der harte Lehmboden frei lag.

Eine Stunde Weges vor dem Grabe überholten wir eine Gesellschaft von 45 Pilgern, Männer, Frauen und Kinder, die sich von Lenger nach Ordan Padschah begaben, um dort zu beten. 15 von den Männern trugen Tughs, lange Stangen mit weißen und bunten Wimpeln. An der Spitze ritt ein Pfeifer, neben ihm gingen zwei Männer, die aus allen Kräften auf ein Paar Trommeln losschlugen, und alle Pilgrime riefen in kleinen Pausen einstimmig: »Allah«, so laut es ihre Lungen erlaubten.

Dicht beim Grabe liegt ein Dorf von 25 Familien, von denen sich die meisten nur kürzere Zeit dort aufhalten; vier Familien bleiben jedoch das ganze Jahr hindurch hier, um die Heiligtümer in Ordnung zu halten. Der Oberscheik, der auch über Hasrett Begims Grab die Aufsicht hat, war gegenwärtig in Jangi-hissar. Er reist nämlich von dem einen Orte zum anderen, um an jedem eine gewisse Zeit zu sein, und hat daher an jedem Orte eine Frau.

Einer der ständigen Wächter sagte mir, dass im Winter 10 000–12 000 Pilger nach Ordan Padschahs Grab pilgern, im Sommer aber nur 5000, weil Wassermangel und Hitze die Reise dann weniger angenehm machen.

Ich bekam im Oberstocke des Wirtshauses ein ungewöhnlich sauberes Zimmer. Es hatte ein durch ein Holzgitter geschütztes Fenster mit der Aussicht nach Süden auf das öde Wüstenmeer. Auf der Dorfstraße herrschte die ganze Nacht hindurch ein entsetzlicher Lärm. Die Pilgrime wanderten nämlich in Prozession hin und her, spielten auf Flöten, trommelten, sangen und schwenkten die Wimpel.

Der 11. März war dazu bestimmt, diesen eigentümlichen Wallfahrtsort, der bisher nur von Major Bellew im April 1874 besucht worden war, näher kennen zu lernen.

Außer dem Oberscheik besteht das ständige Personal aus einem Imam, der die Gebete vorliest, einem Mutevelleh, dem die Verwaltung der Güter obliegt, und 20 Supehs oder Dienern. Diese werden ausschließlich auf Kosten der Pilger unterhalten. Je nach Vermögen bringen diese Pferde, Schafe, Kühe, Hühner, Eier, Getreide, Obst, Chalate und andere nützliche Dinge mit. Mit Ausnahme der Tiere werden diese Gaben stets in den größten Opfertopf gelegt, der Altin-dasch, der Goldstein, genannt wird. Der Altin-dasch hat 1 ½ Meter Durchmesser und ist aus Bronze; er soll aus der Zeit Ordan Padschahs stammen.

Wenn der Andrang von Pilgern groß ist, wird in dem größten Topfe für alle auf einmal Asch oder Pillan (Reispudding) gekocht; sonst werden die kleineren Töpfe je nach der Anzahl der Wallfahrer dazu benutzt. Das Topfhaus ist vor zwei Jahren erbaut worden, weil das alte jetzt zur Hälfte von dem nächsten Sandhügel begraben worden ist, dessen einer halbmondförmiger Flügel aus vier Meter Entfernung auch das neue Haus bedroht. Die Winde, die die Marschrichtung der Dünen bestimmen, sind in dieser Gegend die Nordwestwinde.

Aus der Windseite der nächsten Düne ragt ein Grabhügel mit Tughstangen zur Hälfte hervor. Er soll 710 Jahre alt sein und die Asche von Schah Jakub Scheik bedecken. Bei der jetzigen Wanderrichtung der Dünen wird er bald vollständig freigelegt sein. Die Düne hat eine Maximalbreite von 120 Metern und eine Höhe von fünf Meter, ragt also über alle Hausdächer im Dorfe empor. Zwischen der Leeseite dieser Düne und ihrer nächsten Nachbarin im Südosten ist ein Abstand von 155 Metern. Dieser Zwischenraum besteht aus vollständig sandfreiem Lehmboden, auf dem das kleine Dorf erbaut ist. Bei heftigen Stürmen fliegt der Sand von dem einen Dünenkamme zum anderen.

20 Minuten nordwestlich erhebt sich der eigentliche Masar, ein höchst eigentümlicher Bau. Es ist eine Garbe von ein paar Tausend Tughstangen, die sich in Gestalt eines Eiffelturms erheben und ebenso viele Wimpel tragen. Weithin sichtbar thront er zwölf Meter hoch auf dem Kamme einer Düne, die man dadurch stationär zu machen gesucht, dass man rund um den Masar herum Schilf-

bündel in den Sand gesteckt hat. Es ist auch gelungen, denn der Teil der Düne, auf dem der Masar steht, bildet eine nach Nordwesten, nach der Windseite, vorspringende Partie, die jedoch von der nächsten Nachbarin bedroht wird.

Der Sandsturm heulte noch immer, und die tausend Wimpel flatterten und klatschten, dass es knallte. Stangen werden alle Jahre von den Pilgern hierher gebracht und die Garbe nimmt daher allmählich an Umfang zu.

Der Imam erzählte von Ordan Padschah, dessen eigentlicher Name Sultan Ali Arslan Khan ist, dass er vor 800 Jahren mit dem Volke Togda-raschid-Nokta-raschid, unter dem er den Islam ausbreiten wollte, in Fehde gelegen. Mitten im Streite habe ein Kara-buran oder schwarzer Sandsturm von Charesm (Chiwa) ihn und sein ganzes Heer begraben.

In aller Frühe setzten wir uns am 12. März zu Pferde und sprengten in einem starken Nordweststurm fort, zurück nach Terem. Das Land zeichnet sich durch sumpfigen Steppencharakter aus. Der Boden ist feiner, loser Staub, den der Wind wie Rauch fortweht. Oft reiten wir durch Sümpfe von stillstehendem Kanalwasser und sind bisweilen gezwungen Umwege zu machen, um nicht in dem sumpfigen Boden zu versinken. Von der Sonne war nicht das Geringste zu sehen; der Himmel hatte einen rotgelben Farbton, der bisweilen ins Dunkelgraue überging, und als wir endlich Terem erreichten, waren Ross und Reiter aschgrau und voll Staub.

Der Sturm hielt am 13. März noch an, aber der Wind ging nach Norden und Nordosten herum. Es war also ein dreitägiger Sturm, den die Eingeborenen einen Sarikburan, einen gelben Sturm, nennen, da er das Firmament gelblich färbt.

Von Terem ritten wir in südöstlicher Richtung nach dem Dorfe Terek-lenger (Pappelherberge) am Jarkent-darja. Es war ein neunstündiger scharfer Trab auf einem Terrain, das Ala-kum genannt wird, d. h. abwechselnd aus Sand und Steppe bestand. In der Nähe des Flusses ritten wir auf einer Brücke über den Chandi-arik, einen mächtigen Bewässerungskanal, der eine Tagereise oberhalb von Jarkent seinen Anfang nimmt und eine Menge Dörfer mit Wasser versieht.

Zwischen dem Kanal und dem Flusse sieht man deutlich mehrere alte Uferlinien und die Dorfbewohner versicherten, dass der Jarkent-darja in früheren Zeiten dicht an dem Dorfe vorbeigeströmt sei, das jetzt drei Kilometer von ihm entfernt liegt.

Am 14. März nahm der Wind ein wenig ab und ging nach Osten herum. Ich habe oft beobachtet, dass die Stürme von Westen begannen, um dann einen Halbkreis über Norden nach Osten zu beschreiben. In nordöstlicher Richtung kehrten wir längs des Flusses nach Lailik zurück, wo wir gleich nach Mittag ankamen und alles unter der Obhut des Missionars Johannes in bester Ordnung fanden.

Jetzt begann eine lange Zeit Geduld erfordernden Wartens. Tag auf Tag verging, aber die Kamele ließen nichts von sich hören. Ich könnte diese 25 Tage ganz und gar überspringen, finde aber im Notizbuche einige Episoden und Angaben, die nicht ohne Interesse sind. Wir sammelten alle Berichte, die wir über die im Osten liegende Wüste erhalten konnten.

Schahr-i-katak, gewöhnlich nur Ktak genannt, ist der Name einer sagenhaften Stadt, die ebenfalls in diesen Gegenden spukt. In Lailik wurde uns versichert, dass sie fünf Potai (15 Kilometer) westlich liege, woselbst ein Mann vor vielen Jahren ihre Ruinen gefunden habe; seitdem habe man aber vergeblich danach gesucht. Sie sagen, nur Allah könne den Wanderer dorthin führen, somit finde er sie nicht, wie sehr er auch suche.

Man berichtete uns, dass gerade in diesen Tagen zwölf Männer von Jarkent aus in die Wüste wollten, um Gold zu suchen. Sie wählen zu diesen Ausflügen gern den Frühling, weil sie glauben, dass die Sandstürme dann das Gold freilegen. Vor einem Monat hatte ein Mann sich in die Wüste hineinbegeben, war aber nicht wieder zurückgekehrt. In Jarkent erzählt man sich, dass der Wüstenwanderer von Zeit zu Zeit Stimmen höre, die ihn beim Namen rufen; folge er ihnen, so verirre er sich und komme vor Durst um.

Es ist interessant, diese Sage mit dem zu vergleichen, was der berühmteste Reisende des Mittelalters, der Venezianer Marco Polo, von der großen Lop-Wüste zu sagen hat:

»Es ist ein seltsam Ding, was von dieser Wüste erzählt wird, nämlich dass, wenn die Reisenden bei Nacht wandern und einer von ihnen zufällig hinter den anderen zurückbleibt, in Schlaf versinkt oder dergleichen, so wird er, wenn er seine Reisegesellschaft wieder einzuholen versucht, Geister reden hören und sie für seine Kameraden halten. Manchmal sollen die Geister ihn beim Namen rufen und dadurch wird der Reisende oft so irregeführt, dass er seine Reisegesellschaft nie wiederfindet. Und auf diese Weise sind viele umgekommen.«

Endlich kam Islam Bai aus Jarkent zurück und brachte vier Tschellek (eiserne Zisternen für das Wasser), sechs Tulum (Ziegenfellschläuche für Wasser), Öl und Sesamschalen für die Kamele, Petroleum, Brot, Talchan (geröstetes Mehl), Goman (Makkaroni), Honig sowie Säcke, Spaten, Peitschen, Zügel, Schalen und Geschirr mit, alles in genügender Menge.

Am 19. März siedelten wir nach dem großen Dorfe Merket am rechten Ufer des Jarkent-darja über, von wo aus die Karawane nach der Wüste aufbrechen sollte. Am Morgen kamen daher eine Menge Leute aus Merket, um uns nach ihrem Dorfe zu begleiten. Der Bek selbst, Mohemmed Rias Bek, fand sich mit einem Geschenk von Hühnern, Eiern und einem Dastarchan ein. Packpferde waren mitgebracht worden, um unsere Sachen zu transportieren, und nachdem der On-baschi von Lailik und seine hübsche Frau, die während unseres Aufenthalts in ihrem Hause beide sehr freundlich und gastfrei gewesen waren, reichlich mit Geld und Zeug belohnt worden, marschierten wir nach der Fähre, die unser großes Gefolge und Gepäck in vier Fahrten übersetzte.

Im Süden hatte der Eisgang entschieden aufgehört, denn der Fluss war seit dem 8. März um 28 Zentimeter gefallen und fällt noch mehr, bis die Sommerflut kommt.

In Merket angelangt stellte uns der Bek sein Haus zur Verfügung, wo wir es uns in einem großen, hübschen, mit Teppichen belegten Zimmer, mit Nischen in den Wänden, bequem machten.

Merket zählt mit den umliegenden Kischlaks 1000 Gehöfte, von denen 260 Häuser in der Nähe des Basars liegen.

In Merket wohnen zwei Steuereinnehmer, zehn chinesische Kaufleute und vier Hindu-Wucherer aus Schikarpur. Die Gegend ist fruchtbar; man baut Weizen, Mais, Gerste, Bohnen, Rüben, Gurken, Melonen, Beten, Trauben, Aprikosen, Pfirsiche, Maulbeeren, Äpfel, Birnen und Baumwolle an. In guten Jahren ist der Ertrag so reich, dass große Mengen Getreide nach Kaschgar und Jarkent versandt werden; in schlechten Jahren aber muss man aus Jarkent importieren. Obgleich Merket dem Ufer des Jarkent-darja so nahe liegt, bekommt es von ihm keinen Tropfen Wasser zur Bewässerung seiner Felder, sondern muss seinen ganzen Bedarf vom Tisnah-darja herleiten, dem Flusse von Kargalik, der mit dem Jarkent-darja parallel fließt. Ist der Vorrat gering, so dringt das Wasser nicht weiter als bis zum Dorfe Jantak, nördlich von Merket. Sonst geht es weit nach Norden und bildet zwei kleine Seen, die aber nur während der Hochwasserperiode Wasser enthalten. Das rechte Ufer begleitet ein Waldgürtel, dessen Breite höchstens 20 Kilometer beträgt.

Seltsamerweise ist Merket bisher noch nie von einem Europäer besucht worden. Die Chinesen kennen indessen den Ort schon lange, der man bereits in der 1832 herausgegebenen Abhandlung »Si-jü-schui-dao-tsi« angeführt findet, in der er Mai-ge-te genannt wird. In der chinesischen Umschreibung wird aus Jantak (oder Jantaklik) Jan-va-like und der Tisnab zu Tin-tsa-bu. Der chinesische Verfasser berichtet, dass sich dieser Fluss mit dem Jarkent-darja vereinige, was sicherlich auch der Fall sein würde, wenn er nicht für die Bewässerung in Anspruch genommen werden müsste und sich in den Seen verlöre. Die Schilderung kann jedoch vor 75 Jahren richtig gewesen sein.

Auch hier gab es Goldsucher. Ein Mann erzählte, er habe in Gesellschaft einiger anderer eine 20-tägige Fußwanderung im Sande gemacht. Sie hätten Lebensmittel und Wasser auf Eseln mitgenommen. Nachdem sie sieben Tage nach Ostnordosten über gewaltige Sanddünen gegangen, hätten sie einen lang gestreckten Berg erreicht. Hier und da hätten sie Tamarisken gesehen und an einigen Stellen Wasser graben können. Jedes Jahr pflegte dieser Mann mit verschiedenen anderen in der Wüste nach Gold zu suchen, aber bisher hatten sie noch keins gefunden. Sie nannten die Wüste Takla-makan. Man glaubte allgemein, dass wir mit starken Kamelen quer durch sie bis an den Chotan-darja ziehen könnten.

Abends hatten wir großen Empfang. Rias Bek und Togda Chodscha, der On-baschi von Angetlik, schenkten uns jeder ein Schaf, und die Hindus gaben uns ein ansehnliches Geschenk an Kartoffeln und Butter, besonders willkommenen Esswaren.

Togda Chodscha, ein braver Mann, besuchte mich oft und konnte stundenlang in meinem Zimmer sitzen und plaudern. Wenn ich ungeduldig darüber wurde, dass die Kamele noch immer nichts von sich hören ließen, ermahnte er mich stets zur Geduld und sagte mit unerschütterlicher Ruhe und einer Überzeugung, die keine Einwendungen zuließ: *»Kelladi, kelladi«* (Sie kommen, sie kommen). Aber sie kamen nicht, und kostbare Zeit ging verloren. Ich hatte ein gelindes Vorgefühl davon, dass wir auf diese Weise glühende Kohlen auf unser eigenes Haupt sammelten, denn der Frühling begann schon seinen Einzug zu halten, und während der warmen Jahreszeit ist die Sandwüste ein Glutofen.

Togda Chodscha gab mir inzwischen oft wichtige Aufklärungen. So teilte er mir mit, dass die Bewohner von Merket Doloner seien und dass ihre Sprache ihrer eigenen Ansicht nach sich nicht von der der Kaschgarer unterscheide; nur ein paar Worte seien verschieden. Selbst aber hatte Togda Chodscha stets gefunden, dass die Merketer ihren Nachbarn sehr ungleich sind. Sie seien hart und kalt von Charakter und so nachtragend, dass unbedeutende Zwiste Jahre hindurch dauern könnten.

Die Gebote des Islam würden sehr streng gehalten. So habe ein Mann am letzten Basartage mitten in der Fastenzeit gegessen, ehe die Sonne untergegangen war. Er sei sofort festgenommen worden, habe Prügel bekommen und sei dann mit auf den Rücken zusammengebundenen Händen an einem Stricke durch den ganzen Basar geführt worden, um von allen verhöhnt und verspottet zu werden.

Am 21. März machte ich einen Besuch im Basar. Er ist groß; jedes Gewerbe und jede Ware haben ihre bestimmten Gassen. Doch nur einmal in der Woche darf Handel getrieben werden. Dann werden Tische und Waren aus den Häusern herausgebracht und auf den davor befindlichen Plattformen aufgestellt. Auf diesen saßen heute eine Menge Frauen und nähten. Sie sind stets verschleiert, gewöhnlich barhäuptig und tragen ihr reiches, schwarzes Haar in zwei langen Zöpfen; manchmal haben sie indessen auch eine kleine runde Mütze auf.

Am 22. März kam endlich Mohammed Jakub aus Kaschgar zurück und brachte eine gewaltige Post, aber keine Kamele mit. Wir befanden uns also auf demselben Punkte wie am Anfange des Monats. Jetzt nahm sich der tüchtige Islam Bai der Sache an. Den folgenden Tag ritt er nach Jarkent und sagte sich, dass er nicht ohne Kamele zurückkommen dürfe.

An Johannes, dem Missionar, hatte ich nicht viel Freude. Er gehörte zu den ultramodernen, krankhaft Religiösen, die nicht glauben, dass wahres Christentum sich mit Lebensfreude und heiterem Sinne vereinen lasse. Teilweise kam es wohl daher, dass er ein zum Christentum übergetretener Mohammedaner war, und ein solcher Proselyt oft zehnmal schlimmer wird als sein Lehrer. Sonst war er nett und gefällig, schien sich aber immer zu langweilen.

Als ich einige Tage später eine heftige, schmerzhafte Halsentzündung, die in der Gegend gewöhnlich ist, bekommen und auf die Ordination Rias Beks vergeblich mit heißer Milch gegurgelt hatte, schlug mir der Bek vor, es mit Peri-bakschis (Geisterbeschwörern) zu versuchen. Ich erklärte ihm, dass ich an solchen Hokuspokus nicht glaube, die Peri-bakschis mir aber auf jeden Fall willkommen sein würden.

Als es dunkel geworden war und nur die Kohlen auf dem Herde glühten, traten drei große, bärtige Männer in langen, weißen Tschapanen ein. Jeder hatte eine Trommel mit sehr straff gespanntem Kalbfell. Darauf schnippten sie mit den Fingern, schlugen mit der flachen Hand, trommelten mit den Fäusten und machten einen solchen Lärm, dass man es in dem zehn Kilometer entfernt liegenden Lailik hören konnte.

Sie bearbeiteten die Trommeln mit unglaublicher Gewandtheit, und alle drei genau zu gleicher Zeit. Bald sitzen sie, bald erregt die eigentümliche Musik sie so, dass sie aufspringen und tanzen, bald werfen sie die Trommeln in die Luft und fangen sie mit einem Knalle wieder auf. Bei jeder Abteilung, die fünf Minuten dauert, kommen die Schläge in einer gewissen Reihenfolge wieder. Damit aber ein böser Geist die Flucht ergreife, bedarf es neun solcher Abteilungen, und haben die Geisterbeschwörer einmal angefangen, so ist es unmöglich, sie zum Aufhören zu bringen, ehe die ganze Serie durchgemacht ist.

Die Peri-bakschis werden meistens von kranken Frauen und Gebärenden gerufen, denn die Frauen sind viel abergläubischer als die Männer. Der Geisterbeschwörer tritt ins Zimmer der Kranken und starrt aufmerksam in die Flamme der Öllampe, an der er sehen zu können behauptet, dass die Frau von einem bösen Geiste besessen sei. Dann fängt er sofort mit der Trommel an, während die Freunde der Kranken sich in und vor dem Zimmer versammeln.

Damit ist die Zeremonie aber noch nicht beendet. Nachdem die letzten Trommelwirbel verhallt, werden der Peri-bakschi und die Kranke allein in der Stube gelassen, in deren Lehmfußboden er jetzt in der Mitte einen Stock fest einschlägt. Am oberen Ende des Stockes ist ein an der Decke befestigter Strick angebracht. Die Frau reißt und zieht an dem Seile, während der Beschwörer wieder auf die Trommel drischt. Schließlich gelingt es ihr, das Seil loszureißen, und in demselben Augenblick ist der böse Geist vertrieben.

Auch der Jagdfalke soll die Gabe der Geisterbeschwörung haben und wird deshalb auch Chusch-bakschi (Falke-Beschwörer) genannt. Die Peris oder bösen Geister fürchten ihn. Wenn eine Frau gebärt, sieht sie unter den Schmerzen böse Geister, allen anderen unsichtbar, im Zimmer herumtoben. Der Falke aber sieht sie auch. Er wird deshalb in die Stube gesetzt und muss sie verjagen. Es lässt sich denken, dass sowohl der Falke wie die Trommeln und das Seil an dem Stocke die Aufmerksamkeit der Frau so in Anspruch nehmen, dass sie darüber ihre Schmerzen einigermaßen vergisst.

Auf meinem Hofe spricht Rias Bek täglich Recht, wobei es oft recht laut zugeht. An einer Säule, die das Verandadach trägt, sitzt er selbst, leitet das Verhör und sieht entsetzlich streng aus. Auf der Plattform daneben sitzt sein Mirza (Schreiber) und führt das Protokoll; um ihn herum stehen seine Leute. Die Gerichtsdiener mit langen Ruten führen ihm die Schuldigen vor.

Heute kamen einige recht eigentümliche Fälle vor. Ein Mann hatte fünf Frauen. Die zuletzt Genommene, eine junge, hübsche, kräftig gebaute Frau, war ihrem Gatten fortgelaufen und mit einem anderen nach Kaschgar durchgebrannt. Der Bek hatte die Behörden in Kaschgar davon unterrichtet und diese hatten die Frau aufsuchen lassen und sie nach Merket zurückgeschickt. Nachdem sie des Ehebruchs überwiesen worden war, gab ihr der Bek auf beide Backen eine Ohrfeige, worauf sie laut zu weinen begann. Das Einzige, was sie zu ihrer Verteidigung anzuführen hatte, war, dass das Leben mit den vier anderen Frauen zusammen unerträglich gewesen sei. Sie trug ein Messer bei sich, und als der Bek fragte, was sie damit zu tun beabsichtige, antwortete sie, dass sie sich zu töten gedächte, wenn sie gezwungen würde, wieder zu ihrem Manne zurückzukehren. Zur Strafe sollte sie einige Zeit bei dem Mollah wohnen, um sich zu bessern, und dann wieder hübsch nach Hause zurückkehren.

Darauf wurde eine junge Frau mit blutendem, zerkratztem Gesicht vorgeführt, die von ihrem Manne begleitet war. Auch sie hatte ihren Mann verlassen, er hatte sie aber wiedergefunden und sie mit Füßen gestoßen und auf alle Weise misshandelt. Mehrere Zeugen behaupteten, er habe dabei ein Rasiermesser in der Hand gehabt, was er bestritt. Um ihm sein Gedächtnis zu stärken, ließ ihm der Bek die Hände auf den Rücken binden; in dieser Stellung wurde er an einem Baumaste aufgeheißt. Er hatte dort noch nicht lange gehangen, als er auch schon gestand. Nun wurde er herabgeholt und bekam 40 Rutenstreiche auf die Hinterseite. Als er aber behauptete, seine Frau habe ihn ebenfalls auf den Rücken geschlagen, wurde er ausgezogen, und da keine Striemen zu sehen waren, erhielt er noch eine Tracht Prügel.

Das Recht ist in diesen fernen Gegenden ziemlich dehnbar. Kann der Angeklagte ordentlich bezahlen, so wird er nicht bestraft; der Bek muss auf alle Fälle ein paar Tengeh für seine Mühe haben. Ist der Kläger mit dem Urteil nicht zufrieden, so kann er an eine höhere Instanz gehen, den nächsten chinesischen Mandarin, dem der Bek Rechenschaft ablegen muss. Die chinesische Verwaltung ist vortrefflich und es ist ein Beweis von Klugheit, die Eingeborenen die eigene Lokalverwaltung beibehalten zu lassen, die sie unter Jakub Bek hatten.

Ich fand, dass Ehebrüche nicht selten sind und nicht gerade besonders schwer bestraft werden. Gewöhnlich wird der Frau das Gesicht geschwärzt, dann wird sie verkehrt auf einen Eselhengst gesetzt und mit auf den Rücken gebundenen Händen durch alle Gassen und Basare des Dorfes geführt. Monogamie ist Regel. Dass ein Mann vier oder fünf Frauen hat, kommt sehr selten vor. Wenn ein Weib die Frau eines Chinesen oder Europäers wird, gilt es für unrein, und wenn eine solche Frau stirbt, wird sie abseits von dem allgemeinen Friedhofe des Ortes begraben, weil sie mit »einem, der Schweinefleisch isst« zusammengelebt hat und die Leiche daher die Gräber der Übrigen verpesten würde.

In Hinsicht auf die Mitgift gilt ungefähr derselbe Brauch wie bei den Kirgisen. Sie wird je nach Vermögen an die Eltern der Braut bezahlt. Ein reicher Mann gibt zwei Jambaus (zirka 400 Mark). Gewöhnlich wird alles in Naturalien erlegt, aber Kleider und Aussteuer der Braut sind obligatorisch. Ein armer Mann gibt nur eine Mahlzeit und die Kleider. Die Größe des Betrages hängt einzig und allein von den Eltern ab; Schönheit und andere körperliche Vorzüge haben weniger Bedeutung als bei den Kirgisen. Wenn ein junges Paar sich heiraten will, die Eltern aber ihre Einwilligung nicht dazu geben, ist es nicht ungewöhnlich, dass die beiden nach einem anderen Orte durchbrennen. Doch kommen sie in den meisten Fällen nach einigen Monaten wieder und laden die Alten zu einem Schmause ein, bei dem sich alles wieder versöhnt.

Ein andermal entschied der Bek zwischen zwei Männern, die um Geld gespielt hatten. Der eine hatte einen tiefen Messerstich im Ohre und war im Gesicht und auf der Brust ganz blutig. Dieser hatte sieben Tengeh verloren und versprochen, das Geld vom Basar zu bringen. Aber der andere hatte seinen Gewinn augenblicklich ausbezahlt haben wollen. Da hatte der Mann sein Messer gezogen, sich selbst ins Ohr gestochen und ausgerufen: »Das bekommst du statt des Geldes!« Der Bek verurteilte den Gewinner zu einer ordentlichen Tracht Prügel auf offener Straße. Der andere sollte erst geheilt und dann ausgehauen werden. Der Gewinn blieb natürlich in der Tasche des Beks.

AUF DER SCHWELLE DER WÜSTE

Am 8. April kamen Islam und Jakub endlich wieder. Nach langem Feilschen und vieler Mühe war es ihnen gelungen, in Kargalik acht prächtige, mit großer Sorgfalt ausgewählte männliche Kamele für 135 Mark das Stück zu kaufen.

Es galt auch, nur solche Kamele anzuschaffen, die im Flachland benutzt werden und in den Wüstengegenden daran gewöhnt sind, im Sande zu gehen und Hitze, Durst und Hunger zu ertragen. Meine Leute hatten deshalb we-

Kamele.

niger auf das Aussehen und die Wohlgenährtheit der Tiere als auf ihre Eigenschaften sehen müssen. Die Kamele bekamen am Vormittag ihre Namen und ich maß ihren Leibesumfang zwischen den Höckern, in der Absicht, zu beobachten, wie ihnen die Wüstenreise bekommen würde. Hier folgt ein Verzeichnis der Tiere:

Name	Alter	Umfang
Ak-tuja (das weiße Kamel)	8 Jahre	2,37 Meter
Boghra (das Männchen)	4 Jahre	2,35 Meter
Nähr (das Hohe)	2 Jahre	2,35 Meter
Babai (der Alte)	15 Jahre	2,38 Meter
Tschong-kara (das große Schwarze)	3 Jahre	2,23 Meter
Kitschik-kara (das kleine Schwarze)	2 Jahre	2,22 Meter
Tschong-sarik (das große Falbe)	2 Jahre	2,30 Meter
Kitschik-sarik (das kleine Falbe)	1½ Jahre	2,14 Meter

Wie wenig ahnten wir, dass nur eins der Kamele, Tschong-kara, die Reise überleben würde. Ak-tuja durchquerte zwar die Wüste, starb aber an Überanstrengung. Es war ein schönes, weißes Kamel, das den Zug anführte und eine gewaltige kupferne Glocke mit schwerem, eisernem Klöppel an einem Tauende um den Hals trug. Boghra war außergewöhnlich schön gebaut, ausdauernd und fromm; auf ihm ritt ich. Nähr war ein zanksüchtiger Geselle, der zu beißen und auszuschlagen versuchte, sobald man in seine Nähe kam. Babai, das älteste von allen und von grauer Farbe, war das erste, das zusammenbrach. Die drei übrigen waren junge, lebensfrohe Tiere, die lange Ruhe gehabt und sich nun zu freuen schienen, wieder die Beine rühren zu können.

Die Kamele befanden sich gerade in der Wollwechselperiode und ihre dicke, warme Winterwolle fiel ihnen täglich in großen Strähnen ab, wodurch sie so lange ein schäbiges Aussehen hatten, bis sie den ganzen Pelz losgeworden waren. Sie waren alle mit großen, weichen, mit Heu und Stroh gepolsterten Packsätteln versehen und Islam Bai hatte auch einen ordentlichen Vorrat Stricke aus Kamelhaaren zum Festbinden des Gepäcks sowie drei große Karawanenglocken gekauft.

Auf einem großen Hofe wurden die Kamele angebunden und durften sich an schönem Heu satt fressen, ein Leckerbissen, den sie hier zum letzten Mal erhielten. Es war ein herrlicher Anblick, seine eigenen Kamele daliegen, sie das duftende Heu kauen und ihre großen, braunen Augen vor Wohlsein glänzen zu sehen. Unsere beiden Hunde Jolldasch und Hamra waren jedoch anderer Meinung. Besonders der Erstere konnte die Kamele nicht leiden; er bellte sie an, bis er heiser wurde, stürmte auf sie los und war augenscheinlich sehr mit sich zufrieden, wenn er diesem oder jenem ein Flöckchen Wolle ausreißen konnte.

In Jarkent hatte Islam Bai zwei zuverlässige Leute angeworben: Mohammed Schah, einen 55-jährigen Graubart, der mit der Führung und Pflege der Kamele Bescheid wusste und der Einzige war, der sich dem unbändigen Nähr nahen konnte, ohne gebissen zu werden. Er hatte Frau und Kinder in Jarkent, hatte aber nicht die geringste Sorge vor der Wüste; er war ein prächtiger, braver Mann. Ich sehe ihn noch vor mir, als hätten wir uns erst gestern getrennt. Seine philosophische Ruhe verließ ihn nie, und sogar als die Unglückswolken sich um die dem Tode verfallene Karawane zusammenballten, behielt er stets seine gute Laune und den humoristischen Zug um den Mund. Ja, auch als er dort im Todeskampfe phantasierte, leuchtete aus seinen Augen ein Ausdruck überlegener Ruhe und ein Friedensschimmer breitete sich über sein zusammengetrocknetes, kupferbraunes Antlitz aus.

Rasim Achun, 48 Jahre alt, unverheiratet, geboren in Ak-su, wohnhaft in Jarkent, Karawanenführer von Beruf, sollte die Wartung der Kamele mit übernehmen. Er war mittelgroß, schwarzbärtig, stark gebaut, ernst, lachte nie, war stets freundlich und gemütlich, musste aber nicht selten an seine Pflichten erinnert werden.

Aber wir brauchten noch einen Mann und einen solchen besorgte uns Rias Bek in Kasim Achun aus Jangi-hissar. Er war mit Mohammed Schah gleichaltrig. Sechs Jahre hindurch hatte er alljährlich eine 10- bis 14-tägige Wanderung in die Wüste unternommen, um Gold zu suchen. Er hatte dabei stets Brot auf einem Esel mitgenommen und war nie weiter hineingegangen, als bis er sich noch Wasser graben konnte. Während der Wanderung nannten wir in bald Jolltschi (Wegweiser), bald Kumtschi (Wüstenmann), um ihn von den anderen Kasim zu unterscheiden. Er hatte Frau und erwachsene Kinder in Merket, wohin er vor einigen Jahren übergesiedelt war.

Es war zum Teil seine Schuld, dass es so kam. Er war roh und heftig und machte sich bei den anderen Leuten, die er zu tyrannisieren versuchte, bald unbeliebt. Infolge seiner Kenntnis der Wüste trat er befehlend auf und konnte besonders Islam Bai nicht ausstehen, weil dieser zum Karawan-baschi oder Karawanenführer ernannt worden war und die drei anderen ihm gehorchen mussten. Verschiedene Merketer warnten uns vor ihm und erzählten, er sei schon bei verschiedenen Gelegenheiten wegen Diebstahls bestraft worden. Aber es war zu spät. Wir glaubten überdies in ihm, dem Einzigen im Dorfe, der die Wüste aus einiger Erfahrung kannte, einen guten Fund gemacht zu haben.

Außer den Kamelen und den Hunden hatten wir an Tieren noch drei Schafe, die nach und nach geschlachtet werden sollten, zehn Hühner und einen Hahn, der uns am Morgen weckte. In den ersten Tagen fanden wir ein oder ein paar Eier in dem Hühnerkorbe, der oben auf einer Kamelladung thronte; doch als das Wasser knapp zu werden begann, hörten die Hühner zu legen auf. Der Hahn war ein fideler Kerl, aber es behagte ihm gar nicht, auf einem Kamel zu reiten. Auf den Märschen zwängte er sich unaufhörlich durch das Gitterdach des Korbes hindurch und wiegte sich dort oben eine Weile hin und her, bis er mit gellendem Kikeriki auf die Erde flatterte.

Am 9. April wurden die letzten Vorbereitungen getroffen. Einige Säcke wurden mit Brot, das vorher bestellt worden war, voll gepackt und die vier eisernen Kisten mit frischem Flusswasser gefüllt. Sie enthielten 80, 86, 87 und 122 Liter, wozu 80 Liter in den Ziegenlederschläuchen kamen, zusammen also 455 Liter, was für eine 25-tägige Reise hätte reichen müssen. Diese länglichen, viereckigen Kisten benutzt man, um Honig von Indien nach Jarkent zu bringen; sie sind von einem festen Holzgitter umgeben, welches das dünne Eisenblech gegen Stöße schützt. In das Gitter stopften die Leute Gras und Schilf, um die Kisten an den heißen Tagen kühl zu erhalten.

Zum Schlusse einige Worte über den Reiseplan selbst. Prschewalskij, Carey und Dalgleish waren die ersten Europäer, die den Berg Masar-tag am linken Ufer des Chotan-darja gesehen hatten (1885).

Die Angaben, die die Eingeborenen Prschewalskij gemacht, verleiteten ihn dazu, auf seiner Karte eine Kette quer durch die Wüste zu legen. Doch ist dieser Irrtum verzeihlich, denn Prschewalskij hatte gehört, dass es bei Maral-baschi ebenfalls einen Berg Masar-tag gebe, und es lag die Vermutung nahe, dass dieser Berg die Fortsetzung des Masar-tag des Chotan-darja sei. Carey ist vorsichtiger, denn er hat auf seinen Karten nur so viel vom Masar-tag angegeben, als vom Flusse aus sichtbar war.

Ich nahm an, dass wir, wenn wir von Merket nach Osten oder Ostnordosten zögen, früher oder später auf den Masar-tag stoßen müssten, und gleich den Eingeborenen war ich überzeugt, dass wir am Fuße des Berges eine vor dem Winde geschützte Seite finden würden, wo der Flugsand sich nicht angehäuft hätte, wir auf festem Boden lange, bequeme Tagemärsche machen könnten und vielleicht Quellen und Vegetation, am Ende sogar Spuren einer alten Kultur fänden.

In gerader Linie durch die Wüste betrug die Entfernung den mir vorliegenden Karten zufolge 287 Kilometer, und wenn wir auch nur 20 Kilometer täglich zurücklegten, mochte die ganze Reise nicht mehr als 15 Tage in Anspruch nehmen. Unser Wasservorrat war also mehr als ausreichend.

Unsere Berechnungen erschienen uns sehr ermutigend und wir betrachteten das Ganze als eine leichte Sache. In Wirklichkeit dauerte die Reise 26 Tage, wurde also fast noch einmal so lang, als wir erwartet hatten.

Schon lange vor Sonnenaufgang herrschte am 10. April Leben und Bewegung auf dem Hofe. Die Leute brachten alle unsere Gepäck- und Proviantkisten heraus, um sie zu ordnen, zu gleichmäßigen Lasten abzuwägen und diese mit Stricken zu umschnüren. Dann wurden sie paarweise auf die Erde gestellt, aber so weit voneinander, dass ein Kamel dazwischen hindurchkommen konnte. Es wurde gezwungen, sich zu legen, und die Lasten wurden am Packsattel befestigt. Nachdem es sich wieder erhoben hatte, wurden zur größeren Sicherheit um das Ganze kreuz und quer Stricke gebunden, die durch die horizontalen Stäbe, die das Gerippe des Packsattels bilden, gezogen wurden.

Wir hatten eine umfassende Ausrüstung: Proviant auf mehrere Monate, besonders Reis und Brot, Konserven, Zucker, Tee, Gemüse, Mehl usw. Ferner hatten wir eine Menge Winterkleider, Pelze und Teppiche mitgenommen, denn es war unsere Absicht, vom Chotan-darja nach Tibet weiterzuziehen. Ich hatte Instrumente mit, drei Flinten und sechs Revolver mit Munition in zwei schweren Kisten und eine Menge anderer Sachen. Da wir außerdem noch Wasser für 25 Tage mitnahmen, waren die Kamellasten gehörig schwer.

Während des Beladens wurde eine erste Basis von 400 Meter abgemessen, die Boghra in 5 ½ Minuten zurücklegte. Diese Arbeit kehrte täglich wieder, denn das Terrain wechselte sehr, und bei verschieden tiefem Sande wurden dieselben Strecken in verschiedener Zeit zurückgelegt.

Der 10. April war ein großer Tag in den Annalen von Merket. Der Hof, die angrenzenden Gassen und die Hausdächer waren voll von Leuten, die unsere Abreise mit ansehen wollten. »Die kommen nie wieder!«, hörte man sie rufen. »Ihre Kamele sind zu schwer beladen und können in dem tiefen Sande nicht fortkommen.«

Diese Unglücksprophezeiungen schreckten mich jedoch nicht im Geringsten ab. Ich brannte ordentlich vor Sehnsucht, aufbrechen zu können, und der Eindruck der Weissagungen wurde gänzlich verwischt, als die Hindus im Augenblicke des Aufbruches einige Hände voll Datiens (chinesische Bronzemünzen mit viereckigen Löchern in der Mitte) über meinen Kopf warfen und »Glückliche Reise!« riefen.

Die Kamele wurden zu vier und vier, jedes mit einem Stricke, der an dem einen Ende des durch den Nasenknorpel gesteckten Querholzes befestigt ist, an den Schwanz des vor ihm gehenden Kamels mittels eines so lose geknüpften Knotens gebunden, dass der Knoten von selbst aufgeht, wenn das Tier fällt. Am anderen Ende des Querholzes ist eine Holzkugel, die das Holz verhindert, aus seinem Loche herauszufallen. Die vier jungen Kamele wurden vorn geführt, dann kam ich auf Boghra und in seinem »Kielwasser« Babai, Ak-tuja und Nähr. Mohammed Schah leitete Boghra stets, sodass ich mich gar nicht um den Gang des Kamels zu kümmern brauchte, sondern meine Aufmerksamkeit dem Kompass und der Uhr sowie der Beobachtung des Terrains ungeteilt widmen konnte.

Islam Bai hatte die Bepackung meines Reitkamels vorzüglich besorgt. Boghra trug die beiden Kisten, welche die empfindlichen Instrumente und die Sachen enthielten, die ich an jedem Lagerplatz im Zelt brauchte. Zwischen den Höckern und über beide Kisten waren Teppiche, Kissen und Filzdecken ausgebreitet und ich saß, ein Bein an jeder Seite des vorderen Höckers, wie in einem Lehnstuhl.

Als alles fertig war, nahm ich Abschied von Rias Bek, der eine anständige Entschädigung erhielt, sowie von Johannes und Haschim. Der Missionar hatte schon in Lailik gesagt, dass er nicht gesonnen sei, mich durch die Wüste Takla-makan zu begleiten. Als er jetzt die Karawane zum Aufbruch fertig sah, sank ihm der Mut vollständig und er verließ mich zum zweiten Mal in dem Augenblick, da die Gefahren begannen. Bei all seiner eingebildeten Frömmigkeit fehlte es ihm gänzlich an der Zuversicht, die sich Gottes Führung ohne Zaudern anheimgibt. Welch himmelweiter Unterschied zwischen ihm und dem Mohammedaner Islam Bai, dem wahren Ideal eines guten, treuen Dieners! Während der Tage und Jahre, die vor uns lagen, hat er nie gezaudert, mir zu folgen, wohin es auch ging, ja selbst dann nicht, wenn ich mich in Gefahren stürzte, die zu vermeiden mir die Klugheit gebot.

Der Frühling hatte seinen Einzug gehalten und seine Anzeichen waren in den letzten Tagen immer mehr geworden. Die Sonne schien heiß; Frühlingswinde wehten, die Felder wurden besät und unter Wasser gesetzt, Fliegen und andere Insekten summten in der Luft. Mitten in diesem herrlichen asiatischen Frühling, der Zeit der Hoffnungen, begannen wir unsere Reise nach dem Lande, wo alles Leben in tausendjähriger Ruhe schlummert, wo jede Sanddüne ein Grabhügel ist und mit dem verglichen der grimmigste Winter uns wie ein lachender Frühling vorgekommen wäre.

Ruhig und majestätisch schritten die Kamele erhobenen Hauptes in einer langen Reihe durch die engen Dorfgassen, in denen die Leute dicht gedrängt standen. Es war ein feierlicher Augenblick, der alle ergriff, und stumm standen die Dorfbewohner da wie ein Leichengefolge. Wenn ich jetzt an diesen Aufbruch denke, kann ich unseren Zug in der Tat mit nichts anderem als mit einem Leichenzuge vergleichen. Heute noch höre ich die Karawanenglocken mit dumpfem, unheimlichem Klange in langsamem, feierlichem Takte wie zum eigenen Begräbnisse der Karawane läuten. Was war auch in Wirklichkeit das Ziel, das die meisten von uns dort in den Wüsten des fernen Ostens erwartete, anders als ein stilles Grab, im ewigen Sande bereitet!

Der Boden ist eben. Die Häuser des Dorfes liegen sehr zerstreut zwischen altersgrauen Tograf (Pappeln), Getreidefeldern, Gärten, Hainen und Bewässerungskanälen. So ging es still und ruhig eine halbe Stunde lang, als sich auf einmal ein schrecklicher Spektakel erhob. Die beiden jüngsten Kamele wurden wild, gingen durch, zerrissen ihre Nasenstricke, schüttelten ihre Lasten ab und begannen eine so wilde Jagd über die Ackerfelder, dass der Staub sie umwirbelte. Eins von ihnen trug zwei Wasserkisten; von diesen wurde eine leck, aber nur oben am Rande, sodass die Gefahr des Auslaufens leicht abgewehrt werden konnte. Die Durchgänger wurden bald eingefangen und wieder beladen. Sie wurden nun jedes einzeln geführt.

Eine Weile darauf rissen sich zwei der anderen Kamele los; einige Sachen wurden beschädigt und die Pulverkiste baumelte an der Lende ihres Trägers. Mohammed Schah sagte mir, dass die Kamele stets das Bedürfnis haben, sich tüchtig auszulaufen, wenn sie einige Zeit still gestanden haben, und deshalb unbändig werden; nach einigen Tagen anstrengenden Marsches würden sie fromm wie Lämmer werden.

Schon der zweite Tagemarsch verlief viel ruhiger, da die Erfahrungen des vorhergehenden benutzt, die Lasten besser verteilt und abgewogen und die wertvollsten, besonders das Wasser, auf die ruhigsten Kamele gebunden worden waren.

Ich selbst thronte in ansehnlicher Höhe über dem Boden und hatte nach allen Seiten hin eine vorzügliche Aussicht. Anfangs wird einem schwindelig; man gewöhnt sich aber bald an die ewig gleichmäßig hin- und herwiegenden Bewegungen. Mir bekamen sie nicht schlecht, eine zur Seekrankheit geneigte Person muss sie jedoch unbehaglich finden.

Nachdem wir die letzten Gehöfte und Anpflanzungen des Dorfes hinter uns hatten, kamen wir auf eine ebene Steppe (Däscht), wo Gesträuch und struppiges Buschholz ziemlich häufig waren und man auch hier und da eine Pappelgruppe sah. Es wehte stoßweise aus Westnordwesten und hohe, graugelbe Sandhosen trieben ostwärts. Der Boden war teils mit feinem, weichem Staube, teils mit Salzablagerungen bedeckt; nachher aber begann eitel Sand in kleinen, niedrigen Dünen. Hier machten wir am Rande einer Rinne Halt.

Schon nach einer halben Stunde waren die Kamele von ihren Lasten befreit und im Kreise zusammengebunden, damit sie sich nicht legen konnten, weil sie danach steifbeinig werden sollen. Der Lagerplatz sah mit all den Gegenständen und Tieren recht pittoresk aus.

Zum ersten Mal trat ich in mein unter einer Pappel aufgeschlagenes Zelt, ein hübsches indisches Offizierszelt, das mir Mr. Macartney geschenkt hatte. In diesem Zelt war der junge englische Leutnant Davison auf seiner Reise von Pamir nach Kaschmir gestorben; aber es war seitdem ausgelüftet worden und ich war nicht abergläubisch.

Die Leute machten ein Feuer, an dem sie sich niederließen, um das Mittagessen zu bereiten: Reispudding und Eier, von denen wir einen großen Vorrat mitgenommen hatten. Die Schafe durften grasen und die Hühner machten es sich beim Feuer im Abfall gemütlich. Die Hunde erhielten ihre Fleischstücke und spielten dann miteinander Haschen, kurz, das Ganze war ein urgemütliches, ländliches Bild.

Gleich nach der Ankunft wurde die Rinne untersucht. Sie war sechs Meter breit und 1 ½ Meter tief. Der Boden war trocken, aber als ich einen Brunnen graben ließ, wurde die Erde bald feucht, und in einer Tiefe von 108 Zentimetern sprudelte Wasser hervor, dessen Temperatur 9,9 Grad war (die Lufttemperatur betrug gleichzeitig, nachmittags 2 Uhr, 24,8 Grad). Es hatte einen unangenehmen, bitteren Geschmack, wurde aber von den Hunden und Schafen dennoch mit Begierde getrunken.

Das Wasser wurde auch zum Eierkochen, Geschirrspülen und Waschen verwendet. Mit dem frischen Flusswasser mussten wir gleich von Anfang an die größte Sparsamkeit beobachten. Mohammed Jakub, der uns bis nach dem Lager begleitet hatte, überraschte uns mit ein paar kupfernen Kannen voll Flusswasser, sodass sich alle satt trinken konnten, ohne die eisernen Behälter öffnen zu müssen.

Der Tag war warm gewesen, aber gleich nach Sonnenuntergang wurde es kühl; es wurden daher die Röcke angezogen. Kasim, der »Wüstenmann«, redete lang und breit von seinen Erfahrungen. Er riet uns, erst einige Tage in der Nähe des rechten Ufers des Jarkent-darja weiterzuziehen, da wir dann an einen Berg, Tschackmak, und an einen großen See kommen würden, der mit einem nach Norden strömenden Flusse in Verbindung stehe. Wir brauchten 18 Tage bis an diesen Fluss, und dann nur noch einen Tag nach dem Masar-tag, dem höchsten Berge der Gegend.

Nach ruhigem, kräftigendem Schlafe erwachte ich am 11. April vor Sonnenaufgang bei sehr unangenehmem Wetter. Ein heftiger Nordost wehte und die Atmosphäre war mit Staub gesättigt.

Ging das Abladen und Aufschlagen des Zeltes schnell, so nahmen der Aufbruch und das Wegstauen der Sachen dagegen gut zwei Stunden in Anspruch, die Bereitung des Frühstücks inbegriffen. Die Kamele bockten beim Beladen, betrugen sich aber während des Marsches gut. Wir gerieten in ein Labyrinth von fünf bis sechs Meter hohen Dünen von unregelmäßiger Form, die meistens von Norden nach Süden strichen.

Wir suchten sie möglichst zu umgehen, mussten aber doch über einige schwierige Kämme, auf denen die beiden Wasserkamele stürzten. Die Tiere fallen zwar jedes Mal auf die Vorderbeine, müssen aber von ihren Lasten befreit und dann wieder bepackt werden. Jenseits eines solchen Kammes rutschen sie geschickt den Sand hinunter und bremsen mit den steif ausgestreckten Hinterbeinen.

Um die Mittagszeit verirrten wir uns in so hohen Dünen, dass wir einen weiten Bogen nach Norden machen mussten. Jolltschi erklärte, dass wir, wenn wir ostwärts gingen, jedenfalls gezwungen sein würden, umzukehren, da dort lauter Tschong-kum (großer Sand) liege.

Der Nordostwind hielt den ganzen Tag an; der Himmel war grau und bewölkt und es fröstelte uns. Das Lager wurde auf einer harten Düne aufgeschlagen, deren Boden sich schön trocken und rein anfühlte. Der Brunnen wurde auf einem ebenen, runden Flecke zwischen zwei Dünen gegraben, wo die Oberfläche des Bodens schon ein wenig feucht war. In einer Tiefe von 62 Zentimetern stand 9,5 Grad warmes Wasser von demselben salzigen Geschmack wie gestern.

Am 12. April legten wir 23,7 Kilometer zurück, immer am Rande des »großen Sandes«, wo unzählige Dünenkämme nach Norden wiesen. Übrigens wechselte vollständige Wüste mit kleinen Steppengürteln ab, die dünn mit glasharten, vertrockneten Pflanzen bestanden waren, welche bei der Berührung mit hellem Klange zersprangen.

Auf hartem, ebenem Sandboden marschiert es sich am bequemsten. Manchmal ist dieser Sand aber mit einer Staubschicht bedeckt, in der die Fußschwielen der Kamele scharf begrenzte Spuren hinterlassen. Die Staubschicht war so weich wie Baumwolle und an einigen Stellen sogar so tief, dass die Kamele bis an die Knie einsanken. Stellenweise war der horizontale Sandboden mit einem dünnen Salzüberzug bedeckt, der unter den Füßen der Tiere knisterte.

Feierlich und langsam schritten sie dahin und streckten den langen Hals nach den in erreichbarer Entfernung stehenden vertrockneten Büscheln aus, als ahnten sie schon, dass ihnen eine Fastenzeit bevorstand.

Im Lager Nr. 3 fingen zwei Männer wie gewöhnlich mit

dem Brunnengraben an. Bei 178 Zentimeter Tiefe gaben sie das Graben auf; aber nachdem der Brunnen ein paar Stunden sich selbst überlassen war, quoll darin Wasser empor und bildete auf dem Boden einen kleinen Tümpel. Noch ging alles gut und wir konnten die Vorräte schonen. Der Kamelproviant war ganz unberührt und die Tiere mussten sich mit Kamisch und salzigem Wasser begnügen; die Hunde bekamen Brot, die Hühner Gerste und Eierschalen. Am ersten Tage wurden drei Eier, am nächsten zwei und am dritten nur ein Ei gelegt; sie wurden immer seltener; aber wir hatten einen großen Eiervorrat, der in einem Korbe mit Häcksel verpackt war.

Während des Tagemarsches hatten wir einen von Hirschen und Antilopen ausgetretenen Pfad gekreuzt, der nach Südosten lief. Jolltschi erzählte, dass es in dieser Richtung einen großen See namens Jeschil-kul (der grüne See) gebe, aber weder er noch jemand von seinen Bekannten habe ihn gesehen; er hatte nur davon reden hören und die Angabe ist daher mit Vorsicht aufzunehmen.

Am Morgen des 13. April hatte sich in unserem Brunnen 18 Zentimeter tiefes Wasser angesammelt. Wir legten an diesem Tage 20,6 Kilometer zurück und wanderten die meiste Zeit über zusammenhängende Dünen.

Die Pappeln waren heute ziemlich häufig. Bei vielen von ihnen hatten die Frühlingsknospen schon angefangen aufzuspringen und das frische Grün machte den Kamelen den Mund wässerig. In den meisten Fällen scheinen die Dünen vor den Pappeln, um die sie einen ringförmigen Wall bilden, zurückzuweichen. In der Mitte der Grube steht die Pappel, und hier haben sich, vor dem Winde geschützt, vertrocknete Zweige und verwelktes Laub angesammelt.

Der Tag war heiß. Die Hunde suchten vergebens nach Wasser und liefen nach allen kleinen Bodeneinsenkungen, die denjenigen glichen, in denen die Leute Brunnen zu graben pflegten. In Ermangelung eines besseren Schutzes gegen die Sonnenstrahlen legten sie sich in den Schatten jeder Pappel, die wir passierten. Hier kratzten sie die oberste, von der Sonne durchhitzte Sandschicht fort und legten sich auf die untere, in der sich noch die Nachtkühle erhalten hatte.

Islam Bai ritt auf dem ersten Kamel, das von Jolltschi, unserem Lotsen, geführt wurde. Doch da Islam Bai eine bessere Aussicht hatte als dieser, widersprach er ihm oft und schlug eine andere Richtung vor. Dies verdross den reizbaren Wüstenmann und ein paar Mal schleuderte er den Kamelstrick von sich, warf sich auf den Sand nieder und sagte, dass dann ja Islam die Karawane führen könne.

Im Nachtlager entstand ein heftiger Streit zwischen den beiden Männern. Jolltschi kam in mein Zelt und sagte, er wolle umkehren, da Islam ihm stets Zurechtweisungen erteile und außerdem mit Wasser und Brot geize. Er war jedoch nicht wenig verdutzt, als ich ganz ruhig meine Einwilligung dazu gab, aber unter der Bedingung, dass er erst die 100 Tengeh Monatslohn, die er als Vorschuss bekommen hatte, wieder herausgäbe. Da bat er mit den bewegendsten Worten, bleiben zu dürfen, was ihm auch unter der Bedingung gestattet wurde, dass er Islam künftig ohne Einwendung gehorchen müsse.

Ich fürchtete, dass derartige Streitigkeiten späterhin öfter vorkommen würden, wenn erst die Isolierung und das einförmige Leben die Gemüter verwilderte. Aber es ging alles ruhig ab. Jolltschi schwieg, nährte aber im Stillen einen wachsenden Groll gegen Islam Bai. Er ging stets für sich allein, redete nicht mit den anderen und schlief allein in einiger Entfernung von ihnen. An das Lagerfeuer kroch er erst, wenn die Kameraden zur Ruhe gegangen waren. Mit oder ohne Grund glaubten diese, dass er uns absichtlich irreführte. Wenn dem so war, fiel er selbst in die Grube, die er gegraben, denn auch er kam in der Wüste vor Durst um.

Am Ostersonntag, 14. April, marschierten wir bloß 18,5 Kilometer weit.

Während des Marsches fanden wir zum ersten Mal die

Spur eines wilden Kamels; wenigstens behauptete Jolltschi, es sei ein solches gewesen, aber ich bin dessen nicht ganz sicher. Weiterhin waren Kamelspuren häufig. Andererseits ist es wenig wahrscheinlich, dass sich zahme Kamele in die Wüste verirrt haben sollten. Auch Pferdedung und Pferdespuren erregten unsere Aufmerksamkeit. Jolltschi versicherte, dass in diesem Teile der Wüste wilde Pferde vorkämen. Wir rasteten auf einem Dünenkamme, um mit dem Feldstecher eine Herde zu beobachten, die in einem Kamischfelde im Norden weidete; doch sobald wir Halt gemacht hatten, verschwanden die Tiere in nördlicher Richtung, ehe wir noch hatten unterscheiden können, ob es Pferde oder Antilopen waren.

Kleine Terrassen und Rücken von trocknem, grauem Ton sind den grauen Lehmhäusern in den Dörfern oft so täuschend ähnlich, dass wir ganz dicht herangehen mussten, um uns zu überzeugen, dass es keine solchen waren.

Heute waren die Hunde unruhig und liefen weit von der Karawane weg. Einmal blieben sie eine Viertelstunde fort, und als sie wiederkamen, waren sie bis an den Bauch nass, hatten also augenscheinlich Wasser gefunden. Wir waren erst 8 ½ Kilometer gewandert, als wir zufällig auf einen Tümpel stießen. Ich sagte Kasim, er möge probieren, wie es schmeckte. »Süß wie Honig«, antwortete er, nachdem er einen gehörigen Schluck genommen. Die Folge davon war, dass wir das Zelt aufschlugen und am Rande des Tümpels blieben. Leute, Hunde, Schafe und Hühner beeilten sich, ihren Durst zu löschen, der sich während des heißen Tages ungemein fühlbar gemacht hatte. Das Wasser war kristallklar, vollkommen süß und sprudelte aus einer Quelle hervor.

Das erste Schaf wurde unter den üblichen Zeremonien geschlachtet und die Hunde erhielten eine gute Mahlzeit von Blut und Eingeweiden. Für eine Wüste war der Platz geradezu idyllisch. Die Sonne verschwand schon 20 Grad über dem Horizont im Staubnebel und die Hitze des Tages nahm von da an schnell ab.

Der angenehme Lagerplatz lud zu einem für Menschen und Tiere notwendigen Ruhetage ein. Der Inhalt der Wasserzisternen wurde ergänzt, Kleider gewaschen, Sättel und Riemenzeug ausgebessert. Der Tag war heiß; der Sand erhitzte sich auf 44,6 Grad, aber ein gelegentlicher Wirbelwind aus Nordnordosten brachte herrliche Kühle und wir konnten so viel trinken, als wir vermochten, ohne uns die geringsten Gewissensbisse machen zu müssen. Die Kamele und die Hunde tranken so tapfer, dass man förmlich sah, wie sie aufschwollen. Die Hühner nahmen die Gelegenheit wahr, während des Rasttages vier Eier zu legen.

In der Nacht bellten die Hunde unaufhörlich. Sie liefen in der Richtung, aus der wir gekommen waren und wo wir Spuren von wilden Kamelen gesehen hatten. Wahrscheinlich begaben sich diese Bewohner der Wüste nachts zum Trinken nach dem Tümpel, hielten sich aber nun, da sie die Stelle besetzt fanden, in gebührender Entfernung.

Am 16. April legten wir 24,7 Kilometer auf einem Terrain zurück, auf dem bis fünf Meter hohe Sanddünen mit verdorrter Kamischsteppe abwechselten.

Immer tiefer kommen wir in das unbekannte Wüstenmeer hinein. Nichts Lebendiges ist zu sehen; man hört keinen Laut als das eintönige Läuten der Kamelglocken. Manchmal gibt es kleine Pausen, wenn wir über den Weg, den wir einschlagen müssen, in Zweifel sind. Die Leute benutzen dann die Gelegenheit, das Frühstück zu essen. Dieses ist einfach und besteht aus ein paar Hände voll geröstetem Mehl in Wasser; sie schlürfen diese Suppe aus Holznäpfen. Ich überging das Frühstück stets und begnügte mich mit täglich zwei Mahlzeiten.

17. April. Wir waren noch nicht weit gekommen, als wir am nördlichen Horizonte die Umrisse eines ziemlich hohen Berges sich wie ein schwacher Schatten, einer Wolke ähnlich, abzeichnen sahen. Stunde auf Stunde ritten wir in dieser Richtung, ohne dass der Berg deutlicher wurde und wir ihm näher zu kommen schienen.

Die Dünen erreichten eine Höhe von fünf Metern und

waren oft recht beschwerlich; aber zwischen ihnen breiteten sich jetzt immer üppigere Kamischsteppen aus, in denen hier und da ein Hase beim Herannahen der Karawane erschreckt aufsprang.

Auch heute passierten wir einige kleine Tümpel, aber das Wasser war salzhaltig und sie waren von weißen Salzkristallen umgeben. Ein 40 Meter breites Flussbett schlängelte sich nach Ostnordosten. Es war zwei Meter tief; der Boden war mit Sand bestreut und an einigen Stellen stand noch Wasser. Im Norden sah man leichte, dunkle Wolken, aufsteigendem Rauche ähnlich.

Diese Erscheinungen wurden von Jolltschi folgendermaßen erklärt. Der Berg sei die südöstliche Fortsetzung des nördlichen Masar-tag und liege auf dem rechten, südlichen Ufer des Jarkent-darja. Die Flussbetten seien Arme des Jarkent-darja, in die im Hochsommer ein Teil seines Wassers hineinströme. Die Wolken im Norden seien Wasserdämpfe vom Jarkent-darja, die sich vom reinen Blau des Himmels deutlich abheben.

Eine ganze Stunde wanderten wir zwischen zwei parallelen Dünenkämmen. Dann überschritten wir den rechten Kamm und gelangten in ein zweites, mit jenem parallel laufendes Dünental, wo wir nach einem Marsche von 28,4 Kilometern das Lager Nr. 7 unter schattigen Pappeln aufschlugen. Im Norden dehnte sich ein ziemlich dichter Pappelwald aus. Moskitos, Fliegen und Nachtschmetterlinge gab es in Menge. Die Letzten flatterten am Abend zu Hunderten um mein Licht herum.

EIN IRDISCHES PARADIES

Ein neuer Tag, der 18. April, brach mit einer frischen, nordwestlichen Brise an. Wir beschlossen gerade auf den höchsten Berg zuzugehen, den wir bis zum Abend erreichen zu können glaubten, kamen aber tief in den Wald, und der Berg verschwand überdies in der staubererfüllten Luft.

Vor uns breitete sich der dichte Wald zwischen unregelmäßig streichenden Dünen aus; auf der Erde lagen Haufen von dürren Blättern, vertrocknete Stämme, Zweige und Reisig. Der Wüstencharakter war ganz verschwunden.

Dann erreichten wir einen großen, dicht mit Kamisch bewachsenen Sumpf. Zu unserer Verwunderung sahen wir hier Menschen- und Pferdespuren sowie Asche und Kohlen von einem Feuer. Wir hatten augenscheinlich die Gegenden erreicht, in denen die Doloner im Sommer ihre Herden weiden lassen und wo die Bewohner von Maralbaschi ihren Brennholzbedarf holen.

Bald versperrten uns kleine Ausläufer eines Sumpfes, über die wir hinübermussten, den Weg. Weiterhin fanden wir, dass die Sümpfe in einen langen See übergingen, der sich nordwärts erstreckte und dessen Ufer wir folgten.

Der Wald blieb dicht und das Unterholz bildete ein so undurchdringliches Dickicht, dass wir Umwege machen mussten, um auf freieres Terrain zu kommen; doch konnten wir meistens dem Ufer folgen, das zwischen den Bäumen die herrlichsten Perspektiven bot. Weiter hinten verschwand die Landschaft in grauem Nebel.

Dieser See, dessen größte Breite einige Kilometer zu betragen schien und der sich nach Süden und Norden allmählich verschmälerte, ist wahrscheinlich von einem Ausläufer des Jarkent-darja gebildet worden und füllt sich bei den Sommerüberschwemmungen. Im Winter bleibt ein guter Teil des Wassers zurück, gefriert und taut im Frühjahr wieder auf, um während des Sommers Verstärkung vom Flusse zu erhalten.

Wir lassen den See zur Linken liegen und geraten in ungeheuer dichte, mannshohe Ramischfelder. Es saust und knistert um die Kamele herum, die sich durch die trocknen, spröden Binsen drängen; nur die Reiter haben hier freie Aussicht.

Wieder kommen wir in den Wald hinein, und zwar in so dichten, dass ich absteigen und zu Fuß gehen muss, nachdem ich von den Pappelästen ein paar Mal beinahe heruntergeworfen worden wäre.

Um uns zu erkennen zu geben, falls in dieser Gegend Menschen wären, die uns Auskunft erteilen könnten, zündeten wir ein verdorrtes Pappelgebüsch am Fuße der Düne an. Die Flammen warfen ihren Schein weit umher, aber keine Menschen kamen. Wir waren nach dem anstrengenden Tagemarsch von 25,5 Kilometern alle müde und gingen zeitig zur Ruhe.

19. April. Die kleine Bergkette, auf die wir lossteuerten, war im Osten zu sehen. Auch im Norden wurde ein Berg sichtbar. Nach meinen Aufnahmen musste es der Bergstock bei Masar-alldi sein.

Wir gingen heute nur 14 Kilometer über eine Steppe, in der der Marsch durch Sümpfe und Rinnen erschwert wurde. Der Berg wurde immer deutlicher; seine verwitterten, zerrissenen Formen zeichneten sich klar ab und auf seinen nördlichen Abhängen stiegen die Sanddünen zu nicht unbedeutender Höhe empor. An seinem nördlichen Fuße lagen mehrere kleine Süßwasserseen, die durch niedrige Landengen voneinander getrennt sind. Ein Kanal, der in den größten See mündete, verriet, dass sie ihren Wasservorrat vom Flusse erhalten und im Sommer ohne Zweifel in einen einzigen See verschmelzen.

Zwischen den Seen und dem Gebirgsstock zogen wir erst nach Osten, dann nach Nordosten und schlugen am

Ufer unter schattigen Pappeln Lager. Der Berg erwies sich auf allen Seiten als vollständig isoliert.

Das zweite Schaf wurde geschlachtet, und die Hunde, die lange gefastet und mit Brot hatten vorlieb nehmen müssen, erhielten wieder eine gute Mahlzeit.

20. April. Der Lagerplatz war viel zu einladend, als dass wir uns nicht noch einen Ruhetag hätten gönnen sollen. Dieser war glühend heiß, obgleich in der ganzen Nacht und am Vormittag ein frischer Wind aus Nordosten ging. Die Insolation stieg auf 63,5 Grad und der Sand war nachmittags um zwei Uhr bis auf 52,7 Grad erhitzt. Man ist immerfort durstig und trinkt in der Stunde ein paar Mal. Um das Wasser in der eisernen Kanne einigermaßen frisch zu erhalten, wird sie mit einem feuchten Tuche umwunden und, dem Winde ausgesetzt, im Schatten an einen Baumzweig gehängt.

Islam Bai ging auf die Gänsejagd und schoss ein paar auf dem See, konnte ihnen aber nicht beikommen; die anderen Männer schliefen. Ich selbst machte einen Spaziergang auf den nächsten Bergkamm hinauf. Die Aussicht war prachtvoll. In Westsüdwesten erschienen die drei Seen, die wir gestern passiert hatten. In Nordosten erhob sich das Masar-alldi-Gebirge; zwischen diesem und unserem Lager sowie nach Nordosten breitete sich eine üppige, feuchte Steppe voll kleiner, glänzender Tümpel und Sümpfe aus.

Auch im Osten erhob sich ein Bergkamm und im Süden ein Gewirr von kleinen, verwitterten Gipfeln, die dem Gebirgsstocke beim Lager angehörten.

Während ich in der Abendkühle auf dem Berge saß und die Gegend bewunderte, flaute der Wind allmählich ab, die Sonne sank und Steppen und Seen hüllten sich in leichte Nebel. Alles war so still und ruhig, nur Moskitos und Mücken summten in der Luft. Hin und wieder quakte ein Frosch im Sumpfe, das Geschnatter einer Gans ertönte aus der Ferne und ab und zu läuteten im Kamischfelde die Glocken der Kamele. Es war ein herrlicher Platz und ich genoss das Dasein in vollen Zügen. Welcher Kontrast gegen die Tage, die uns noch bevorstanden! Während der folgenden beiden Wochen sollte ich mich dieser Stelle als eines irdischen Paradieses oft erinnern!

Doch die Dämmerung ist in diesem Lande kurz und es wurde Zeit, ins Lager zurückzukehren, wo ich die Leute noch schlafend vorfand. Islam Bai war auf den Beinen und im Begriff, mein Essen zuzubereiten: Hammelfleischsuppe, Bratkartoffeln und Tee. Das Thermometer zeigte 20 Grad, fiel aber während der Nacht auf 10,4 Grad, und es kam uns außerordentlich kalt vor.

Auch an diesen Seen fanden wir Menschenspuren. Am Ufer stand sogar noch eine verlassene Binsenhütte, und als wir am folgenden Tage, 19. April, zwischen dem See und dem Gebirge nach Osten weiterzogen, fanden wir jenseits einiger hoher Dünen einen Weg mit Gleisen von Arben, der durch einen lichten Pappelwald führte. Diese Entdeckung setzte uns alle in Erstaunen. Die Männer glaubten, es sei der Weg, der, wie sie gehört, das linke Ufer des Chotan-darja begleiten sollte; ich aber vermutete darin einen bisher unbekannten Weg, der am Masar-tag entlang nach diesem Flusse führte. Um uns zu überzeugen, beschlossen wir, dem Wege zu folgen, wohin er uns auch brächte; es dauerte nicht lange, so verschwanden die Arbagleise und der Weg nahm ein Ende. Auch der Wald hörte bald auf.

Zwischen einem einzelnen Bergrücken und dem Gebirgsstocke beim Lager des vorhergehenden Tages zogen wir einstweilen nach Südosten weiter. Hier dehnte sich eine ebene, harte, spärlich bewachsene Steppe aus, auf der es sich sehr bequem marschierte. Die Kamele gingen in taktfestem Schritt und ihre Glocken läuteten gleichmäßig. Am Fuße des östlichen Berges zog sich ein langer, schmaler See hin, an dessen Ufer wir zu unserer großen Verwunderung drei weidende Pferde fanden. Jetzt galt es, den Besitzer der Tiere aufzufinden. Zwei meiner Leute folgten einer frischen Spur, die sie durch Sanddünen nach dem westlichen Berge hinaufführte. Bald kehrten sie mit einem Manne aus Maral-baschi zurück. Er pflegte sich, wie er uns sagte, von Zeit zu Zeit hierher zu begeben, um Steinsalz zu sammeln, das hier im Gebirge in Hülle und Fülle vorkommen soll und vorzüglich aussah. Der Mann verkaufte es im Basar von Maral-baschi und sagte, dass er bei diesem Geschäfte einen recht guten Verdienst habe.

Er deutete nach Nordwesten, um die Lage der Stadt anzugeben, und sagte, es seien zwei kleine Tagereisen dorthin. Der Berg, den wir in dieser Richtung gesehen, sei, wie wir vermutet, der Gebirgsstock von Masar-alldi. Von der Gegend im Südosten und der Entfernung des Chotan-darja war ihm nichts bekannt, aber er hatte gehört, dass es dort nur Sand ohne einen Tropfen Wasser gäbe, und er wusste, dass die Wüste Takla-makan genannt wurde.

Wir sagten dem einsamen Wanderer Lebewohl und setzten unseren Weg nach Südsüdosten über die harte, unfruchtbare, pfadlose Ebene fort. Der Berg rechts senkte sich allmählich nach Süden und ging in einen Dünenkamm über, der sich in die Wüste verlor. Hier sahen wir also keine Fortsetzung des Gebirges, nahmen aber an, dass die östliche Kette mit dem Masar-tag am Chotan-darja zusammenhänge, wie sich Prschewalskij auf seiner Karte die Sache gedacht hat.

Der Boden besteht aus hartem, trockenem Lehm, der von unzähligen Rissen durchzogen ist und im Sommer augenscheinlich überschwemmt wird. Wir folgten getreu der Uferkontur des Sees. Er verschmälerte sich nach Süden, wo in seiner Verlängerung liegende große Sümpfe uns zu Umwegen zwangen. Lange, schmale Buchten zeigten wie Finger südwärts. Hier setzte das schwach aufsteigende Terrain der weiteren Verbreitung des Wassers eine Grenze. Nach einem weiten Umwege lagerten wir am Ostufer.

Da wir ahnten, dass dies der letzte Punkt sei, an dem wir frisches Wasser zu finden erwarten konnten, wurde der 22. April der Ruhe gewidmet. Die Kamele und das letzte Schaf erhielten noch einmal eine gute Mahlzeit aus dem Schilfe, das am Ufer wuchs. Ich stieg auf den Bergkamm, an dessen Fuß der See liegt, und hatte von dort eine weite Aussicht über die Gegend.

Das Gebirge springt in südöstlicher Richtung wie ein Kap in das Wüstenmeer vor. In seiner Verlängerung erhebt sich nur eine unbedeutende Felseninsel aus dem Boden; sonst ist keine Spur von Bergen zu sehen. Wir befanden uns also auf dem südöstlichen Punkte des Masar-tag von Maral-baschi und diese kleine Bergkette steht nicht in Zusammenhang mit dem Masar-tag des Chotan-darja. Nach Südosten, Süden und Südwesten dehnte sich, so weit das Auge reichte, das öde Meer der Wüste aus und in dieser Richtung bildete der Horizont eine gerade Linie.

Als wir während der folgenden Tage nach Ostsüdosten und Osten zogen, ohne Berge zu finden, konnten wir allerdings die Vermutung hegen, dass die Fortsetzung des Masar-tag weiter in der Wüste wieder auftauche und wir sie rechter Hand liegen ließen; aber es ist dies nicht wahrscheinlich.

Im Laufe des Tages hielten wir Rat. Jolltschi versicherte, dass wir von hier aus an den Chotan-darja vier Tagereisen nach Osten hätten. Die besten russischen Karten, die ich hatte, gaben 130 Kilometer an; bei täglich 20 Kilometer würden wir also den Fluss in sechs Tagen erreichen können, müssten uns dann aber auch schon zwei Tagereisen von ihm entfernt Wasser graben können, wie wir es beim Jarkent-darja getan. Ich befahl jedoch den Leuten, für zehn Tage Wasser mitzunehmen, wodurch die Zisternen bloß zur Hälfte gefüllt waren, sodass die Kamele in dem tiefen Sande nicht überanstrengt zu werden brauchten.

Mit diesem Vorrat hielt ich uns für vollkommen gesichert. Er würde auch ausreichend sein, um die Kamele zweimal während der sechs Tage zu tränken. Alle Berechnungen erschienen ganz klar und einfach. Es war Jolltschis und Kasims Aufgabe, die Zisternen zu füllen. Sie waren abends damit beschäftigt und ich hörte die kostbare Flüssigkeit in die Behälter rinnen. Am Abend wurden auch alle Lasten in Ordnung gebracht damit wir am folgenden Morgen früh aufbrechen konnten.

Der 23. April war ein heißer Tag, aber die Tiere hatten sich ausgeruht, sodass wir 27,5 Kilometer machten. Anfangs zogen wir über die spärlich bewachsene, staubige Steppe, die sich im Südosten des Sees ausdehnt. Nach anderthalbstündigem Marsch nahm die Landschaft ein verändertes Aussehen an. Der Sand begann sich zu kleinen Dünen anzusammeln und nach weiteren zehn Minuten bildeten diese ein ununterbrochenes, zusammenhängendes Gewirr, jedoch mit der vorherrschenden Längenrichtung von Nordosten nach Südwesten, sodass die steilen Seiten nach Süden, Südwesten und Westen schauten.

Sie hatten eine Höhe von sechs bis sieben Metern und waren oft sehr beschwerlich zu übersteigen. Es war, was die Leute Jaman-kum (abscheulicher Sand), Tschong-kum (großer Sand) oder Igis-kum (hoher Sand) hießen; die Kämme nannten sie Beles (Pässe).

Schon jetzt sahen wir eigentümliche Sandanhäufungen. Wie die Wogen sich zu doppelter Höhe auftürmen, wenn zwei Wellensysteme einander begegnen, so erhoben sich einige Dünen, die aus zwei einander kreuzenden, augenscheinlich von wechselnden Winden gebildeten Dünen bestanden, pyramidenförmig über die ganze Gegend.

Von Nordnordosten nach Südsüdwesten zog sich vor uns eine Kette gigantischer Dünen hin, eine Anhäufung, die auf einen kupierten Untergrund schließen ließ und höher als alles andere innerhalb des Gesichtskreises war. Dieser Kamm war schwer zu überschreiten. Die Kamele kletterten jedoch bewundernswert sicher an den steilen Abhängen hinauf, an denen ein Mensch sich nur mit Anstrengung emporarbeitet und wo er bei jedem Schritt ein Stück hinunterrutscht.

Obgleich diese Erhebung nur eine unbedeutende Höhe hatte, war die Aussicht von ihrem Grate doch weit umfassend. Dass ich nicht vor Entsetzen erbleichte, als mein Blick nach Osten hinschweifte über dieses Meer mit den Riesenwogen von feinem, gelbem Sande, das uns jetzt überall umgab, kam wohl daher, dass ich nicht glauben konnte, mein Glücksstern, der stets so hell gestrahlt, würde jetzt erlöschen. Nein, das Wüstenmeer erschien mir unbeschreiblich schön; das Schweigen und die Ruhe, die darin herrschten, wirkten in hohem Grade erhebend. Es war ein magischer, bezaubernder Anblick, eine majestätische Landschaft!

Desiderium incogniti, die Sehnsucht nach dem Unbekannten, hieß der Zauber, der mich unwiderstehlich nach dem Schlosse des Wüstenkönigs hinzog, wo ehrenvolle Entdeckungen und die verborgenen Schätze der Sagen meiner warteten. Gewinnen oder Verlieren war meine Losung. Unschlüssigkeit, Furcht gab es nicht. »Vorwärts!«, flüsterte der Wüstenwind; »vorwärts!«, sang das Erz der Karawanenglocken. Tausend und abertausend Schritte dem Ziel entgegen, keinen einzigen rückwärts!

Aber die Dünen nahmen schnell an Höhe zu; der Kulminationspunkt der höchsten Kämme lag manchmal 18–20 Meter über dem Boden. Es war verzweifelt schwer, vorzudringen. Die Kamele glitten jedoch geschickt die schroffen Abhänge hinunter und nur eins der Wasserkamele fiel so, dass es abgeladen werden musste. Wenn uns manchmal jähe Wände den Weg versperrten, mussten wir Halt machen, um den Tieren mit dem Spaten einen Weg hinauf auszugraben und auszutreten.

Jetzt sind die Dünen 25–30 Meter hoch. Steht man am Fuße einer solchen, so sieht die Karawane ganz klein aus, wenn sie oben auf dem Rande dahinschreitet. Wir folgen so weit wie möglich ein und derselben Höhenlinie, um nicht in die Dünentäler hinabsteigen zu müssen. Eine natürliche Folge davon ist, dass wir im Zickzack gehen. Wir benutzen die sanft abgerundeten Kämme, gehen vom einen zum anderen, müssen aber oft einen steilen Abhang hinunter, der nicht umgangen werden kann. Alle Mann überwachen die Bewegungen der Kamele, wenn sie nach einigem Zaudern in dem losen Sande hinuntergleiten, der ihnen nachrutscht und sie bis an die Knie bedeckt.

In dem Sande hier fehlen die kleinen Stellen harten Lehmbodens, die wir auf den ersten Tagemärschen so oft fanden; hier ist alles Sand. Wir haben die letzten Tamarisken, die noch dem heißen Atem der Wüste Trotz boten, hinter uns zurückgelassen. Kein Grashalm, kein Blatt ist mehr zu sehen; alles ist Sand, feiner, gelber Sand. Ganze Berge von Sand erstrecken sich unabsehbar nach allen Seiten hin, so weit der Blick mit Hilfe des Feldstechers reicht. Kein Vogel belebt den Luftkreis und die Gazellen- und Hirschspuren sind längst verschwunden.

Die armen Hunde in ihren dicken Pelzen litten am meisten unter der Hitze; besonders Hamra winselte und heulte und blieb unaufhörlich zurück. Nachdem wir mehr als eine Stunde vergebens nach einem passenden Lagerplatze gesucht hatten, fanden wir in der Dämmerung einen ganz kleinen Fleck von hartem Lehmboden, auf dem die beiden letzten Tamarisken wuchsen. Diese wurden sofort von den Kamelen abgeschält. Andere Weide gab es natürlich nicht und die Tiere mussten sich mit Öl begnügen. Ein Brunnen wurde zu graben begonnen; als die Erde aber bei 70 Zentimeter Tiefe noch gänzlich trocken war, gaben wir das Graben auf.

Plötzlich wurde Hamra vermisst; wir pfiffen und riefen, aber der Hund war und blieb fort. Mohammed Schah hatte ihn ungefähr auf der Hälfte des Weges unter einer der letzten Tamarisken den Sand fortkratzen und sich dort in den Schatten legen sehen. Die Leute glaubten, ein Sonnenstich habe den Hund getötet. Vermutlich war es jedoch dem klugen Tiere zu viel geworden, im Sande zu trotten; es hatte gewittert, dass hier nichts als Wüste vor uns gähnte, und geahnt, dass es ihm schlecht gehen würde, wenn es uns weiter folgte. Ganz gewiss hatte Hamra also, nachdem er sich die Sache überlegt, seinen Entschluss gefasst, war nach dem letzten See zurückgekehrt, um zu trinken und zu baden, und dann nach Maral-baschi weitergelaufen. Um dorthin zu gelangen, hätte er jedoch über den Jarkent-barja schwimmen müssen. Nach meiner Rückkehr stellte ich in Kaschgar Nachforschungen nach dem Hunde an, aber er war und blieb verschwunden. Jolldasch folgte uns noch immer getreulich, aber seine Treue kostete ihn das Leben.

Es war ein eigentümliches, unerklärliches Gefühl, mit dem wir zum ersten Mal in der ödesten aller Wüsten der Erde lagerten. Die Leute sprachen nicht viel und keiner lachte; es war ungewöhnlich still um das kleine Feuer herum, das mit den Wurzeln der Tamarisken unterhalten wurde. Die Kamele wurden nachts in unserer unmittelbaren Nähe angebunden, damit sie nicht wieder nach dem See zurückgingen, wo sie wussten, dass gute Weide war.

Grabesstille herrschte in der Gegend. Sogar die Glocken waren stumm; man hörte nur die lang gezogenen, schweren, abgemessenen Atemzüge der Kamele. Um mein Licht im Zelte flatterten noch ein paar verirrte Nachtschmetterlinge; sie waren wahrscheinlich mit der Karawane dorthin gekommen.

DIE HEIMAT DER GRABESSTILLE

Ich wachte am Morgen des 24. April um ½ 4 Uhr von einem orkanartigen Westwind auf, der Wolken von Sand in das Zelt hineinwehte und so an den Tauen und Stützen riss und rüttelte, dass das Zelt fortzufliegen drohte. Der Wind kam hier von allen Seiten, denn das Lager lag wie in einer Grube, von Flugsanddünen umgeben.

Im Norden hatten wir einen mächtigen, von Osten nach

Westen laufenden Kamm, der nach Süden mit 31 Grad Neigung abfiel. Im Süden des Lagers erhob sich eine mit der ersten fast parallele Düne mit 10 Grad Neigung nach Norden. Die steilen Seiten waren in dieser Gegend gewöhnlich nach Süden und Westen, die sanft abfallenden nach Osten und Norden gerichtet, ein Verhältnis, das für uns natürlich sehr unvorteilhaft war.

Trotz des heftigen Windes war der Himmel vollkommen klar; es war dies dem Westwind zuzuschreiben, denn nur der östliche bringt Staubnebel mit. Der Tag wurde heiß, aber der Wind erfrischte uns ein wenig. Ganze Wolken von Sand tanzten über den Boden hin und hüllten uns manchmal vollständig ein. Sie waren indessen kaum höher als zwei Mannslängen. Die Luft im Zenit behielt daher ihre frische, blaue Farbe und die Sonne brannte mit unverminderter Kraft. Der Horizont aber hüllte sich in einen gelbroten Schleier von diesem Flugsand, der überall eindringt, in Mund, Nase und Ohren. Auch die Kleider werden so davon durchdrungen, dass man auf dem Leibe ein unbehagliches Jucken fühlt, woran man sich jedoch bald gewöhnt.

Der Dunst am Horizont war uns durchaus nicht willkommen, denn es wurde uns oft schwer, zu bestimmen, nach welcher Richtung wir gehen sollten. Uns wäre es umgekehrt lieber gewesen: trübe im Zenit und klar am Horizont. Mittlerweile hatten wir auf jedem Dünenkamme Gelegenheit zu sehen, wie der Flugsand vom Kamme selbst wie eine Feder in der Windrichtung steht, wie die kleinen Sandkörnchen einen Augenblick im fröhlichen Tanze im Windschatten umherwirbeln, um dann auf der Leeseite niederzufallen und sich auf der Oberfläche der Düne zu einer feinen Kräuselung mit geschmackvollem Muster zu ordnen.

Umso unangenehmer war es, wenn unsere Köpfe in gleiche Höhe mit diesem Sandgestöber vom Dünenkamme kamen. Man kneift dann Mund und Augen zu und hält das Gesicht vornübergebeugt, während es einem in den Ohren pfeift und klingt, bis man aus der Wolke herausgekommen ist und sich den ärgsten Sand abschüttelt. Ich hatte einen großen Vorrat an Schneebrillen mit schwarzem Geflecht mitgenommen, die uns jetzt trefflich zustatten kamen, obgleich der feine Sand sich zum Teil auch durch die engen Maschen des Gitters drängte.

Einen Vorteil hatte der Weststurm immer, indem er sich bemühte, die schroffen Abhänge zu ebnen und den Steilabfall auf die Ostseite zu schaffen. Eine solche Riesenarbeit vermag ein einziger Sturm allerdings nicht auszuführen, aber in gewisser Beziehung erleichterte er uns doch unseren Marsch.

Die Männer hatten den Marsch in der Hoffnung angetreten, dass wir vor Abend eine Gegend mit niedrigeren Dünen, vielleicht auch mit Weide und Brennholz erreichen würden. Aber stattdessen wurde der Sand immer ärger, und immer tiefer kamen wir ins Unbekannte hinein.

Anfangs war es meine Absicht gewesen, nach Südosten zu steuern, um zu erforschen, ob der Masar-tag weiter hinten in der Takla-makan wieder auftauche. Aber wir sahen keine Spur von Bergen und schwenkten daher allmählich nach Osten ab. In dieser Richtung dürfte auch die Entfernung zum Chotan-darja die kürzeste sein.

Islam Bai war jetzt Lotse und als solcher unübertrefflich. Er ging leichten Schrittes weit voraus nach Osten, stets den Kompass in der Hand. Er verschwand hinter den Dünen, tauchte aber nach einiger Zeit wieder auf einem Kamme auf. Die Karawane folgte langsam seiner Spur, die eine Schlangenlinie bildete und durch Täler und über Kammeinsenkungen führte, da, wo die Dünenseiten sanft abfielen und die Ketten durch kleine Querdünen verbunden waren, die einigermaßen passable Übergänge bildeten.

Es machte einen niederschlagenden Eindruck, wenn Islam bisweilen stehen blieb, auf einen pyramidenförmigen Dünengipfel stieg und, die Hand vor die Augen gelegt, nach Osten spähte, um einen Übergang zu suchen. Wir erkannten daran, dass das Terrain immer schwieriger wurde. Manchmal kam er niedergeschlagen zurück und rief: *»Hetsch joll jock!«* (unmöglich durchzukommen), *»her taraf jaman kum!«* (überall abscheulicher Sand) oder *»kum-tag!«* (Berge von Sand). Dann mussten wir große Umwege nach Norden oder Süden machen, um an der schwierigen Stelle vorbeizukommen.

Meine Leute gehen alle zu Fuß, barfuß, stumm, müde, von der Hitze betäubt und düster. Oft bleiben sie stehen, um zu trinken, aber das Wasser ist beinahe 30 Grad warm infolge des Schlagens gegen die erhitzten Wände der eisernen Zisternen, die nicht mehr von Kamischbündeln beschattet werden, da diese von den Kamelen bis auf den letzten Stängel verzehrt worden sind. Man trinkt nichtsdestoweniger unmäßig, denn dadurch wird die Transpiration gesteigert, die den Körper im Winde abkühlt.

Wir gingen alle miteinander. Der Zug bewegte sich wie eine Schnecke vorwärts. Von jedem beherrschenden Gipfel wurde Ausguck gehalten, aber nach allen Himmelsrichtungen hin dehnte sich dieselbe einförmige, trostlose Landschaft aus. Ein Kamm und Gipfel erhebt sich über und hinter dem anderen; es ist ein uferloses Meer von ungeheuren Sandmengen, richtige Gebirgsketten von lauter feinem, gelbem Sand!

Die Kamele bewegen sich noch mit bewundernswerter Sicherheit die Abhänge hinauf und hinunter, auf denen wir ihnen freilich oft einen Weg bahnen müssen. Bei schwierigen Übergängen, die die Männer Davan-kum (Sandpass) nennen, herrscht eine gewisse Verstimmung, aber wenn wir eine gute Strecke weit ein Dünental (Därä) benutzen können, werden alle wieder guter Laune, greifen mit frischen Kräften aus und rufen: *»choda kallesa«* (gebe Gott), *»inschallah«* (mit Gottes Willen) und *»bismillah«* (in Gottes Namen).

Auf einer hohen Düne machen wir eine lange Rast, um wieder zu trinken und Umschau zu halten. Auch der arme Jolldasch und das Schaf, die vor Durst verschmachten, dürfen sich satt trinken. Jolldasch wird wild, wenn von Wasser die Rede ist. Sobald jemand die eisernen Zisternen nur anfasst, ist er gleich da und wedelt mit dem Schwanz. Das letzte Schaf folgt uns treu und geduldig wie ein Hund. Die Leute haben es wirklich lieb gewonnen und sagen, sie wollten lieber verhungern als das Tier schlachten.

Die Kamele wurden mittlerweile müde und immer öfter kamen schwere Fälle vor. Wenn sie auf einem steilen Abhang fielen, konnten sie ohne Hilfe nicht wieder aufstehen.

Wir hatten erst 13 Kilometer zurückgelegt, als wir schon genug hatten und auf einem kleinen Flecke harten Bodens Lager schlugen. Es war hier so trocken, dass wir nicht einmal versuchten, einen Brunnen zu graben. Jetzt war es mit jeder Spur von organischem Leben zu Ende.

Nach beendeter Arbeit setzten sich die Leute nieder und plauderten von den Tageserlebnissen und den Hoffnungen für den nächsten Tag. Es war eine Freude zu hören, wie Islam Bai die anderen guten Mutes zu erhalten suchte. Er erzählte ihnen von unseren früheren Abenteuern, von den Schneemassen im Alaital, die viel schlimmer seien als der Sand, von den Gletschern des Mus-tag-ata und unseren Besteigungen dieses Berges.

25. April. Infolge der Klarheit der Luft fiel die Temperatur bis auf wenige Grad über null. Am Morgen wehte Nordostwind und die Atmosphäre war wieder stauberfüllt. Daher hielt sich die Temperatur den ganzen Tag über außergewöhnlich niedrig und wir hatten nicht einmal mittags über Hitze zu klagen. Die Landschaft blieb so in Dunst gehüllt, dass nur die nächsten Dünen sichtbar waren.

Die terrassenförmigen Lehm- und Staubflecken, die äußerst selten waren und auf denen wir, wenn möglich, Lager zu schlagen pflegten, sind recht eigentümliche Gebilde. Ihr Boden besteht aus außerordentlich sprödem, porösem, salzhaltigem Lehm in horizontalen Schollen, die in Staub zerfallen, sobald man sie nur anfasst. Diese Schollen liegen nicht in einem Niveau, sondern bilden oft

Stufen oder mehrere Schichten übereinander. Sie enthalten keine Spur von Sand oder Pflanzenstoffen.

Dass sie aus Alluvialton bestehen, unterliegt keinem Zweifel. Vielleicht sind sie die letzten Überbleibsel des ausgetrockneten asiatischen Mittelmeeres, da die verschiedenen Terrassenhöhen verschiedenen Wasserständen entsprechen. Die Dünen schreiten auf ihrer rastlosen Wanderung über sie hin und bedecken sie, und sie haben daher keine bleibende Stätte.

Am Morgen machte ich eine traurige Entdeckung. Ich hatte bemerkt, dass das Wasser in den eisernen Zisternen recht hohl an die Wände schlug, und beschloss nachzusehen. Sie enthielten nur noch für zwei Tage Wasser! Ich fragte die Leute, weshalb sie nicht meinem Befehle gehorcht und für zehn Tage Wasser hineingegossen hätten. Sie gaben zur Antwort, Jolltschi habe den Wasservorrat bestimmt. Als ich ihm die grobe Nachlässigkeit vorhielt, versicherte er, wir könnten gänzlich unbesorgt sein, denn von dem letzten See seien es nur vier Tagereisen bis in eine Gegend, wo wir wieder Wasser graben könnten.

Seine Behauptungen stimmten mit den Karten, die ich bei mir führte, überein und ich verließ mich umso mehr auf ihn, als seine Angaben bisher stets richtig gewesen waren. Wir waren alle überzeugt, dass es nach Osten hin nicht weiter zum Wasser sei als nach Westen, und daher war nicht einmal die Rede davon, wieder nach dem letzten See zurückzukehren. Und dennoch, welche Leiden, Verluste und Sorgen hätten wir uns selbst, wie anderen, die um unser Schicksal besorgt waren, erspart, wenn wir unseren Weg zurückgegangen wären!

Wir entschlossen uns, mit dem Wasser so sparsam umzugehen wie mit Gold. Ich gab Islam Bai unter vier Augen den Auftrag, die beiden Zisternen, die noch etwas von der kostbaren Flüssigkeit enthielten, nicht aus den Augen zu lassen. Die Kamele durften ihren Durst nicht mehr stillen.

Vor uns erhoben sich ganze Plateaus von Sand. Die

meisten Dünen lagen im Norden und Süden, die höchsten im Osten und Westen. Jetzt fehlten die horizontalen Lehmterrassen ganz, die uns bisher überzeugt hatten, dass das Sandmeer denn doch wenigstens einen Boden hatte, und die uns die Hoffnung eingeflößt, dass wir einmal aus seiner Gewalt kommen würden.

Alles war jetzt Sand; der Boden jeder Einsenkung war voll Sand. Wir waren augenscheinlich im schlimmsten Teile der Wüste und hatten ein peinliches Vorgefühl von dem Ernste unserer Lage.

Ich ging den ganzen Tag zu Fuß, teils um meinen vortrefflichen Boghra zu schonen, teils um die Leute anzufeuern. Das Kamel Babai blieb unaufhörlich stehen. Der Strick riss ein über das andere Mal; aber das Tier schien im Nasenknorpel ganz unempfindlich zu sein. Schließlich legte es sich nieder und weigerte sich, noch weitere Anstrengungen zu machen. Erst nachdem es abgeladen worden war, stand es wieder auf, worauf ihm die Last wieder aufgelegt wurde. Es ging indessen immer langsamer, blieb immer öfter stehen und musste geführt werden. Schließlich wurde seine Last auf die übrigen Kamele verteilt und es allein weit hinter der Karawane bugsiert. Mit Schrecken sieht man das Schiff der Wüste, ohne das man verloren wäre, wrack werden.

Wir spähten ungeduldig nach Osten. Vergebens! Nichts als Dünenberge, so weit das Auge reicht! Aber es genügte, dass sich plötzlich eine munter zwischen den Kamelen summende Mücke zeigte, um wieder Hoffnung zu erwecken, und wieder glaubten wir an die Nähe von »Land«. Doch wahrscheinlich war es nur eine Verräterin, die wir vorher nicht bemerkt und die in schönster Ruhe im Pelze eines der Kamele versteckt gesessen hatte.

Babai hielt uns unaufhörlich auf; wir beschlossen daher, eine Stunde zu rasten, damit das Tier sich ein wenig ausruhen konnte. Es erhielt einige Liter Wasser und einen Arm voll Heu aus seinem eigenen Packsattel, das es voll Gier fraß. Als ihm der Packsattel abgenommen wurde, kam eine offene Wunde auf dem Rücken zum Vorschein, deren krankes, gelbes Fleisch sich an einer Unebenheit an der Unterseite des Sattels beständig gescheuert hatte. Die Beine zitterten ihm und die Zunge war weiß. Es war eine Pein, das arme Tier anzusehen. Die Karawane zog weiter und Mohammed Schah musste bei Babai bleiben, dessen Gebrüll wir noch lange aus der Ferne hörten. Die höchsten Dünen erhoben sich hier 50–60 Meter über ihre Basis, sanken aber wieder auf 30 und 35 Meter herab.

»Karga, karga!«, hörte man Islam Bai rufen, indem er auf einen Raben deutete, der Kreise über der Karawane zog, auf einem Dünenkamme umherhüpfte und dann verschwand. Er erregte allgemeine Freude, denn wir glaubten, dass er die Nähe des Chotan-darja verkünde und sich nicht zu seinem Vergnügen so weit in die Wüste hineingewagt habe.

Wir waren 20 Kilometer gegangen, als Tschong-kara, das große schwarze Kamel, sich weigerte, den Weg fortzusetzen. Dies veranlasste uns, das Lager Nr. 13 aufzuschlagen. Hier durften die Kamele den Rest von Babais Sattel verzehren. Wir hatten noch eine Reserve an den sieben übrigen, die ebenfalls mit Heu und Stroh gepolstert waren. Meine Mittagsmahlzeiten wurden allmählich immer einfacher und ich musste mich mit Tee, Brot und Konserven begnügen. Die Männer tranken Tee und aßen Brot und geröstetes Mehl. Mit Brennholz war es schlecht bestellt; der kleine Vorrat, den wir mitgenommen hatten, war zu Ende und wir mussten einige weniger wichtige Holzkisten opfern.

Abends hielten wir eine Beratung. Wir waren alle der Meinung, dass wir höchstens drei Tagereisen vom Flusse entfernt seien, hofften aber, vorher noch in einen Strich von Pappelwäldern zu kommen. Zwei Mücken leisteten mir im Zelte Gesellschaft. Hatten wir sie mitgebracht oder waren sie vom Winde aus einem in der Nähe liegenden Walde hierher verschlagen worden?

26. April. Während die anderen damit beschäftigt

waren, die Karawane fertig zu machen und das Zelt abzubrechen, machte ich mich bei Sonnenaufgang allein auf und ging zu Fuß nach Osten, um einen Übergang zu suchen. Ich ging von nun an den ganzen Weg nach dem Chotan-darja zu Fuß und konnte also die Methode, die Entfernungen nach dem Schritte der Kamele zu bestimmen, nicht länger anwenden. Ich maß die Distanz nun dadurch, dass ich meine Schritte zählte, eine Beschäftigung, die meine Aufmerksamkeit in nicht geringem Grade in Anspruch nahm. Jede 100 Schritt, die ich hinter mir hatte, kamen mir wie eine Eroberung vor und mit jedem neuen Tausend strahlte meine Hoffnung auf Rettung heller.

Kompass und Feldstecher in der Hand, eilte ich direkt nach Osten, wo der Fluss am nächsten sein musste. Das Lager und die Kamele verschwanden bald hinter den Dünenkämmen. Nur eine Fliege, die ich mit außergewöhnlich freundlichen Augen betrachtete, begleitete mich; im Übrigen war ich einsam. Totenstille umgab mich und ein gelbes Dünenmeer, das sich in immer helleren Nuancen nach dem östlichen Horizonte abtönte. Eine tiefere Ruhe kann auf keinem Friedhofe herrschen; nur die Kreuze der Gräber fehlten.

Die Dünen erschienen mir ein wenig niedriger als gewöhnlich. Dadurch, dass ich ihnen bald folgte, bald sie umging, versuchte ich, mich möglichst auf ein und demselben Horizont zu halten, denn ich wusste, dass die Kamele manch schweren Schritt in meiner Spur treten mussten.

Unsere Lage war verzweifelt. Die Dünen stiegen bald wieder auf 40–50 Meter Höhe. Wenn ich auf dem Kamme einer solchen Riesenwoge stand, schien das Tal am Fuße der Leeseite schwindelnd tief unter meinen Füßen zu liegen. Diese Dünen mordeten uns langsam, aber sicher. Sie versperrten uns den Weg und wir mussten an ihnen vorbei; es wurde kein Pardon gegeben.

Die steilen Seiten schauten nunmehr nach Osten und

Südosten und bewiesen, dass hier in den letzten Tagen Nordwestwind geherrscht hatte. Auch jetzt erhob sich eine ziemlich frische Brise aus derselben Himmelsrichtung. Mit dem Winde schwebten dann und wann kleine, weiße, leichte wollige Bälle von irgendwelchen Pflanzen durch die Luft und an einem Dünenabhange rollte ein Bündel zusammengeballter, verdorrter, spröder Disteln hinab. Leider war es der Nordwestwind, der diese schwachen Anzeichen organischen Lebens mitbrachte; sie stammten wahrscheinlich aus den Gegenden, aus denen wir kamen.

Gegen Mittag fiel ich vor Erschöpfung und Durst beinahe um. Über mir glühte die Sonne wie ein Backofen. Ich konnte nicht weiter; da nahm die Fliege einen Anlauf und summte so munter umher, dass ich wieder wach wurde. »Versuche es noch einmal!«, klang es mir in den Ohren. »Schleppe dich bis zum nächsten Kamme, lege noch 1000 Schritte hinter dich! Du kommst dann dem Chotan-darja näher, dessen frische Wassermassen sich nach dem Lopnor wälzen und dessen spielende Wellen ein Lied von Lenz und Leben singen.«

Ich legte die 1000 Schritte zurück und brach auf der Höhe einer Düne zusammen, wo ich mich, die weiße Mütze über dem Gesicht, auf dem Rücken ausstreckte. Glühende Sonne, eile lieber nach Westen, um das Eis auf dem Hochgebirge des Mus-tag-ata zu schmelzen, und schenke uns nur einen Becher des kristallklaren Wassers, das von seinen stahlblauen Gletschern in schäumenden Flüssen herunterstürzt!

Ich war 13 Kilometer weit marschiert. Es war so schön, still dazuliegen, und oben auf dem Dünenkamme herrschte Luftzug. Ich versank in Halbschlaf und vergaß unsere traurige Lage. Ich träumte, ich läge auf einem frischen Rasen im Schatten einer dicht belaubten Silberpappel, deren Blätter in einem schwachen Lüftchen zitterten, und ich hörte die Wellen am Ufer eines Sees plätschern, der sich bis zum Fuße der Pappel erstreckte. In der Krone des Baumes sang ein Vogel ein Lied, das ich nicht verstand.

Es war ein herrlicher Traum. Ich hätte mich seiner Gaukelbilder lange erfreuen mögen und ich fühlte mich weit, weit fort, als der dumpfe Klang der Kamelglocken mich wieder in die abscheuliche Wirklichkeit zurückrief. Ich erhob mich in halb sitzende Stellung. Der Kopf war mir bleischwer, die Augen waren von den scharfen Reflexen des ewig gelben Sandes geblendet.

Die Kamele nahten mit stolpernden Schritten. Ihre Augen blickten matt mit erlöschendem Glanz. Der Blick war resigniert und gleichgültig und schien nicht mehr nach Weideland auszuspähen. Ihr Atem roch unangenehmer als gewöhnlich und sie atmeten schwer und abgemessen. Es waren ihrer nur noch sechs, die von Islam Bai und Kasim geführt wurden; die übrigen beiden Männer waren mit Babai und Tschong-kara, die sich schon zu Anfang des Marsches nicht mehr auf den Beinen hatten halten können, zurückgeblieben. Sie wollten nach dem Lager nachkommen, so schnell es die beiden kranken Kamele gestatteten.

Jetzt zeigte der Boden eine neue Variation seiner Zusammensetzung. Zwischen den Dünen breiteten sich hier und da ebene Flächen von ungemein feinem, losem Staube aus, in den wir wie in Schlamm einsanken, weshalb wir solche Stellen sorgfältig vermeiden mussten.

Zwischen zwei Dünen machten wir im Sande eine unerwartete Entdeckung: Es waren Skelettfragmente eines Esels oder, wie meine Leute glaubten, eines wilden Pferdes. Nur die Beine waren noch da, kreideweiß und so mürbe, dass sie bei der Berührung wie Asche zerfielen. Die Hufe, die am besten konservierten Teile, waren zu groß für einen Esel und zu klein für ein zahmes Pferd.

Was mochte dieser Einhufer draußen in der Wüste zu tun gehabt haben und wie lange hatte er hier wohl schon gelegen? Fragen, auf die der Wüstensand keine Antwort gab. Aber ich wüsste nichts, was dagegen spräche, dass das Gerippe hier seine 1000 Jahre gelegen haben kann, denn ich fand später, dass der feine, trockene Sand die

Eigenschaft hat, organische Stoffe zu konservieren. Es ist anzunehmen, dass das Skelett hier Jahrhunderte und aber Jahrhunderte begraben gelegen hat und vielleicht erst kürzlich infolge der Wanderung der Dünen freigelegt worden ist.

Alle waren vor Müdigkeit und Durst erschöpft; wir marschierten daher nur noch zwei und einen halben Kilometer. Auf einem Flecke ebnen, harten Lehmbodens hielten wir. Auch hier machten wir einen eigentümlichen Fund; die weißen, mürben Häuser einiger kleiner Schnecken, ein paar kleine Steine, die das Wasser in grauer Vorzeit rund geschliffen, Stücke von Feuersteinen, ein Bruchstück von einer Muschel und eine große Menge röhrenförmiger Kalkbildungen, die Verkalkungen von Binsenstängeln glichen.

Müde und durstig, auf ihre Stöcke gestützt, erreichten Mohammed Schah und Jolltschi erst in der Dämmerung das Lager. Sie kamen allein; die beiden Kamele waren, als sie sich geweigert hatten weiterzugehen, zurückgelassen worden. Sie hatten sich jedoch in der Nachtkühle wieder erholt, und als ich einen Mann geschickt hatte, um sie zu holen, kamen auch sie um Mitternacht im Lager an.

Eine außergewöhnlich heitere Stimmung herrschte an diesem Abend, denn wir hatten, als wir mit dem Feldstecher Ausguck gehalten, entdeckt, dass der Sand in unserer Richtung niedriger wurde und die Dünen in der Nähe des Lagers nur zehn bis 15 Meter hoch waren. Morgen würden wir den hohen Sand hinter uns haben und unser Lager vielleicht schon in den Wäldern des Chotan-darja aufschlagen! Es war ein herrlicher Gedanke, der uns alle belebte!

Mein Zelt wurde jetzt nicht mehr aufgeschlagen; wir mussten unsere letzten Kräfte für wichtigere Anstrengungen aufsparen. Alle schliefen unter freiem Himmel. Jolltschi allein ging abseits und sprach nur, wenn er direkt gefragt wurde. Er sah tückisch aus und es war ordentlich eine Beruhigung, wenn man ihn nicht zu Gesicht bekam.

Das Wort, das man im Laufe des Tages am öftesten hört,

ist: »*Jaman*« (schlecht, es geht uns schlecht). Wie auch der Verlauf des Tages gewesen sein mag: Sobald der Lagerplatz bestimmt ist, bessert sich die Laune immer wieder. Was nützte es auch, sich für den kommenden Morgen zu sorgen, wenn wir nur noch von den Mühen und fehlgeschlagenen Hoffnungen des dahingegangenen Tages ausruhen konnten! Die Nacht mit ihrer Kühle war eine stets willkommene Freundin.

Gegen sechs Uhr abends kam mir plötzlich der Gedanke: »Müssten wir es nicht doch wenigstens versuchen, einen Brunnen zu graben?« Islam Bai und Kasim waren gleich dafür, und während Ersterer mein Mittagessen bereitete, begann Letzterer zu graben. Er streifte sich die Ärmel auf, spuckte in die Hände und ergriff den Retmen, einen sartischen, spitzen Spaten. Der trockene Lehm knisterte und Kasim sang im Takte mit den Spatenstichen.

Nachdem die beiden anderen Männer ins Lager gekommen waren, wechselten die drei mit dem Graben ab. Jolltschi lachte allerdings höhnisch und antwortete auf meine Frage, Wasser gebe es hier unten freilich, aber es stehe in 30 Gulatsch (Klafter) Tiefe. Er war aber ganz beschämt und arbeitete mit verdoppelter Kraft, als der mit Sand gemischte Lehm in der Tiefe von einem Meter feucht wurde.

Dies wirkte auf uns alle in hohem Grade belebend. Ich verzehrte schnell mein einfaches Essen und eilte mit Islam Bai nach dem Brunnen. Jetzt arbeiteten wir alle fünf. Kasim grub, dass der Spaten nur so sauste. Bald verschwand der Gräber in der Erde und konnte den Sand nicht mehr herauswerfen. Es wurde ein Strick an den Henkel eines Eimers gebunden und in diesem das lose Material heraufgezogen. Ein dritter Mann leerte den Eimer aus. Um den Rand herum erhob sich allmählich ein hoher Ringwall, den ich fortschaufelte, um besser Platz zu schaffen.

Die Arbeit war um sechs Uhr begonnen worden. Die Lufttemperatur betrug noch 28,6 Grad. Die Oberfläche des

Bodens war auf 26,8 Grad erwärmt. In der Tiefe von 1,05 Metern hatte der mit Sand gemischte Lehm 16,6 und bei 1,54 Metern 12,4 Grad. Es war frisch und schön, sich in dem aufgeworfenen Sande auszustrecken; er kühlte den ganzen Körper ab. Das Wasser in der letzten eisernen Zisterne war noch 29,4 Grad warm, als aber eine Kanne davon in den Sand gebettet wurde, war es frisch und erquickend geworden.

Der Sand wurde, wenn auch langsam, immer feuchter. Hier war entschieden Wasser, aber Jolltschi glaubte, es liege noch sehr viel tiefer. In der Tiefe von zwei Metern war das herausgegrabene Material so nass, dass sich Bälle davon formen ließen und die Hände bei der Berührung feucht wurden. Es war schön, die erhitzte Stirn darauf drücken zu können.

So vergingen ein paar Stunden. Die Männer waren müde. Der Schweiß lief ihnen den nackten Rücken hinunter, denn sie hatten den Oberkörper entblößt. Sie pausierten immer öfter und tranken dann und wann einen Schluck Wasser. An diesem Abend tranken wir ohne Gewissensbisse, denn der Brunnen sollte ja unsere leeren Zisternen wieder füllen

Mittlerweile war es stockfinster geworden und zwei Lichtstümpfe wurden in kleine Nischen in der Brunnenwand gesetzt. Der Instinkt trieb alle Tiere nach der Schachtmündung. Die Kamele standen mit vorgestreckten Hälsen da und beschnupperten den kühlen, feuchten Sand, auf dem Jolldasch mit von sich gestreckten Beinen auf dem Bauche lag. Sogar die Hühner kamen herbei und sahen zu.

Mit dem Mute der Verzweiflung wurde Zoll für Zoll aus Leibeskräften gearbeitet. Die Hoffnung auf Rettung gab neue Kraft. Wir dachten nicht daran, nachzugeben. Wir wollten, wenn es sein musste, den ganzen nächsten Tag hier blieben, aber Wasser mussten wir haben.

Wir redeten gerade hiervon, standen im Kreise um die gähnende Brunnenöffnung herum und betrachteten

Kasim, der sich drunten in der Tiefe, nackt und vom Scheine der Lichter schwach beleuchtet, ganz phantastisch ausnahm – als er urplötzlich aufhörte, den Spaten kraftlos fallen ließ, einen halb unterdrückten Schrei ausstieß und wie vernichtet dastand!

»Was gibt's, was ist passiert?«, fragten wir erstaunt. *»Kurruk kum«* (der Sand ist trocken), ertönte es wie eine Stimme aus dem Grabe.

Ein paar matte Spatenstiche überzeugten uns, dass der Sand ganz plötzlich wieder so trocken wie Zunder geworden war. Die verräterische Feuchtigkeit rührte vielleicht von einem winterlichen Schneefall oder einem Regenschauer her. Die wahre Ursache kannten wir nicht und die Sanddünen verraten ihre Geheimnisse nicht. Die Tiefe, die wir erreicht hatten, betrug 3,13 Meter; es herrschte dort eine Temperatur von 11,2 Grad.

Nun erst fühlten wir, dass wir müde waren und während der letzten drei Stunden unsere kostbaren Kräfte umsonst verschwendet hatten. Schlaff und willenlos, sanken wir förmlich zusammen; tiefe, bittere Verstimmung war auf jedem Gesicht zu lesen. Aber wir vermieden es, einander anzusehen, und ein jeder taumelte nach seinem Lager, um in einem schweren, langen Schlafe die entsetzliche Enttäuschung dieses Tages zu vergessen.

Bevor ich mich schlafen legte, sprach ich noch mit Islam Bai unter vier Augen. Wir verhehlten einander unsere Befürchtungen nicht, beschlossen aber, den Mut der anderen bis aufs Äußerste aufrecht zu halten. Nach dem Chotan-darja konnte es, den Karten nach, nicht mehr weit sein, aber wir mussten uns doch auf das Schlimmste gefasst machen.

Die drei anderen schliefen schon, als wir die letzte Wasserzisterne untersuchten. Für einen Tag war noch Vorrat darin. Wir wollten das Wasser wie Gold bewachen. Ja, hätten wir uns mit all dem chinesischen Silbergeld, das wir bei uns hatten, für noch einen Tag Wasser kaufen können, wir würden es getan haben.

Der letzte Rest des Wassers sollte tropfenweise verteilt werden. Er musste noch drei Tage reichen. Das würde auf jeden der Männer zwei Becher täglich machen. Die Kamele hatten in den drei letzten Tagen keinen Tropfen erhalten und bekamen auch nichts mehr. Jolldasch und das Schaf erhielten täglich je eine Schale voll und befanden sich noch ganz wohl.

Dann gingen wir zur Ruhe, während die Kamele, geduldig und sanftmütig wie Opferlämmer, am Rande des offenen Brunnens noch immer vergebens warteten.

KEIN WASSER!

Am 27. April bei Sonnenaufgang wurde von den Kamellasten alles, was zurückgelassen werden konnte, geopfert, um die Tiere, wenn möglich, noch einige Zeit bei Kräften zu erhalten. Aus einem der Sättel wurde das Heupolster herausgenommen und vor ihnen ausgebreitet. Sie verschlangen es voll Gier und sahen sich dann nach Wasser um. Ihre Lippen wurden auch mit ein paar Tropfen befeuchtet, um sie zu erfrischen; zum Nachtisch erhielten sie einen ganzen Sack voll altes Brot und Öl. Auf dem Lagerplatze wurden ein Ofen, mein Feldbett, ein Teppich und allerlei andere, minder wichtige Dinge zurückgelassen.

Sobald ich meinen Tee getrunken, eilte ich nach Osten. Ich brannte vor Ungeduld fortzukommen, denn die Dünen waren niedriger als gewöhnlich; sie waren hier nur zehn Meter hoch. Ich bemerkte jedoch, dass der braune Untergrund, der hier und da zwischen den Dünen hervorguckte, schwach kupiert war. Die geringere Höhe des Sandes kann von der wellenförmigen Plastik dieses Terrains herkommen, indem sich auf den Erhöhungen weniger Sand angehäuft hat als um diese herum.

Ich täuschte mich nicht. Nach einer Stunde verlor ich mich wieder zwischen ebenso hohen, schwierigen, unübersehbaren Dünen wie bisher. Die abschüssigen Seiten waren nach Süden und Osten gerichtet; die kleineren Dünen lagen im Norden und Süden oder im Nordosten und Südwesten. Größere Dünenketten zogen sich von Osten nach Westen hin.

Keine Spur von Leben, nicht einmal eine einsame Tamariske am Rande des Horizonts, nichts, was die Nähe von »Land« verriet! Mir schwindelte mitten in diesem öden Sandmeere, auf dessen bodenloser Tiefe wir uns rettungslos verirrt hatten. Ich spähte und forschte mit dem Feldstecher auf jedem hohen Dünenkamme, in der steten Hoffnung, dort hinten im Osten die dunkle Linie zu erblicken, die die Wälder des Chotan-darja anzeigen würde, aber nichts war zu sehen!

Als ich über einen Abhang wanderte, erblickte ich einen kleinen Gegenstand, der einer Wurzel glich. Ich bückte mich, um sie aufzuheben, als sie plötzlich forthuschte. Es war eine Eidechse von derselben gelben Farbe wie der Sand. Sie verschwand in einem kleinen Loche in dem harten Rande der Düne. Wovon lebte sie? Brauchte sie nie einen Tropfen Wasser, um ihren Leib feucht zu halten?

Der Tag war herrlich, der Himmel mit leichten Wolken überzogen, die Hitze keineswegs lästig. Nach drei und einer halben Stunde holte mich die Karawane ein, die den ganzen Tag gut marschierte. Mohammed Schah und die beiden kranken Kamele fehlten auch jetzt, sollten aber langsam nachkommen.

Wir sahen zwei Gänse, die in bedeutender Höhe nach Nordwesten strichen. Sie fachten unsere Hoffnung wieder an, da wir vermuteten, sie kämen vom Chotan-darja und wären auf dem Wege nach dem kleinen See am Gebirge. Dies war eigentlich ein Selbstbetrug, denn wenn die Gänse hoch fliegen, ziehen sie gewöhnlich fort, und was bedeutet dann eine Wüste von 300 Kilometer Breite für sie!

Nach einer Weile setzte ich mich wieder auf meinen prächtigen Boghra, der sich diese Erschwerung seiner Bürde ohne Murren gefallen ließ. Ich fühlte mich entsetzlich angegriffen; aber als ich merkte, dass dem Kamel bei jedem Schritte die Knie zitterten, zog ich doch vor, zu gehen.

Die Dünen erreichten an diesem Tage ihre Maximalhöhe: 60 Meter! Ich schätzte die Höhe, indem ich mich in ziemlich weitem Abstand von dem steilen Abhange einer Düne aufstellte, auf deren Kamme die Karawane einherzog. Ich hatte die Höhe eines der Kamele gemessen und fand dadurch, dass ich mir einen mit kleinen Kerben eingeteilten Bleistift vor das Auge hielt, wie viel Kamelgrößen auf die Dünenhöhe gingen. Die Kamele sahen im Vergleiche mit der Düne, die einem Berge glich, verschwindend klein aus.

Jolldasch heult und winselt und hält sich stets in der Nähe der Zisternen auf, in denen die letzten Wassertropfen an dem Eisenblech ihren Schwanengesang ertönen lassen. Wenn wir ein paar Minuten unschlüssig stehen blieben, bellt er heiser, schluckt und kratzt im Sande, um uns daran zu erinnern, einen Brunnen zu graben, und uns zu verstehen zu geben, dass er fürchterlich durstig ist.

Wenn ich mich ausruhte, kam der Hund herbei, setzte sich vor mich hin und konnte mir minutenlang ins Auge sehen, wie um zu fragen, ob noch Hoffnung vorhanden sei. Ich streichelte ihn, schaute ruhig aus und zeigte nach Osten, um ihm zu verstehen zu geben, dass dort Wasser sei. Er spitzte die Ohren und lief nach der Richtung, kam aber bald niedergeschlagen und enttäuscht wieder.

Auf einem Dünenkamme, dessen höchste Spitze Islam Bai mühsam erklomm, hielten wir eine lange Rast, um den Horizont mit dem Feldstecher zu untersuchen. Keine Lücke zwischen den Dünen, wohin wir hätten ziehen können! Immer dasselbe erstarrte Meer von Riesenwogen! Noch immer sind wir der Mittelpunkt dieser totenstillen Gegend.

Wir beschlossen indessen, so lange weiterzuziehen, als die sechs Kamele marschieren können, bis ein ernsthafter Streik einträte. Dies geschah um sechs Uhr abends auf einer sanft nach Norden abfallenden Düne, wo das Lager Nr. 15 aufgeschlagen wurde und wir auf allen Seiten von abscheulichem Terrain umgeben waren.

Bald darauf kam Mohammed Schah. Er berichtete, dass die beiden kranken Kamele sich schon bei Beginn des Tagesmarsches geweigert hätten zu gehen und dass er sie deshalb verlassen habe. Wäre ich dabei gewesen, so wären sie erschossen worden, denn der Alte sagte, dass sie höchstens noch zwei Tage zu leben hätten. Er glaubte aber, dass sie zu retten seien, wenn wir vor Abend noch Wasser fänden. Nun waren sie jedoch dem sicheren Tode preisgegeben. Möge der Tod schnell gekommen sein, sodass sie in der Einsamkeit nicht allzu lange auf ihre Erlösung haben warten müssen!

Mohammed Schahs Botschaft machte auf mich einen bitteren Eindruck. Es war meine Schuld, dass diese unschuldigen Geschöpfe ihr Leben einbüßen mussten, und ich trug die Verantwortung für alle die qualvollen Augenblicke, alle Leiden und alle Pein, die Menschen und Tiere in meiner Karawane zu erdulden hatten. Ich war nicht mit dabei gewesen, als die ersten Kamele in die Gewalt der bösen Sandwüste gegeben wurden; aber dieses Ereignis war doch eine Szene, die mir noch lange vor Augen stand und mich nachts wie ein Alp oft wach hielt.

Babai hatte gelegen, als Mohammed ihn verließ, aber das schwarze Kamel stand aufrecht auf schwankenden Beinen, mit aufgeblähten Nüstern und glänzenden Augen, und schaute der Karawane, die ihm bald aus dem Gesicht entschwand, traurig und sehnsuchtsvoll nach.

Ich stellte mir vor, dass es dann langsam den Kopf nach dem Kameraden umgewandt und sich in dessen Nähe hingelegt habe. Darauf streckten sie ihre Hälse auf dem Sande aus, machten die Augen halb zu und atmeten schwer durch die aufgeblähten Nüstern. Aber die Mattigkeit nahm zu und sie legten sich mit gestreckten Beinen auf die Seite.

Das Blut strömte immer langsamer, immer dicker durch ihre Adern; der Todesschlummer ließ ihre Glieder allmählich erstarren. Vielleicht träumten sie von den schönen Tagen zwischen den Sümpfen am Fuße des Masar-tag. Die Pausen zwischen den Atemzügen wurden immer länger und – dann war es vorbei!

Babai starb wahrscheinlich zuerst, denn er war am schwächsten. Aber wie lange dauerte dieser Todeskampf? Wir werden es nie erfahren. Ich entsetzte mich über den Gedanken, dass sie vielleicht noch mehrere Tage gelebt haben und von den Sandstürmen der folgenden Tage lebendig begraben worden sind.

Gegen Abend erblickten wir im Westen dicke, regenschwere Wolken von stahlblauer Farbe. Dort war Wasser und Leben – hier herrschten Dürre und Tod. Sie dehnten sich aus und verdichteten sich. Wir wurden förmlich hypnotisiert von diesem Anblick, der unsere Aufmerksamkeit vollständig fesselte.

Die Hoffnung auf Regen wuchs immer mehr. Wir stellten leere Zisternen auf, breiteten die Zeltleinwand auf dem Boden aus und hielten uns alle Mann bereit, ihre Zipfel anzufassen. Wir warteten und warteten, aber die Wolken zogen langsam nach Süden und beschenkten uns mit keinem Tropfen.

Islam Bai buk mir zum letzten Mal Brot. Mohammed Schah erklärte, dass wir unter Telesmat stünden, d. h. verhext seien, und glaubte, wir würden nie wieder aus der Wüste herauskommen. Islam Bai sagte mit erhabener Ruhe, erst würden die Kamele eins nach dem anderen fallen, dann käme die Reihe an uns; es sei dies die natürlichste Sache von der Welt. Ich antwortete, ich sei überzeugt, dass wir nicht sterben würden.

Jolltschi verhöhnte meinen Kompass (Keblenameh, Mekkaführer). Er betrüge uns und wir gingen im Kreise. Es sei daher ganz einerlei, wie lange Tagemärsche wir machten. Es wäre besser, uns nicht unnötigerweise zu überanstrengen, da wir jedenfalls in einigen Tagen vor Durst sterben müssten.

Ich suchte ihm seine Befürchtungen wegen des Kompasses auszureden. Der Kompass zeige richtig; wir seien die ganze Zeit über direkt nach Osten gegangen und er könne sich übrigens nach der Stellung der Sonne selbst davon überzeugen. Er erwiderte, der Staubnebel im Vereine mit Telesmat habe zur Folge, dass man sich nicht einmal auf die Sonne verlassen könne.

Am 28. April erwachten wir von einem außerordentlich heftigen Buran aus Nordosten, der den Sand in undurchdringlichen Wolken um das Lager jagte. Graugelbe Sandhosen stürmten in wilder Flucht die Dünen hinauf, um machtlos auf der Leeseite hinunterzustürzen, wobei sie einander in rasendem Tanze folgten. Es war der schwerste Sturm, den wir auf der ganzen Wüstenreise gehabt, einer jener Kara-burane, jener schwarzen Stürme, die den Tag in Nacht verwandeln.

Wir hatten unter freiem Himmel geschlafen. Ich lag in meine Pelze gehüllt und hatte den Baschlik über den Kopf gezogen. Dessen ungeachtet war ich am Morgen im Sand buchstäblich begraben. Über Hals und Brust lag eine dicke Schicht feinen, gelben Sandes, der überall eindrang und mir, als ich mich erhob, unter das Hemd rutschte, sodass ich mich entkleiden und die Kleider ausschütteln musste.

Der Marsch fiel uns schwer, denn von der Umgebung sahen wir nicht das Geringste und wir wussten nicht, nach welcher Richtung wir gehen mussten. Aber die Luft war kühl und der Wind ließ uns den Durst vergessen.

Heute konnte ich natürlich nicht vorausgehen, denn die Spuren wurden augenblicklich verwischt. Es galt, dicht beisammenzubleiben. Verlor man die anderen außer Sicht, so konnte man den Sturm weder durch Rufe noch Flintenschüsse übertönen; man verirrte sich und wäre rettungslos verloren gewesen. Man sah nur das nächste

Kamel; die übrigen verschwanden in einem undurchdringlichen Schleier. Nur ein eigentümlich pfeifender, sausender Ton ließ sich hören, wenn die Milliarden von Sandkörnern vorbeieilten.

Vielleicht waren es diese eigentümlichen Laute, die auf Marco Polos Phantasie einwirkten, da er in seiner Schilderung von den Schrecken der »großen Wüste« schreibt:

»Auch bei Tage hört man diese Geister sprechen und von Zeit zu Zeit wird man den Klang einer Menge verschiedener musikalischer Instrumente hören und noch öfter den Ton von Trommeln. Es ist daher gewöhnlich, dass die Reisenden, die diese Wanderung machen, sich dicht zusammenhalten. Alle Tiere haben auch Glocken um den Hals, damit sie sich nicht so leicht verirren können. Und zur Schlafenszeit wird ein Signal errichtet, um die Richtung des nächsten Tagemarsches anzugeben. Und auf diese Weise wird die Wüste durchquert.«

Es war ein harter Marsch. Mitten am Tage wurde es oft stockfinster; sonst herrschte um uns herum eine dunkle, rotgelbe bis graue, unsichere Beleuchtung. Wir waren oft nahe daran, zu ersticken, wenn uns der Sturm den Sand ins Gesicht trieb. Als uns die heftigsten Windstöße entgegenschlugen, mussten wir beständig stehen bleiben. Wir kauerten uns dann nieder, das Gesicht nach der Leeseite eines Kamels gerichtet; auch die Tiere legten sich mit dem Schwanze nach dem Winde und streckten den Hals am Boden aus.

Eins der jüngeren Kamele siechte während des Tages dahin. Man sieht sofort, wenn es mit diesen Tieren zu Ende geht. Sie marschieren stolpernd, mit zitternden Beinen; die Augen haben einen matten, gläsernen Glanz, die Unterlippe hängt herab und die Nüstern blähen sich auf.

Wir arbeiteten uns gerade über einen Kamm, auf dem der Sturm mit verdoppelter Wut zu toben schien. Das sterbende Kamel wurde von Jolltschi hinter dem Zuge hergeführt. Nach Osten senkte sich der Abhang schroff nach einem Tale hinunter, in dem der Sand eine kleine Strecke eben war. Hier kam Jolltschi uns Hals über Kopf nach, um uns nicht aus dem Gesichte zu verlieren. Das Kamel hatte nicht mehr über die letzte Düne gekonnt; es war dicht vor dem Kamme niedergefallen, hatte sich sofort auf die Seite gelegt und war nicht dazu zu bringen gewesen, wieder aufzustehen.

Ich kommandierte Halt und schickte zwei der anderen Leute hin, damit sie nachsähen, wie es mit dem Kamel stand. Sie verschwanden auf einige Minuten im Staubnebel, kamen aber bald mit dem Bescheide wieder, dass die Spuren schon verwischt seien und sie es nicht gewagt hätten, sich von der Karawane zu entfernen. So ging das dritte Tier unserer Karawane verloren.

Wir wurden allmählich gegen die Bitterkeit dieser Verluste abgestumpft. Es galt jetzt nur, zu suchen unser eigenes Leben zu retten. Man wird unter solchen harten Schicksalsschlägen gefühllos und gleichgültig. Als wir am Morgen aufbrachen, musste ich denken, an wem jetzt wohl die Reihe sei, im Laufe des Tages die letzte Reise anzutreten.

Um sechs Uhr machten wir nach einer Wanderung von 20,6 Kilometer Halt. Nachdem wir eine Weile Rat gehalten, kamen wir überein, alles, was nicht unumgänglich notwendig war, zurückzulassen. Mit Islam Bai musterte ich das ganze Gepäck durch. Der große Proviant, der auf drei Monate berechnet war, alles wurde kassiert. Mehrere Pelze und Filzdecken, Kissen, einige Bücher, ein großer Pack Zeitungen, der Kochapparat mit dem Petroleumvorrat, Kochtöpfe, Porzellangeschirr usw. wurden zurückgelassen.

Alle diese Sachen wurden in Kisten gepackt, die wir mit Teppichen bedeckten und zwischen zwei Dünen stellten. Auf dem nächsten hohen Dünenkamme, der weithin sichtbar war, wurde ein Stab eingeschlagen und daran eine Nummer von einer schwedischen Zeitung als Flagge befestigt. Wir beabsichtigten zurückzukommen, um die Sachen zu retten, wenn wir Wasser fänden. Zu diesem

Zweck wurden im Laufe des Abends aus einem Kistendeckel zirka 20 kleine Stöcke verfertigt und in jeden von ihnen eine Zeitungsnummer geklemmt. Sie sollten während der folgenden Tage in hohen Dünenkämmen befestigt werden, um uns, gleich Bojen in unbekanntem Fahrwasser, nach dem Lager Nr. 18, wo wir die Kisten zurückgelassen, zu führen.

Unter den Konserven wählte ich alle aus, die ein wenig Wasser enthielten, wie Champignons, Hummer und Sardinen. Nachdem die Leute sich davon überzeugt hatten, dass in diesen Dosen kein Schweinefleisch war, ließen sie sich diese Delikatessen gut schmecken.

Der Rest des Wassers, knapp zwei Liter, wurde in zwei Kunganen (eisernen Kannen) aufbewahrt. Das letzte Paar Eisenzisternen behielten wir für den Fall, dass wir noch Wasser finden würden. Die Kamele wurden mit noch einem Packsattel gefüttert, aber sie fraßen nicht mit Appetit, denn die Kehle war ihnen ausgetrocknet. Ich erhielt zum letzten Mal Tee und nahm eine tüchtige Mahlzeit von feuchten Konserven ein.

29. April. Bei Sonnenaufgang zogen wir mit den letzten fünf Kamelen, die sich noch auf den Beinen hielten, weiter. Islam Bai kam ganz betrübt zu mir und teilte mir mit, dass er die eine eiserne Kanne leer gefunden und dass er und die anderen Männer Jolltschi im Verdacht hätten, da dieser in der Nacht umhergekrochen sei und gesucht habe. Es ließ sich jedoch nicht beweisen, dass er der Schuldige war.

Aber unser Verdacht steigerte sich, als er mit kriechender Miene zu mir kam und über Brust- und Leibschmerzen klagte. Wir glaubten, es sei Verstellung. Doch es war meine Schuldigkeit, mit gutem Beispiel voranzugehen und bei den anderen den Mut aufrecht zu halten, und so gab ich ihm die Hälfte meines Anteils. Wir verloren ihn dann aus den Augen und erst am folgenden Morgen schloss er sich der Karawane wieder an.

Es war ein hoffnungsloses Umherirren, ein vergebliches

Spähen nach Land. Keine Spur von Leben war sichtbar. Das Wüstenmeer erschien uns endlos. Die Höhe der Dünen nahm ein wenig ab, aber die relative Luftfeuchtigkeit stieg nicht im Mindesten. Die Dünen strichen jetzt von Norden nach Süden mit den steilen Seiten nach Westen, was den Marsch noch mehr erschwerte.

Wenn man von einem hohen Kamme nach Osten schaut, trifft der Blick alle diese steilen Seiten und man glaubt, eine langsam ansteigende Treppe vor sich zu haben. Gegen Westen dagegen gleitet der Blick über sanft abfallende Flächen hin und in dieser Richtung erscheint das Terrain beinahe eben. Diese Sinnestäuschung bringt einen fast zur Verzweiflung. Man glaubt, immer höher und schwieriger werdenden Sand vor sich zu haben.

Den ganzen Tag wanderten wir durch tiefen Sand. Es ging langsam und die Glocken läuteten in immer schleppender werdendem Takte. Die Kamele waren halb tot vor Müdigkeit, behielten aber noch ihren majestätisch würdigen, ruhigen Gang bei. Ihr Dung enthielt nur noch hier und da einen Halm, denn sie zehrten jetzt hauptsächlich von ihrem Fette und magerten daher schnell ab. Sie sahen elend aus und alle Rippen zeichneten sich an den Seiten ab. Die drei zurückgelassenen Kamele wurden bereits für tot gehalten; jedenfalls war es zu spät, sie zu retten, auch wenn Land und Wasser nahe gewesen wären.

Der Tag war still, die Luft aber noch mit Staub gesättigt. Mit Recht sagten die Männer, es sei ein Segen Gottes, dass das Wetter in den letzten Tagen so frisch gewesen und wir nicht von der Glut der Sonne zu leiden gehabt, sonst wären alle Kamele zugrunde gegangen und wir selbst drauf und dran gewesen, ihr Schicksal zu teilen.

Ich ging 12 ½ Stunden in einer Tour und wir legten 27 Kilometer zurück, ehe wir uns lagerten. Keine Erleichterung war nach Osten hin zu bemerken: Ein Meer von Dünen breitete sich bis an den Rand des Horizonts aus und man sah keinen Gegenstand, auf dem man den Blick hätte ruhen lassen können.

30. April. Die Minimumtemperatur fiel auf + 5,1 Grad und es war am Morgen ordentlich kalt. Feiner Staub schwebte noch in der Luft, aber es klärte sich doch so weit auf, dass ein heller Schimmer die Höhe der Sonne angab. Die Kamele erhielten noch einen Sattel und den ganzen Buttervorrat und erschienen auch heute noch leistungsfähig.

Wir hatten noch zwei Glas Wasser in der eisernen Kanne. Während die anderen Männer mit dem Beladen der Kamele beschäftigt waren, überraschte Islam Bai den Jolltschi, wie er, mit dem Rücken nach den Kameraden gekehrt, die eiserne Kanne vor dem Munde hatte. Nun kam es zu einem jener widerwärtigen, peinlichen Auftritte, die bei solchen Gelegenheiten nicht ausbleiben. Vor Wut kochend stürmten Islam Bai und Kasim auf Jolltschi los, schlugen ihn zu Boden, ohrfeigten ihn, stießen ihn mit den Füßen und würden ihn umgebracht haben, wenn ich ihnen nicht streng befohlen hätte aufzuhören.

Die Hälfte, ungefähr 1/6 Liter, war noch übrig. Um die Mittagszeit gedachte ich die Lippen der Männer damit anzufeuchten; der Rest sollte am Abend in fünf gleiche Teile geteilt werden. Wir redeten davon, wie viele Tage wir dann wohl noch würden aushalten können.

Dann klangen die Glocken wieder und der Zug setzte sich nach Osten in Bewegung. Anfangs hatten die Dünen nur acht Meter Höhe, aber in kurzem gerieten wir wieder in Tschong-kum (großen Sand) hinein. Eine kleine Bachstelze flog zwitschernd über die Karawane hin und fachte in uns einen neuen Hoffnungsfunken an. Islam Bai wurde hiervon so belebt, dass er sich erbot, mit der eisernen Kanne nach Osten zu eilen, um so schnell wie möglich mit Wasser zurückzukehren. Aber ich sagte Nein; ich bedürfte seiner jetzt mehr als je und wir müssten beieinander bleiben.

Schon zu Anfang des Marsches wurde Jolltschi vermisst. Die anderen glaubten, dass er uns nicht mehr folgen könne und unterwegs sterben würde. Alle waren auf ihn erbittert. Er war es, der am letzten See versichert, dass wir nur für vier Tage Wasser brauchten, und der sich anheischig gemacht, in dieser Zeit Brunnenwasser zu finden. Sie glaubten, dass er von vornherein einen Plan gegen uns geschmiedet und uns absichtlich in eine Gegend geführt habe, in der wir umkommen mussten, dass er das Wasser zu stehlen gedacht, um sich selbst zu erhalten, und dann nach bewohnten Gegenden hätte eilen wollen, um mit einigen anderen Goldsuchern unsere Kisten zu plündern. Man kann nicht wissen, wie es sich damit verhielt, und es ist nie aufgeklärt worden.

Noch hatte ich jeden Abend mit Tinte ausführliche Aufzeichnungen in mein Tagebuch geschrieben und diese sind es, die meiner Schilderung dieser unheimlichen Reise zugrunde liegen. Die letzten Einträge, die meine allerletzten hätten werden können, wurden am Abend des 30. April gemacht und lauteten folgendermaßen:

»Rasteten auf einer hohen Düne, wo die Kamele umfielen. Wir hielten mit dem Feldstecher Ausguck nach Osten; Sandberge auf allen Seiten, kein Grashalm, nichts Lebendiges. Von Jolltschi weder abends noch über Nacht etwas gehört. Die Leute glaubten, er sei zu dem zurückgelassenen Gepäck zurückgekehrt, um sein Leben mit den Konserven zu fristen und auf Hilfe zu warten. Islam hielt ihn für tot.«

»Ungefähr ein Glas Wasser, die letzten Tropfen, waren am Morgen noch übrig. Mit der Hälfte davon wurden den Männern mittags die Lippen angefeuchtet. Als abends der Rest verteilt werden sollte, stellte es sich heraus, dass Kasim und Mohammed Schah, die die Karawane geführt, diese Tropfen ausgetrunken hatten. Alle, sowohl meine Leute wie die Kamele, sind außerordentlich schwach. Gott helfe uns!«

Während der folgenden Tage machte ich ganz kurze Notizen mit einem Bleistift auf einem zusammengefalteten Bogen Papier. Aber ich versäumte nie, die Kompasspeilungen, die Schrittzahl in jeder Richtung und den Gang der Ereignisse zu notieren. Als ich dann endlich am Ufer des Chotan-darja wieder zur Ruhe gekommen war, war es meine erste Arbeit, diese Notizen in den Einzelheiten auszuführen, solange die Erinnerung noch frisch war.

DER UNTERGANG DER KARAWANE

Die Nacht zum 1. Mai war kalt und das Temperaturminimum fiel auf + 2,2 Grad, die niedrigste Ablesung auf der ganzen Wüstenreise. Dafür war aber die Luft rein und die Sterne funkelten mit unbeschreiblichem Glanz. Der Tag fing mit herrlichem, windstillem Wetter an. Schon kurz nach Sonnenaufgang wurde es wieder heiß.

Erster Mai! Welche Fülle von Lebenslust und Fröhlichkeit, welches Meer von Getränken umfasst dieses Wort. Ich versuchte mir einzubilden, dass dieser Tag auch in der Wüste des fernen Ostens ein Festtag werden würde. An diesem Tage war ich vor einem Jahre in Kaschgar angelangt, wo ich nach einer Augenentzündung Ruhe und Pflege gefunden hatte, und ich hoffte, dass auch in diesem Jahre der erste Mai ein Wendepunkt in unserem Geschicke werden würde – und ein Wendepunkt wurde er auch!

Frühmorgens kam der für tot gehaltene Jolltschi ins Lager. Er hatte sich jetzt wieder erholt und wagte zu behaupten, dass wir heute gewiss Wasser finden würden. Die anderen Männer redeten gar nicht mehr mit ihm. Stumm und traurig saßen sie da und tranken den letzten Rest des ranzigen Öls der Kamele, das sie erwärmt und mit altem Brot vermischt hatten.

Ich hatte den ganzen vorhergehenden Tag keinen Tropfen Wasser bekommen, und von Durst entsetzlich gequält trank ich jetzt ungefähr ein Trinkglas voll von dem abscheulichen chinesischen Branntwein, der sonst für den Kochapparat benutzt wurde. Er brannte in der Kehle wie Schwefelsäure, aber was tat es! Er führte dem Körper ja ein wenig Feuchtigkeit zu.

Als Jolldasch mich trinken sah, kam er herbei und wedelte mit dem Schwanze. Nachdem ich ihn davon überzeugt hatte, dass dies kein Wasser war, ging er winselnd und niedergeschlagen fort. Die Männer wollten den Schnaps zum Glück nicht probieren. Voll Ekel schleuderte ich die Flasche auf eine Düne.

Meine Kräfte wurden gelähmt und die Füße versagten mir den Dienst, als die Karawane langsam nach Osten wanderte. Die Glocken klangen in der stillen Luft heller als gewöhnlich. Wir hatten drei Gräber hinter uns zurückgelassen; wie viele blieben uns noch am Wege anzulegen?

Islam Bai ging voraus, den Kompass in der Hand; die fünf Kamele wurden von Mohammed Schah und Kasim geführt; Jolltschi ging hinter dem letzten Kamel und trieb es an. Todmüde und von brennendem Durst verzehrt kroch und taumelte ich weiter hinter der Karawane in ihrer Spur vorwärts. Sie verschwand hinter einer Düne nach der anderen, tauchte aber auf den Kämmen wieder auf. Das Glockengeläute klang immer schwächer, immer langsamer, dann erstarb es in der Ferne.

Ich schleppte mich einige Schritte vorwärts, um wieder zu fallen, erhob mich, strebte weiter und fiel; so ging es in einem fort. Nun war es still dort vorn und die Glocken ertönten nicht mehr; aber die Spuren waren noch da und ich folgte ihnen getreulich, immer meine schweren Schritte zählend.

Endlich erblickte ich von einem Dünenkamme aus die Karawane, die Halt gemacht hatte. Die fünf Kamele hatten sich vollständig erschöpft niedergelegt. Der alte Mohammed Schah lag auf dem Bauche im Sande, murmelte Gebete und rief Allah um Hilfe an. Kasim saß im Schatten eines Kamels; er hatte die Hände vor das Gesicht gehalten und schnappte nach Luft. Er sagte, dass der alte Mann todmatt sei und keinen Schritt mehr machen könne. Er habe während des Marsches im Gehen phantasiert und die ganze Zeit über von Wasser geredet.

Islam Bai war weit voran. Wir riefen ihn. Er war jetzt der Stärkste und erbot sich wieder, mit den eisernen Kannen zu Fuß nach Osten zu eilen. Er meinte, 50 Kilometer in der Nacht gehen zu können. Als er aber sah, wie angegriffen ich war, blieb er.

Wir hatten eine Weile geruht, als Islam Bai einen anderen Vorschlag machte. Wir müssten nach einem Plätzchen harten Bodens suchen, um mit dem Reste unserer Kräfte einen Brunnen zu graben. Er würde die Karawane führen.

Mit Mühe vermochte ich auf das weiße Kamel zu klettern, nachdem seine Last: die beiden Munitionskisten, zwei europäische Sättel und ein Teppich, kassiert worden waren. Islam half mir hinauf, aber das Kamel weigerte sich aufzustehen.

Nun wurde uns allen klar, dass ein Fortsetzen dieses hoffnungslosen Umhertappens im Sonnenbrande unmöglich war, umso mehr, als Mohammed Schah phantasierte, vor sich hin lachte, weinte, lallte und mit Sand spielte, den er sich durch die Finger laufen ließ. Er vermochte nicht mehr zu gehen und wir konnten ihn nicht verlassen.

Wir beschlossen daher, während der heißesten Stunden des Tages zu bleiben, wo wir waren, und dann in der Abendkühle und bei Nacht weiterzuziehen. Die Kamele durften liegen blieben, wo sie sich niedergelegt hatten, wurden aber von ihren Lasten befreit.

Islam und Kasim schlugen noch einmal das Zelt auf, in dessen Innern wir ein wenig Schatten finden sollten. Der letzte Teppich und ein paar Filzdecken wurden darin ausgebreitet und ein Sack diente als Kopfkissen. Ich kroch buchstäblich hinein, zog mich ganz nackt aus und legte mich auf das Bett.

Islam und Kasim folgten meinem Beispiel und auch

Jolldasch und das Schaf suchten im Zelte Schatten. Jolltschi blieb draußen im Schatten des Zeltes, aber Mohammed Schah lag, wo er zusammengebrochen war.

Nur die Hühner hielten den Kopf oben. Sie liefen in der Sonnenglut umher und pickten an Packsätteln und Proviantsäcken.

Es war erst ½ 10 Uhr Vormittag. Wir hatten nicht mehr als 4 ½ Kilometer zurückgelegt und noch einen endlos langen Tag vor uns. Nie hat sich einer mehr nach dem Sonnenuntergang gesehnt, als wir es am 1. Mai 1895 taten.

Ich war ganz erschöpft vor Müdigkeit und vermochte mich kaum auf dem Lager umzudrehen. Jetzt – weder vorher noch nachher – war ich einen Augenblick in Verzweiflung. Mein ganzes verflossenes Leben huschte wie ein Traum an meiner Erinnerung vorbei.

Ich glaubte wahrzunehmen, wie die Erde und das ganze lärmende Weltgetriebe verschwanden, wie die Pforten der Ewigkeit schon halb offen standen, und glaubte, bis an ihre Schwelle nicht mehr viele Stunden zu haben.

Ich dachte an das Vaterhaus im Norden und es tat mir in der Seele weh, als ich mir deutlich die Unruhe vorstellte, die sich bald meiner Angehörigen bemächtigen würde, wenn wir nicht zurückkämen. Sie würden ein Jahr nach dem anderen umsonst warten. Keine Nachrichten würden kommen, niemand ihnen Kunde von uns bringen können.

Konsul Petrowskij würde gewiss Leute ausschicken, um nach uns zu forschen. In Merket würden diese erfahren, dass wir am 10. April ostwärts gezogen, dass aber unsre Spuren schon lange im Sande verwischt seien und man unmöglich wissen könne, wohin wir gegangen. Übrigens würden wir dann vielleicht schon monatelang unter den Dünen begraben liegen.

Dann huschte eine endlose Reihe von Bildern aus meinen früheren Reisen an meiner Erinnerung vorüber. Ich war mehrere Jahre wie ein Derwisch durch das ganze mohammedanische Asien gewandert. Vor zehn Jahren war ich zum ersten Mal aufgebrochen. In den Tempelhallen und Säulengängen des Xerxes und Darius in Persepolis hatte ich die Wahrheit des Wortes erkannt: »Vergänglichkeit ist das Los alles Herrlichen auf Erden.«

Wie schön war der Schatten unter Valsoras Dattelpalmen! Wie viel hätte ich nicht dem Wassermanne bezahlt, der für ein paar Kupferdreier eine ganze Esellast von der Leben spendenden Flüssigkeit durch Bagdads enge Gassen führt!

Ich dachte an die Abenteuer, die ich in dem Lande erlebt, in dem sich die Märchen aus »Tausendundeiner Nacht« täglich verwirklichen.

So lag ich den ganzen Tag beinahe vollständig wach mit weit geöffneten Augen da und starrte die weiße Zeltwand an, doch ohne den Blick auf einem bestimmten Punkte ruhen zu lassen; er irrte im Chaos umher.

Nur ein paar Mal wurde der Blick trübe und matt, die Gedanken verwirrten sich und ich versank in halbe Betäubung. Wie bitter war es, wieder zur Wirklichkeit zu erwachen! Wer von uns würde zuerst sterben, wer würde so unglücklich sein, der Letzte zu sein? Möchte es schnell gehen, dass wir nicht gar zu lange von diesen entsetzlichen geistigen und körperlichen Qualen gepeinigt würden! Die Stunden folgten endlos langsam aufeinander. Ich sah oft nach der Uhr und jede Stunde erschien mir wie eine Ewigkeit.

Doch was war das! Eine schöne, wohltuende Kühle ergoss sich über meinen Leib. Unter den aufgeschlagenen Zipfeln des Zelttuchs hindurch kam um die Mittagszeit ein schwacher Windhauch aus der Wüste. Er war genügend, auf den empfindlichen Körper einzuwirken. Die Brise wurde immer lebhafter und gegen drei Uhr war es bisweilen so frisch, dass ich mich mit einer Decke zudeckte.

Nun traf etwas ein, was mir nahezu wie ein Wunder erschien. Meine Kräfte kamen in demselben Verhältnisse wieder, wie die Sonne sich dem Horizonte näherte, und als sie, einer rot glühenden Kanonenkugel gleich, auf einem

Dünenkamme im Westen ruhte, war ich vollständig wiederhergestellt. Mein Körper hatte seine ganze frühere Elastizität wiedererhalten. Ich fühlte mich imstande, Tage und Nächte hindurch zu Fuß weiterzuwandern. Ich brannte vor Ungeduld aufzubrechen; ich wollte nicht sterben.

Ich beschloss, meine Kräfte während der folgenden Tage aufs Äußerste anzuspannen und direkt nach Osten zu gehen, mich fortzuschleppen, ja weiterzukriechen, auch wenn die anderen längst zusammengebrochen. Wenn man todmüde ist, ist die Ruhe süß. Man fällt bald in Betäubung und schlummert schmerzlos in einen langen, schweren Schlaf hinüber, aus dem man nicht mehr erwacht. Man fühlt sich sehr versucht, sich dieser süßen Betäubung zu überlassen, doch bei dem Gedanken an die Meinigen hatte diese Versuchung jetzt ihre Macht über mich vollständig verloren.

Auch Islam Bai und Kasim bekamen bei Sonnenuntergang wieder Leben. Ich teilte ihnen meinen Entschluss mit und sie waren derselben Meinung. Mohammed Schah lag noch immer auf der Stelle, wo er hingesunken war; Jolltschi lag auf dem Rücken; beide phantasierten und keiner antwortete uns, als wir sie anredeten, sondern schwatzten wirres, unzusammenhängendes Zeug.

Erst in der Dämmerung rührte sich Jolltschi, und als die Lebensgeister wiederkehrten, erwachte auch die Bestie in ihm. Er kroch zu mir hin, ballte die Fäuste gegen mich und rief mit schneidender, hohler, drohender Stimme: »Wasser, Wasser, gib uns Wasser, Herr!« Dann fing er an zu weinen, fiel vor mir auf die Knie und bat in den bewegendsten Tönen nur um ein paar Tropfen Wasser.

Was sollte ich ihm antworten? Ich erinnerte ihn daran, dass er die letzten Tropfen gestohlen, zuletzt und am meisten getrunken habe und sich daher am längsten müsse aufrecht halten können. Unter halb ersticktem Schluchzen kroch er fort.

Gab es nicht noch ein Mittel, dem Körper nur einen

Tropfen Feuchtigkeit zuzuführen, bevor wir diese schreckliche Stelle verließen? Wir wurden alle entsetzlich vom Durst geplagt, meine Leute jedoch in viel höherem Grade als ich.

Meine Blicke fielen auf den Hahn, der gravitätisch zwischen den Kamelen spazieren ging. Wir mussten sein Blut trinken. Ein einziger Messerschnitt trennte ihm den Hals ab und das Blut strömte langsam in kleinen Mengen hervor.

Es war zu wenig. Wir brauchten mehr. Noch ein unschuldiges Leben sollte geopfert werden: das Schaf. Die Männer zauderten lange, ehe sie es über sich vermochten, unseren treuen Reisekameraden zu erstechen, der uns wie ein Hund durch alle Gefahren gefolgt war. Doch ich sagte ihnen, dass es unser eigenes Leben gelte, das noch ein wenig verlängert werden könne, wenn wir das Blut des Tieres tränken.

Blutenden Herzens führte Islam es ein wenig beiseite, drehte ihm den Kopf nach Mekka, zog das Messer, während Kasim einen Strick um die Beine des Tieres legte, und mit einem kräftigen Schnitt drang die Messerklinge durch die Halsschlagadern bis an die Knochenwirbel.

In einem dicken, rotbraunen Strahle strömte das Blut heraus und wurde in einem Eimer aufgefangen, in dem es beinahe sofort gerann. Es hatte noch nicht die Körperwärme verloren, als wir uns schon mit Löffeln und Messern darüber hermachten. Wir probierten vorsichtig; das geronnene Blut schmeckte widerlich und verbreitete einen ekelhaften Geruch.

Ich hatte einen Teelöffel voll hinuntergeschluckt, konnte mich aber nicht überwinden, noch mehr davon zu genießen; auch meine Leute fanden es äußerst widerwärtig und gaben es Joldasch. Er leckte einmal daran, lief dann aber fort. Wir bereuten nachher, dass wir unseren treuen Freund geschlachtet hatten; doch nun war es zu spät.

Ich sah, dass der Durst den Menschen halb verrückt

machen kann. Islam und die anderen fingen in einem Kasserol Kamelurin auf, der außerordentlich konzentriert und von gelbroter Farbe war. Sie gossen ihn in einen Becher, taten Essig und Zucker hinzu, hielten sich die Nase zu und leerten den ekelhaften Inhalt des Bechers. Sie boten auch mir davon an, aber schon der Geruch allein erregte mir Übelkeit. Kasim war der Einzige, der nicht trank, und das war klug von ihm, denn die anderen bekamen nach einer Weile heftiges, gewaltsames Erbrechen, das sie ganz herunterbrachte.

Ausgemergelt, mit blödsinnigem Gesichtsausdruck und starren Augen saß Jolltschi vor dem Zelte und kaute an den feuchten Lungen des Schafes. Seine Hände waren blutig und das Gesicht ebenfalls mit Blut befleckt. Er war gräulich anzusehen.

Ich und Kasim waren die Einzigen, die noch etwas leistungsfähig waren. Islam Bai erholte sich ein wenig, nachdem es bei ihm zum Erbrechen gekommen war. Mit ihm musterte ich unser Gepäck jetzt zum letzten Mal durch. Nun sollte das meiste aufgegeben werden. Die Sachen, die ich als unersetzlich und unumgänglich notwendig ansah, legte ich auf einen Haufen: meine Aufzeichnungen und Marschrouten, Gesteinsproben, Sandproben, Karten, Instrumente, Federn, Papier und einige andere Kleinigkeiten sowie die Bibel und das Gesangbuch.

Islam musste aussuchen, was er für unentbehrlich hielt: Proviant für drei Tage (Mehl, Tee, Zucker, Brot und einige Dosen Konserven). Ich wollte unser ganzes chinesisches Silbergeld zurücklassen, das eine halbe Kamellast oder ungefähr 5600 Mark betrug, denn ich war der Ansicht, dass es jetzt nur darauf ankam, uns das Leben zu retten. Ich hoffte, dass, wenn wir Wasser fänden, wir zurückgehen und die Sachen retten könnten.

Aber Islam wollte durchaus, dass das Silbergeld mitsollte, und es zeigte sich nachher, dass er Recht gehabt hatte. Er barg auch noch ein paar Kisten Zigarren und Zigaretten, einiges Kochgeschirr, das noch vom Lager

Nr. 17 mitgenommen worden, sowie einen kleinen Vorrat Patronen und schließlich allerlei andere Kleinigkeiten wie Laternen, Kerzen, Eimer, Spaten, Stricke usw.

Unter den zurückgelassenen Gegenständen waren zwei schwere Munitionskisten, das Zelt mit dem letzten Teppich und dem Bette, mehrere Kisten mit Kleinigkeiten, Zeugstoffen, Mützen und Chalaten, die zu Geschenken für die Eingeborenen bestimmt waren, einige wichtige Nachschlagebücher, die beiden fotografischen Apparate mit über 1000 Platten, von denen während der Wüstenreise wohl 100 exponiert worden waren; ferner Sättel, Reiseapotheke, Zeichenmaterial, unbenutzte Notizbücher, meine ganze Garderobe, Winterstiefel, Mützen, Fausthandschuhe usw.

Die unentbehrlichen Dinge wurden in fünf sartischen Kurtschinen (Doppeltaschen von Segeltuch) verpackt und diese auf den Kamelen befestigt, die jetzt von ihren Packsätteln befreit wurden. Eins der Tiere trug die größeren Gegenstände: Flinten, Spaten und dergleichen, alles in eine Kigis (Filzdecke) eingeschnürt.

Wir öffneten noch ein paar Konservendosen. Aber obgleich ihr Inhalt feucht war, glitt er nur mit äußerster Anstrengung die ausgedörrte Kehle hinunter.

Den Tag über hatten die Kamele dort gelegen, wo wir sie am Morgen gelassen hatten, und ihr ersterbendes, mühsames Atmen war das Einzige, was die grabesähnliche Stille unterbrach. Sie sahen gleichgültig und resigniert aus; ihr großer Schlund war blauweiß und ausgedörrt. Nur mit Mühe gelang es uns, sie zum Aufstehen zu bringen.

Um sieben Uhr abends läuteten die Glocken zum letzten Mal. Um meine Kräfte zu sparen, ritt ich auf dem weißen Kamel, das am stärksten war. Islam Bai, der sich durch das ekelhafte Getränk, das er genossen, geschwächt hatte, führte die Karawane in langsamem Schritt zwischen den Dünen. Kasim ging hinterdrein und trieb die Tiere an. So wanderten wir fort von dem Todeslager nach Osten, wo der Chotan-darja zwischen bewaldeten Ufern dahinströmt.

Als wir den unheimlichen Ort verließen, war Jolltschi in das Zelt gekrochen und hatte von meinem Bette Besitz ergriffen. Er kaute noch an den Schaflungen, deren Feuchtigkeit er mit Wohlbehagen und Gier einschlürfte.

Der alte Mohammed Schah lag immer noch dort, wo er zusammengebrochen war. Bevor wir fortzogen, ging ich zu ihm, strich ihm über die Stirn und rief seinen Namen. Er sah mich mit weit geöffneten, aschgrauen Augen und verwirrtem Blicke an, aber auf seinem Gesicht lag ein Ausdruck unerschütterlicher Ruhe und ein Schimmer von Verklärung, als erwarte er, im nächsten Augenblick in den Garten des Paradieses eintreten zu dürfen.

Das erträumte Bihescht, von dessen Freuden er im Koran so manches Mal gelesen, winkte ihm vielleicht schon seit mehreren Tagen und der Gedanke daran erleichterte ohne Zweifel im Augenblick des Todes die Befreiung der Seele von dem Körper. Er schien sich hingelegt zu haben, um von seiner schweren Tagesarbeit auszuruhen. Er sollte sich jetzt nicht mehr mit Kamelen abplagen müssen, nicht mehr in seinen alten Tagen mit Karawanen zwischen den Städten Ostturkestans umherziehen. Er erschien abgezehrt und eingefallen und war zu einem kleinen Greise zusammengeschrumpft; nur die kupferbraune Farbe des Gesichts sah frisch aus.

Er atmete sehr langsam und stieß von Zeit zu Zeit Todesröcheln und Seufzer aus. Ich strich ihm über die trockene, faltige Stirn, legte ihm den Kopf bequemer und sagte in so ruhigem Tone, wie meine Rührung zuließ, dass wir jetzt nach Osten eilen und bald Wasser finden würden, um dann sofort mit gefüllten Kannen zurückzukehren. Er selbst solle liegen bleiben, bis seine Kräfte wiederkehrten, und dann unserer Spur folgen, um die Entfernung zwischen uns zu verkürzen.

Er versuchte, die eine Hand zu erheben, und murmelte etwas, wovon nur das Wort Allah verständlich war. Ich sah nur allzuwohl ein, und er vielleicht auch, dass wir uns nie wieder sehen würden. Er konnte nicht viele Stunden mehr übrig haben. Sein Blick war trübe und schwach und sein Schlummer ging allmählich in Todeserstarrung über. Blutenden Herzens und voller Selbstvorwürfe, dass ich auch dieses Leben auf mein Gewissen geladen, verließ ich den Sterbenden.

Auch von Jolltschi nahm ich Abschied und ermahnte ihn, der Spur der Karawane zu folgen, wodurch er allein sein Leben retten könne.

Eine tragikomische Szene boten die letzten sechs Hühner, die munter wie immer gackerten und mit augenscheinlichem Vergnügen von dem geschlachteten Schafe schmausten. Sie waren entschieden noch nicht so weit gekommen, den Hahn zu vermissen, aber nachher haben sie wohl Sehnsucht nach ihm gehabt.

»Warum tötetet ihr die armen Tiere nicht?«, fragt vielleicht eine für die Leiden der Tiere empfindsame Leserin. Ja, warum? Aber weshalb töteten wir denn nicht mit noch größerem Recht die beiden sterbenden Männer, um ihrer Qual ein Ende zu machen? Das sind Fragen, die sich aus der Ferne nicht beurteilen lassen. Ich fand, dass wir weniger Mitgefühl für die Leiden anderer haben, wenn der Tod über uns allen seinen Rachen aufsperrt, als unter gewöhnlichen Verhältnissen. Wir gingen alle dem Tode entgegen und es war das natürlichste Ding von der Welt, dass die Schwächsten zuerst daran glauben mussten. Und als noch einer von uns zusammenbrach, kam es nicht überraschend; wir fragten uns nur, an wem das nächste Mal die Reihe sein würde.

Einen Menschen zu töten, auch wenn er in den letzten Zügen liegt, ist und bleibt ein Mord. Als wir die Kamele zurückließen, hegten wir immer noch die schwache Hoffnung, mit Wasser zurückkommen und sie retten zu können. Und was die Hühner betrifft, so hatte ich eine Ahnung, dass sie uns von Nutzen sein würden, wenn wir zurückkämen, um nach dem Zelte zu suchen, und ich glaubte, dass sie mit dem Schafkadaver ihr Leben noch sehr lange fristen könnten.

Inzwischen schritten wir langsam weiter. Jolldasch folgte uns noch immer getreulich, war aber mager wie ein Skelett. Auf dem ersten Dünenkamme wandte ich mich um und sandte einen Abschiedsblick nach dem Totenlager zurück, wo unsere beiden Kameraden ihre letzten Seufzer aushauchten. Das Zelt hob sich mit seinen scharfen Umrissen wie ein schwarzes Dreieck vom helleren Himmel im Westen ab; dann verschwand es uns aus den Augen. Ich fühlte mich erleichtert, als ich wusste, dass es von den Dünen verdeckt wurde, und wandte mich nicht mehr um.

Vor uns lagen die dunkle Nacht und das verräterische Sandmeer. Ich aber fühlte jetzt unbändige Lebensfreude und Lebenslust. Ich wollte nicht in der Wüste sterben. Ich war zu jung, ich hatte zu viel zu verlieren und zu viel noch vom Leben zu erwarten. Nie hatte ich den Wert des Lebens so sehr erkannt wie jetzt.

Meine Reise in Asien durfte so nicht enden! Ich wollte den Kontinent durchqueren, ich wollte viele Probleme lösen, ehe ich Peking, mein fernes Ziel, erreichte. Nie waren meine Lebensgeister so wach wie jetzt und ich wollte sie aufrechterhalten, solange ich noch wie ein Wurm über den Sand zu kriechen vermochte.

Es ging langsam, verzweifelt langsam, aber wir legten einige hohe Dünenkämme hinter uns. Auf einem von ihnen stürzte eins der Kamele und legte sich sofort mit gestreckten Beinen und steifem Halse zum Sterben hin. Seine Tasche wurde auf Ak-tuja, dem weißen Kamel, das immer noch am stärksten zu sein schien, festgebunden. Der Strick an dem Querholze im Nasenknorpel des verendeten Tieres, dessen anderes Ende an den Schwanz des voranschreitenden Kamels geknüpft war, wurde losgemacht; seine Glocke durfte es behalten. So wurde es im Dunkel der Nacht zurückgelassen und wir steuerten mit den vier letzten Kamelen auf den nächsten Dünenkamm los.

Die Nacht war pechschwarz. Die Sterne glänzten zwar hell in der klaren Luft, aber ihr Schein war zu schwach, um es uns zu ermöglichen, die Unebenheiten des Terrains wahrzunehmen. Ein Dünenkamm nach dem anderen hielt uns auf.

Die Kräfte der Kamele waren erschöpft; nicht einmal die Nachtkühle vermochte sie zu beleben. Sie blieben unaufhörlich stehen. Bald blieb das eine, bald das andere zurück. Manchmal merkten wir erst, wenn wir ein Stück weitergekommen waren, dass der Nasenstrick losgegangen war und eins oder ein paar der Kamele fehlten; wir mussten dann Halt machen, umkehren und sie holen.

Mit Islam Bai ging es ganz zu Ende. Er stöhnte sehr und blieb oft infolge außerordentlich heftiger, krampfartiger Brechanfälle stehen, die ihn umso mehr schwächten, als sein Magen leer war. Er litt unter diesen Schmerzen entsetzlich, warf sich auf den Boden nieder und krümmte sich wie ein Wurm.

So krochen wir in der Dunkelheit wie die Schnecken dahin. Es war klar, dass wir nicht fortfahren konnten, so fast aufs Geratewohl zwischen Riesendämmen umherzutappen. Ich stieg ab, zündete die Laterne an und ging voraus, um den leichtesten Übergang zu suchen. Der Kompass führte mich nach Osten und das Licht in der Laterne warf einen matten Schein über die Sandabhänge. Ich musste unausgesetzt stehen bleiben und auf die anderen warten und der Klang der letzten Glocke verhallte immer mehr in der Ferne.

Um elf Uhr hörte die Glocke auf zu läuten; undurchdringliche Nacht und Grabesstille umgaben mich auf allen Seiten. Ich stellte die Laterne auf den Kamm einer Düne und legte mich zum Ausruhen in den Sand. Aber ich konnte kein Auge zutun und lauschte mit verhaltenem Atem, um möglicherweise einen Laut aus der Ferne aufzufangen. Ich spähte nach Osten, um zu sehen, ob nicht ein Hirtenfeuer den Wald am Chotan-darja verkünde. Aber nein! Alles war still und dunkel, nichts verriet Leben in irgendwelcher Gestalt. Es war so still, dass ich das Klopfen meines Herzens deutlich hörte.

Endlich ertönten wieder die Klänge der letzten Glocke. Sie erschollen in immer größeren Pausen, aber auch immer näher, und als die Karawane meinen Dünenkamm erreichte, taumelte Islam Bai nach der Laterne hin, brach zusammen und stieß mit flüsternder Stimme hervor, er könne keinen Schritt weiter, seine Kräfte seien gänzlich erschöpft.

Ich sah ein, dass der letzte Akt der traurigen Wüstenwanderung ausgespielt war und das Ende bald da sein würde, und beschloss alles im Stiche zu lassen, um, solange meine Kräfte ausreichten, in Eilmärschen nach Osten zu dringen. Islam flüsterte mit kaum hörbarer Stimme, dass er uns nicht begleiten könne. Er bat, bei den Kamelen bleiben zu dürfen, und sagte, er wolle sterben, wo er liege.

Ich nahm Abschied von ihm und sprach ihm Mut zu. Ich sagte, ich sei überzeugt, dass seine Kräfte zurückkehren würden, wenn er sich in der Nachtkühle ein paar Stunden ausgeruht, und befahl ihm, dann die Kamele und alles Gepäck im Stiche zu lassen und meinen Spuren zu folgen. Er antwortete nicht mehr, lag auf dem Rücken, hatte den Mund weit offen und starrte ins Leere. Ich glaubte, sein Lebensfunken würde bald erlöschen.

Kasim war noch ziemlich munter, denn wie ich war auch er so klug gewesen, das ekelhafte Getränk nicht anzurühren. Ich nahm bloß die beiden Chronometer, eine Uhr, einen Kompass, ein Federmesser, einen Bleistift und ein Stück Papier, eine Dose Hummer, eine runde Blechbüchse mit Kakao und, mehr mechanisch als absichtlich, zehn Zigaretten mit.

Kasim trug den Spaten, den Eimer und einen Strick zum Brunnengraben. Im Eimer hatte er den Fettschwanz des Schafes, ein paar Brotstücke und ein bisschen geronnenes Blut. Aber in der Eile vergaß er seine Mütze mitzunehmen und ich musste ihm daher mein Taschentuch leihen, das er um den Kopf wand, um sich gegen Sonnenstich zu schützen.

An den Lebensmitteln hatten wir nicht viel Freude, denn die Schleimhäute des Schlundes waren ausgedörrt und wir konnten nicht schlucken. Versuchten wir etwas zu essen, so blieb es uns im Halse stecken. Es war mir, als sollte ich dabei ersticken, und ich beeilte mich, wieder loszuwerden, was ich vergebens hinunterzubringen versucht. Das Hungergefühl verschwindet ganz und gar neben dem Durste, der besonders in den ersten Tagen so quälend ist, dass man beinahe den Verstand verliert.

Doch nachdem der Körper zu transpirieren aufgehört oder nachdem die Transpiration, jedenfalls infolge des immer dicker werdenden Blutes, unmerklich geworden, tritt eine fortschreitende Ermattung ein, die allmählich zu einer Krisis führt.

Es war Punkt zwölf Uhr nachts, als wir die letzten Trümmer unserer vor kurzem noch so stattlichen Karawane im Stiche ließen. Wir hatten mitten auf dem Meere Schiffbruch gelitten und verließen nun unsere wrack gewordenen Wüstenschiffe. Im unbekannten wogenden Sandmeere sollten wir eine Küste suchen, wussten aber nicht, wie fern sie lag.

Die vier letzten Kamele lagen da, noch immer ergeben, still und geduldig wie Opferlämmer. Sie atmeten schwer und hatten ihre Hälse auf dem Sande ausgestreckt. Islam Bai sah uns nicht nach, als wir fortzogen, aber Jolldasch schickte uns einen nachdenklichen Blick nach; er glaubte wohl, dass wir bald wiederkommen würden, vielleicht mit Wasser, denn die Karawane blieb ja da und von ihr pflegten wir uns nie zu trennen. Ich sah den treuen Hund nie wieder und ich vermisste ihn sehr.

Die Laterne stand noch brennend neben Islam und diente uns eine Weile als Leuchtfeuer. Sie half uns teils die wachsende Entfernung beurteilen, teils unseren Kurs kontrollieren. Doch bald erstarb ihr bleicher Schein in der Ferne hinter den Dünenkämmen und auf allen Seiten umgab uns jetzt tiefe Nacht.

GERETTET!

Nachdem ich am 2. Mai die untergehende Karawane verlassen, war ich vollkommen frei und ungehindert. Nun galt es nur, zu marschieren, und zwar in möglichst gerader Linie nach Osten zu marschieren. Volle zwei Stunden schritten wir ohne Unterbrechung tüchtig aus.

Noch immer wanderten wir durch denselben hohen und schwierigen Sand, wurden aber so schläfrig, dass wir uns eine Weile hinlegen mussten. Wir waren leicht gekleidet, Kasim nur mit einer einfachen Bluse, weiten Beinkleidern und Stiefeln, ich mit wollenen Unterkleidern, einem dünnen, weißen Anzuge von Baumwolle, einer weißen russischen Schirmmütze und Stiefeln mit steifen Schäften. Die Kühle der Nacht jagte uns daher bald wieder auf und wir gingen noch eine Strecke weiter, bis uns wieder warm geworden; wir waren aber so von Schlaflust übermannt, dass wir uns hinlegten und sofort einschliefen.

Schon um vier Uhr morgens wurden wir von der Morgenkälte geweckt, die uns ganz steif machte. Wir brachen wieder auf und gingen in schnellem Schritt ohne Unterbrechung fünf Stunden lang bis neun Uhr, worauf wir vor Müdigkeit eine Stunde rasten mussten.

Es erhob sich eine recht frische westliche Brise, die die Luft kühl hielt und die Ursache war, dass wir noch weiter marschieren konnten. Um ½ 2 Uhr wurde die Hitze jedoch so unerträglich, dass es uns schwarz vor den Augen wurde und wir erschöpft auf eine Düne niedersanken. Hier mussten wir den ganzen Tag auf einem nach Norden gerichteten, steilen Abhange rasten, dessen Sand noch nicht erwärmt worden war.

Mit Hilfe des Spatens machte Kasim auf dem Kamme eine Vertiefung und grub nachtkalten Sand aus. Wir entkleideten uns ganz und betteten uns in den Sand; die Kleider hängten wir über den Spaten und benutzten sie als Sonnenschirm für den Kopf. Hier lagen wir herrlich, manchmal war es sogar wirklich kühl. Doch allmählich wurde der Sand vom Körper und von der Sonne erwärmt. Wir schüttelten ihn dann ab und Kasim grub neuen Sand, mit dem er mich überschüttete. Der Sand fühlte sich in der glühenden Sonnenhitze wie eine kalte Dusche an. Nur unsere Köpfe guckten aus dem Sande hervor; wir schützten sie ängstlich vor Sonnenstich.

So lagen wir im Sande begraben, ohne ein Wort zu sprechen und ohne schlafen zu können. Erst um sechs Uhr rührten wir uns, zogen uns an und setzten unseren Weg langsam mit schleppenden Schritten fort, denn wahrscheinlich hatte das trockene Sandbad den Körper ermattet. Aber wir gingen immerzu, den Kompass in der Hand, mit unzähligen Unterbrechungen immer gerade nach Osten, bis wir nachts ein Uhr müde und erschöpft auf einer Düne einschlummerten.

Am 3. Mai brachen wir nach einem stärkenden Schlafe um ½ 5 Uhr auf. Vor Sonnenaufgang war stets unsere beste Wanderzeit, denn dann konnten wir in der frischen Luft weite Strecken ohne Unterbrechung zurücklegen.

Dieser Tag gab unserer erlöschenden Hoffnung neue Nahrung und wir fassten wieder Mut. Kasim blieb plötzlich stehen, ergriff mich bei der Schulter und zeigte mit starrem Blicke nach Osten, ohne ein Wort zu sprechen. Ich blickte immer wieder nach der angegebenen Richtung, konnte aber nichts Außergewöhnliches entdecken. Aber Kasim mit seinen Falkenaugen hatte am Rande des östlichen Horizonts eine grünende Tamariske entdeckt. Auf diese konzentrierte sich unsere ganze Hoffnung auf Rettung.

Wir steuerten gerade auf die Tamariske los und hüteten uns sehr, sie aus den Augen zu verlieren. Wenn wir uns in den Dünentälern befanden, verschwand sie, wurde aber auf dem nächsten Kamme wieder sichtbar. Immer näher kamen wir ihr. Als wir sie erreicht hatten, dankten wir Gott, freuten uns über ihr frisches Grün und kauten wie Tiere an ihren saftigen Nadeln.

Sie war wirklich frisch. Ihre Wurzeln reichten augenscheinlich zum Grundwasser hinab und offenes Wasser lag also im Bereiche der Möglichkeit. Sie thronte auf der Höhe einer Sanddüne und keine ebenen Stellen harten Bodens waren in der Nähe sichtbar. Ein seltsames Leben müssen sie führen, diese genügsamen Tamarisken *(Tamarix elongata)*, die ihre höchstens zwei Meter hohen, zähen, geschmeidigen Stämme und Zweige in der Sonnenhitze baden, während die Wurzeln in unbekannte Tiefen hinabtauchen, um Nahrung aus dem Grundwasser für die Pflanze aufzupumpen, die wie eine Teichrose auf der beweglichen, wogenden Oberfläche des Sandmeeres schwimmt.

Schon der Anblick der Tamariske war uns ein Genuss, und eine Wollust war es, die müden, ausgetrockneten Glieder für einen Augenblick in ihrem dünnen Schatten auszustrecken. Hier war das Ölblatt, das uns verkündete, dass das Wüstenmeer doch eine Grenze hatte, die äußerste Klippe, die den Schiffbrüchigen eine nahe gelegene Küste verriet! Ich pflückte einen ganzen Strauß von diesen nadelholzähnlichen Zweigen und sog mit Wohlbehagen ihren frischen Duft ein. Meine Hoffnung war stärker als je, und mit neuem Mute setzten wir unseren Weg nach Osten fort.

Die Dünen waren jetzt niedriger geworden als bisher, kaum 10 Meter, und zwischen einigen von ihnen fanden wir zwei kleine dünne Kamischstauden, deren Stängel wir kauten. Diesmal hatte die Hoffnung uns nicht betrogen: um ½10 Uhr gelangten wir wieder an eine Tamariske und nach Osten hin waren noch mehrere zu sehen.

Doch nun waren unsere Kräfte von der Hitze des Tages gelähmt und wir brachen vor Kraftlosigkeit im Schatten der Tamariske zusammen, wo wir uns wie am Tage vorher im Sande eine Grube machten und uns nackt darin einbetteten.

Volle zehn Stunden lagen wir dort wie tot und Kasim war kaum noch imstande, mich mit frischem Sand zu überschütten. Um sieben Uhr brachen wir in der Dämmerung auf und marschierten wankenden Schrittes weiter. Nach dreistündigem Marsch blieb Kasim plötzlich wieder stehen und rief: *»Tograk«* (Pappel)! Etwas Dunkles tauchte zwischen zwei Dünen auf, und richtig, dort wuchsen drei prächtige Pappeln *(Populus diversifolia)* mit saftigen Blättern. Letztere sind so bitter, dass man nicht gern hineinbeißt; aber wir rieben uns die Haut damit ein, bis sie ganz feucht wurde.

Ganz erschöpft vor Müdigkeit blieben wir ein paar Stunden liegen, ehe wir uns daranmachten, den Platz genauer zu untersuchen. An den Wurzeln begannen wir mit dem Spaten einen Brunnen zu graben, hatten aber nicht genügende Kraft dazu: Der Spaten glitt uns aus den Händen. Der Sand war kaum merkbar feucht und es war sicherlich noch weit bis zum Wasser hinunter. Doch wir klammerten uns noch immer fest an die Hoffnung und kratzten mit den Händen weiter, konnten aber bald nicht mehr und mussten den Versuch aufgeben. Stattdessen sammelten wir alle trockenen Zweige auf, die um die Pappeln herumlagen, und zündeten ein kolossales, hoch aufloderndes Feuer an, das seinen grellen Schein auf die Dünenkämme warf. Auf allen Seiten traten die Bäume jetzt, unheimlichen Gespenstern gleich, aus der Dunkelheit hervor.

Mit diesem Lagerfeuer wollten wir einerseits Islam Nachricht geben, falls er noch lebte, was ich in hohem Grade bezweifelte, andererseits aber nach Osten hin Aufmerksamkeit erregen, für den Fall, dass zufällig Menschen auf dem Wege wären, der, wie wir wussten, längs des linken Ufers des Chotan-darja die Stadt Chotan mit Ak-su verbindet. Der Zweck war also wichtig und das Feuer wurde mit dem Mute der Verzweiflung zwei Stunden hindurch unterhalten; dann durfte es von selbst ausgehen.

Kasim briet sich eine Scheibe von dem fetten Schwanze

des Schafes, die er nur mit großer Anstrengung verzehren konnte; mir ging es mit dem Hummer auch nicht besser. Die Reste des Proviants wurden zurückgelassen, da wir uns nicht unnötig damit beschweren wollten; aber die leere Kakaobüchse nahm ich mit, denn aus ihr musste ich von dem Wasser des Chotan-darja trinken! Darauf schliefen wir gut, da die Nachtkühle die Glut des Feuers milderte.

4. Mai. Um drei Uhr waren wir munter, brachen um vier Uhr auf und gingen mit abnehmenden Kräften und schwankenden Beinen unter zahlreichen Unterbrechungen bis um neun Uhr. Hier gähnte wieder das Wüstenmeer vor uns. Voll Schadenfreude schien es nur den Augenblick abzuwarten, da es uns würde verschlingen können.

Den drei Pappeln folgten keine anderen und die Tamarisken waren so dünn gesät, dass man von einer kaum zur anderen sehen konnte. Unser Mut wurde dadurch sehr herabgedrückt, denn wir fürchteten, dass wir nur eine Bodensenkung passiert hätten, der bald wieder der ewige Sand folgen würde. Um neun Uhr fielen wir am Fuße einer Tamariske kraftlos nieder und blieben zehn Stunden in glühender Sonnenhitze liegen.

Kasim war mit seinen Kräften zu Ende und weder imstande, die übliche Grube zu graben, noch mich mit nachtkaltem Sande zu überschütten; ich litt deshalb sehr von der Hitze. Wir sprachen den ganzen Tag nicht miteinander. Wovon hätten wir auch sprechen sollen? Wir hatten dieselben Gedanken und Befürchtungen. Sprechen konnten wir überhaupt nicht mehr, nur noch zischen oder flüstern.

Wo waren jetzt die Sandstürme, die uns vor acht Tagen dichten Schatten geschenkt? Vergebens spähten wir nach der schwarzen Wand am Horizont aus, nach jenen undurchdringlichen Wolken, die uns von der Glut des Tages befreien sollten. Die Sonne und die Wüste hatten sich zu unserem Verderben miteinander verschworen.

Doch auch dieser schwere Tag hatte ein Ende und noch

einmal näherte sich die Sonne dem westlichen Horizont. Mit verzweifelter Anstrengung erhob ich mich, schüttelte den Sand von meinem Leibe, der ganz mit kupferbraunem Pergament überzogen zu sein schien, kleidete mich an und forderte Kasim auf mitzukommen. Er flüsterte mit ersterbender Stimme, dass er nicht mehr könne, und gab mir mit einer Gebärde der Verzweiflung zu verstehen, dass er alles für verloren halte.

Ich ging allein durch Nacht und Sand weiter. Es war so still wie im Grabe und die Schatten kamen mir dunkler vor als sonst. Hin und wieder ruhte ich mich auf den Dünen aus. Jetzt erst war ich wirklich allein, allein mit meinem eigenen Gewissen und den Sternen, die hell wie elektrische Lampen leuchteten. Nur sie leisteten mir Gesellschaft, nur sie erkannte ich wieder und sie überzeugten mich, dass es nicht das Tal der Todesschatten war, das ich durchwanderte. Die Luft war kalt und ganz still und das leiseste Geräusch wäre auf weite Entfernungen hin zu hören gewesen. Ich legte das Ohr auf den Sand und horchte, hörte aber nichts weiter als das Ticken der Chronometer und die langsamen, schwachen Schläge meines Herzens. Im Übrigen verkündete kein Laut, dass es andere lebende Wesen in der Nähe gäbe.

Jetzt zündete ich mir mit Wohlbehagen die letzte Zigarette an. Die anderen hatten wir in den vorhergehenden Tagen aufgeraucht, und sie hatten, solange sie reichten, die Qualen des Durstes in gewisser Beziehung gelindert. Ich selbst hatte immer die erste Hälfte geraucht und Kasim den Rest gegeben. Er rauchte und lutschte sie bis auf das Papiermundstück auf und versicherte dann, es täte ihm bis in die Seele hinein wohl. An diesem Abend aber musste ich meine Zigarette selbst zu Ende rauchen.

5. Mai. So schleppte ich mich im nächtlichen Dunkel fort, bis ich um ½ 1 Uhr unter einer Tamariske niedersank, wo ich vergebens Feuer zu machen suchte. Hier schlummerte ich ein.

Doch was war das? Es knirschte dort hinten im Sande.

Ich hörte Schritte und eine menschliche Gestalt tauchte aus der Dunkelheit auf. »Bist du es, Kasim?«, fragte ich. »Ja, Herr«, antwortete er. Er hatte sich in der kühlen Nachtluft wieder erholt und war meiner Spur gefolgt. Die Begegnung munterte uns auf und wir gingen noch eine Weile im Stockfinstern weiter.

Mit erlahmenden Kräften und zitternden Beinen kämpften wir gegen Müdigkeit und Schlaflust an. Die steilen Seiten der Dünen schauten nun überwiegend nach Osten. Ich rutschte an ihnen hinunter und kroch lange Strecken auf Händen und Füßen. Wir waren schlaff und gleichgültig, kämpften aber um unser Leben.

Man denke sich unsere Verwunderung und Überraschung, als wir auf der sanft abgedachten Oberfläche einer Düne menschliche Fußspuren fanden! Über sie gebeugt untersuchten wir sie genau. Es war klar, dass hier Menschen gegangen waren, und wir konnten nicht mehr weit vom Flusse entfernt sein; denn was sollten diese Wanderer im Sande zu tun gehabt haben? In einem Nu waren wir vollständig wach. »Aber die Spuren sehen merkwürdig frisch aus«, bemerkte Kasim. Ja, meinte ich, das sei ja nicht wunderlich, es sei ja mehrere Tage hindurch kein Wind gegangen. Vielleicht rührten die Spuren von einem Hirten her, der unser Lagerfeuer vorgestern Abend vom Walde aus gesehen habe und ein Stück weit in die Wüste gegangen sei, um nachzusehen, was da los wäre.

Wir folgten der Spur bis auf einen Dünenkamm, wo die Oberfläche des Sandes fest war und die Umrisse sich deutlicher wahrnehmen ließen. Hier sank Kasim nieder und sagte mit kaum hörbarer Stimme: »Es sind unsere eigenen Spuren!«

Ich bückte mich nieder und überzeugte mich, dass er Recht hatte. Es waren die Abdrücke unserer eigenen Stiefel im Sande und hier und da gaben kleine Gruben das Aufstemmen des Spatens an, auf den sich Kasim zu stützen pflegte. Eine betrübende Entdeckung! Wie lange waren wir auf diese Art im Kreise herumgegangen? Wir suchten uns damit zu trösten, dass es nicht sehr lange sein könnte, da ich nur während der letzten Stunde so schläfrig gewesen, dass ich vergessen hatte, nach dem Kompass zu sehen. Wir hatten jedoch für eine Weile genug und schliefen um ½ 3 Uhr ein.

Bei Tagesanbruch erwachten wir und schleppten uns weiter; es war zehn Minuten über vier Uhr. Kasim sah schrecklich aus. Die Zunge war geschwollen, weiß und trocken, die Lippen waren bläulich, die Wangen eingefallen, die Augen gläsern mit mattem Glanze. Er litt jetzt an einem krampfhaften Schlucken, der seinen ganzen Körper erschütterte, eine Art Todesschlucken. Es gelang ihm nur mit Mühe, sich aufrecht zu halten, aber dennoch folgte er mir.

Unsere Kehlen brannten vor unerträglicher Trockenheit. Wir glaubten zu hören, wie es in den Gelenken knackte, und zu spüren, wie sie durch die Reibung heiß zu werden anfingen, und die Augen fühlten sich so trocken an, dass wir sie kaum öffnen und schließen konnten.

Bei Sonnenaufgang zeichnete sich der östliche Horizont als scharfe, deutliche Silhouette ab. Wir zuckten zusammen, als wir diese Linie sahen. Sie hatte eine andere Gestalt als sonst. Es waren nicht mehr jene Sägezähne, die von einer endlosen Reihe von Dünenkämmen gebildet werden, sondern es war eine waagerechte Linie mit kaum wahrnehmbaren Unebenheiten. Nach einer Weile fanden wir, dass ein schwarzer Rand den Horizont begleitete. Welche Freude, welches Glück! Es war der Wald am Ufer des Chotan-darja, der uns jetzt nicht länger floh!

Kurz vor fünf Uhr erreichten wir eine Därä (Tal), eine Einsenkung im Sande, und ich überzeugte mich bald, dass es ein altes Flussbett war. Auf seinem Boden wuchsen zahlreiche Pappeln. Hier musste das Grundwasser nahe sein. Noch einmal griffen wir zum Spaten, hatten aber nicht mehr genügend Kraft zum Graben und zogen unverrichteter Dinge nach Osten weiter.

Es folgte ein schmaler Gürtel von niedrigem, unfruchtbarem Sand, doch schon um ½ 6 Uhr traten wir in den lichten, ununterbrochenen Wald ein, wo sich dunkle Schatten unter dicht belaubten Kronen ausbreiteten, die gerade jetzt in ihrem vollen Grün standen. So sollten wir also des Lenzes, der hoffnungsvollen Zeit, nicht verlustig gehen.

Die Hand an der Stirn stand ich da, von diesem wunderbaren Anblick gefesselt. Ich musste meine Gedanken sammeln und fühlte mich noch schlaftrunken, wie nach einem unheimlichen Traume, einem quälenden Alpdrücken. Hatten wir uns nicht eben wochenlang langsam hinsterbend in dem glühend heißen Sande durch das Tal der Todesschatten geschleppt? – Und nun!

Wohin wir sahen, lauter Leben und Lenz, Vogelgesang, Waldblumen, Grün in allen Schattierungen, kühler Schatten und zwischen den altersgrauen Stämmen der Bäume unzählige Spuren von wilden Tieren: von Tigern, Wölfen, Füchsen, Hirschen, Antilopen, Gazellen und Hasen! In der Luft summten Fliegen und Mücken; Käfer schwirrten an uns pfeilschnell vorbei und ihre Flügel brachten ein Geräusch hervor, das uns an Orgeltöne erinnerte, und Vögel in Menge sangen ihr Morgenlied.

Der Wald wurde immer dichter. Hier und da waren die Pappelstämme mit einem Gewande von Lianen bekleidet. Bisweilen hielt uns ein undurchdringliches Dickicht von abgestorbenen Stämmen, Reisig und Gestrüpp auf, und ebenso oft dichtes, dorniges Gebüsch.

Zehn Minuten nach sieben Uhr kamen wir an eine Lichtung und sahen zwischen den Bäumen undeutliche Menschen- und Pferdespuren sowie Pferdedung. Es ließ sich indessen unmöglich bestimmen, wie alt diese waren, denn im tiefen Walde waren sie vor Sandstürmen geschützt. So viel war jetzt sicher, wir waren gerettet.

Ich schlug vor, dass wir den Wald durchqueren und weiter nach Osten gehen sollten, denn in dieser Richtung konnte der Fluss nicht mehr weit entfernt sein. Aber Kasim glaubte, dass die Spuren, die zweifellos einen Weg angaben, uns allmählich nach dem Flussufer führen würden, und da sie sich bequem verfolgen ließen und die ganze Zeit hindurch im Schatten hinliefen, billigte ich den Vorschlag.

Stolpernd und entkräftet folgten wir also dem Pfade nach Süden, aber schon um neun Uhr waren wir von der tropischen Hitze erschöpft und sanken im Schatten einiger Pappeln nieder. Mit den Händen kratzte ich mir eine Grube zwischen den Wurzeln, lag dann den ganzen Tag darin, wand mich vor Hitze und konnte kein Auge zutun. Kasim lag regungslos auf dem Rücken; er hatte Mund und Augen weit geöffnet, phantasierte, murmelte und stöhnte und antwortete mir nicht, wenn ich ihn anredete, ja nicht einmal, wenn ich ihn an der Schulter rüttelte.

Endlos erschien mir dieser Tag und meine Geduld wurde auf die härteste Probe gestellt, denn ich hatte das Gefühl, dass der Fluss sich in unserer unmittelbaren Nachbarschaft befinden musste, und ich sehnte mich nach ihm.

Erst um sieben Uhr abends war ich imstande, mich anzukleiden, und forderte Kasim auf, mit nach dem Wasser zu kommen. Er war jetzt zu schwach dazu; er schüttelte nur den Kopf, machte eine verzweifelte Gebärde und gab mir mit den Händen deutlich zu verstehen, dass ich allein gehen, trinken und dann mit Wasser zu ihm zurückkommen müsse, sonst würde er hier, wo er liege, sterben.

Nun nahm ich den Spaten. Der Schaft sollte mir als Stab und Waffe dienen und das eiserne Blatt hängte ich an einen über den Waldpfad sich streckenden Ast, um den Punkt, wo wir den Wald erreicht hatten, später leicht wiederfinden zu können. Ich hoffte jetzt nämlich wieder, dass wir auch die verlorenen Sachen noch würden retten können, wenn wir von diesem Punkte aus direkt nach Westen gingen. Die drei Männer hielt ich dagegen für tot.

In östlicher Richtung durchwanderte ich den Wald; es war schwierig genug. Ein paar Mal wäre ich im Dornengestrüpp beinahe stecken geblieben; ich zerriss mir die Kleider und bekam an den Händen gehörige Schrammen. Auf Baumstümpfen und umgefallenen Stämmen ruhte ich alle Augenblicke aus, denn ich fühlte mich todmüde. Es dämmerte und wurde dunkel und nur mit großer Anstrengung gelang es mir, mich wach zu halten.

Auf einmal war der Wald zu Ende, als wäre er abgeschnitten, und im Osten breitete sich eine unabsehbare Fläche aus, die so eben war wie ein Fußboden und aus festem Sand und Ton bestand. Da sie ungefähr zwei Meter unter der Fläche des Waldbodens lag und keine Spur von Dünen zeigte, sah ich sofort, dass sie nichts anderes sein konnte als das Flussbett des Chotan-darja.

Aber der Sand war ebenso trocken wie auf den Dünen in der Wüste, das Bett war leer und wartete auf die Sommerfluten aus dem Gebirge! Ich glaubte jedoch nicht, dass ich verurteilt sei, im Flussbett selbst umzukommen; ich musste an die Neigung des Jarkent-darja denken, nach Osten zu wandern, und an das alte Flussbett, das wir passiert, bevor wir den Wald erreichten. Vielleicht war das Verhältnis hier dasselbe, vielleicht zogen sich auch die Wassermassen dieses Flusses vorzugsweise am rechten Ufer hin, wo ich also erwarten konnte, die tiefsten Stellen des Bettes zu finden. Ich beschloss daher, es ebenfalls zu durchqueren, ehe ich alles verloren gab.

Ich ging gerade nach Südosten. Weshalb nicht nach Osten, wie bisher stets? Ich weiß es nicht. Vielleicht war es der Mond, der mich hypnotisierte, denn er glänzte mit seinen schmalen Hörnern in dieser Himmelsrichtung und warf einen matten, bläulichen Schein über die stille Gegend.

Mit festen Schritten, auf den Spatenstiel gestützt, ging ich in gerader Linie nach dieser Richtung hin, als würde ich widerstandslos von einer unsichtbaren Hand geführt. Aber manchmal überfiel mich eine verräterische Schlafsucht und ich ruhte einen Augenblick aus. Mein Puls war sehr schwach und kaum zu fühlen und ich musste meine ganze Willenskraft aufbieten, um nicht einzuschlafen. Ich fürchtete jetzt, dass der Schlaf so tief werden könnte, dass ich daraus nicht wieder erwachen würde.

Während ich ging, hielt ich den Blick beständig auf den Mond gerichtet, in der Erwartung, unter ihm einen Silberstreifen im Wasser des Flusses zu sehen. Aber nichts war zu erblicken und im Osten verschwand die Gegend in einem kalten Nachtnebel.

Nach einer Wanderung von 2 ½ Kilometern unterscheide ich jedoch die dunkle Waldlinie des anderen Ufers. Sie wird immer deutlicher. Dort steht ein dichtes Gebüsch von Sträuchern und Schilf, und eine halb umgefallene Pappel liegt schräg über einer Vertiefung im Flussbett. Ich habe nicht mehr viele Schritte bis ans Ufer, da fliegt pfeilschnell eine aufgescheuchte Wildente mit pfeifendem Flügelschlag auf. Ich höre ein Plätschern und im nächsten Augenblick stehe ich – am Rande eines kaum 20 Meter langen Tümpels mit frischem, kaltem, herrlichem Wasser!

Es wäre ein vergebliches Bemühen, die Gefühle, die mich jetzt überwältigten, zu beschreiben. Woran ich zuerst dachte, bevor ich trank, kann sich der Leser selbst sagen. Darauf beobachtete ich meinen Puls, der 49 Schläge zählte. Dann zog ich die Blechbüchse aus der Tasche, füllte sie und trank, und wie dieser Trunk schmeckte, kann sich keiner vorstellen, der nicht selbst nahe daran gewesen ist, vor Durst zu sterben. Ich führte den Becher ruhig, ganz ruhig an die Lippen und trank, trank, trank. Welche Wollust, welcher Genuss! Nie hat der edelste Wein, der göttlichste Nektar besser geschmeckt. Die Hoffnung hatte nicht getrogen: Mein Glücksstern strahlte noch so hell wie früher.

Ich glaube nicht zu übertreiben, wenn ich sage, dass ich im Verlaufe von zehn Minuten drei Liter trank. Die Blechbüchse enthielt nicht ganz so viel wie ein gewöhnliches Trinkglas und ich leerte sie 21-mal. In diesem Augenblick bedachte ich nicht, dass es gefährlich sein könnte, nach dem lang andauernden Durste so hastig zu trinken. Aber es bekam mir durchaus nicht schlecht. Im Gegenteil, ich fühlte, wie mit diesem herrlichen Wasser das Leben wiederkehrte, wie das Wasser in alle Gefäße und Gewebe des Körpers eindrang, die die Leben spendende Flüssigkeit wie ein ausgetrockneter Schwamm einsogen.

Der Puls, der matt gewesen war, schlug wieder kräftig und nach einigen Minuten stieg er auf 56 Schläge. Das Blut, das eben noch so träge und dick gewesen, dass es kaum durch die Haargefäße kommen konnte, strömte wieder leicht durch seine Adern. Die Hände, die eingeschrumpft, trocken und so hart wie Holz gewesen waren, schwollen wieder an. Die Haut, die Pergament geglichen, wurde wieder feucht und geschmeidig und auf der Stirn begann bald eine lebhafte Transpiration. Kurz, ich fühlte, wie der ganze Körper neues Leben und neue Kräfte erhielt – es war ein feierlicher Augenblick!

Nie ist das Leben mir schöner, reicher und wertvoller erschienen als in dieser Nacht im Bette des Chotan-darja. Die Zukunft lächelte mich wie in einem Lichtmeere an. Es verlohnte sich, zu leben, und das Gerede, die Erde sei ein Jammertal, war in meinen Augen eine leere Fabel. In dem verzückten Zustande, in dem ich mich befand, war es mir, als habe mich ein Engel des Himmels durch das nächtliche Dunkel nach dem kleinen Tümpel geführt, und ich glaubte das Rauschen seiner Flügelschläge zu hören.

Nachdem ich mich satt getrunken und über meine wunderbare Rettung nachgedacht und nachdem der Körper allmählich wieder in einen normaleren Zustand gekommen war, kehrten meine Gedanken zur Wirklichkeit und meine Aufmerksamkeit zur nächsten Umgebung zurück. Der Tümpel stand hier seit dem vorigen Sommer in der tieferen Rinne, in der die Strömung sich zuletzt an der rechten Uferbank hingezogen hatte. Die kleine Wasseransammlung befand sich also in einer Vertiefung und ich hatte sie nicht eher bemerken können, als bis ich in ihrer unmittelbaren Nähe war.

Wäre ich 50 Schritt weiter nach rechts oder links gegangen, würde ich sie nie gefunden haben; es war, wie ich nachher erfuhr, auf beiden Seiten noch weit bis zu den nächsten Tümpeln. Die Kaufleute, die im Frühjahr von Zeit zu Zeit mit ihren Karawanen zwischen Chotan und Ak-su hin und her reisen, wissen, wo die Tümpel stehen bleiben, und schlagen dort stets ihr Nachtlager auf. Vielleicht würde ich mich verirrt haben, wenn ich den Tümpel nicht gefunden, vielleicht hätten meine Kräfte bis zum nächsten nicht ausgereicht.

Am Ostufer stand hoch und dicht das trockne, gelbe Schilf vom vorigen Jahre, und die jungen, grünen Frühlingstriebe drängten sich zwischen den alten Stängeln empor. Dahinter erhob sich drohend und dunkel der Wald, und die silberne Mondsichel hing schon an der Krone einer Pappel. Ich saß unmittelbar am blanken Spiegel des Tümpels, der von den Reflexen des dunklen Waldes pechschwarz erschien. Es prasselte in meiner unmittelbaren Nähe im Dickicht, ich hörte das Geräusch schleichender Schritte und das Rascheln der Binsen, die zur Seite gebogen wurden. Es konnte ein Tiger sein, aber ich kannte keine Spur von Furcht, seitdem mir das Leben zum zweiten Mal geschenkt worden war. Der Gedanke, einen Tigerkopf mit funkelnden Augen aus den Binsen hervorschauen zu sehen, machte mir beinahe Freude. Ich wollte ihm in die Augen sehen, wollte ihn fragen, ob er es wage, mir mein teuer erkauftes Leben zu nehmen.

Aber die Schritte und das Rascheln im Schilfe entfernten sich wieder. War es ein Tiger oder war es ein anderes der wilden Tiere des Waldes gewesen, das zum Trinken nach dem Tümpel gekommen: Es hatte es wohl für das Klügste gehalten, in angemessener Entfernung zu bleiben, solange der Platz von einem Menschen besetzt war.

Doch nun flog der Gedanke zu dem sterbenden Kasim zurück, der hinten im Walde lag und mit dem Tode kämpfte, ohne imstande zu sein, sich zu bewegen, geschweige denn, den dreistündigen Weg bis zum Wasser zurückzulegen. Er bedurfte baldiger Hilfe. Die Blechbüchse war zu klein; sie hätte ihn das Wasser nur flüchtig kosten lassen. Was war zu tun? Wie würde ich ihm eine hinreichende Menge Wasser bringen können?

Die Stiefel! Natürlich, meine schwedischen, wasserdichten Stiefel! Sie waren ebenso gut und ebenso sicher wie irgendein anderes Gefäß. Mit einem Plumpse tauchten sie in das Wasserbecken hinab; dann zog ich die Strippen auf die Enden des Spatenstiels, trug ihn auf der rechten Achsel und wanderte leichten Schrittes eilig den Weg, den ich gekommen, zurück.

Die Stiefel waren bis an den Rand mit kostbaren Flüssigkeiten gefüllt, die Kasim das Leben wiederschenken sollte. Ein bisschen schüttete ich infolge meines schnellen Ganges aus, aber durch das Leder sickerte kein Tropfen. Schuhmachermeister Stjernström in Stockholm hat gewiss noch nie ein Paar Stiefel angefertigt, die nicht allein einem Menschen das Leben wiedergegeben, sondern auch noch Asien in der Quere, hin und zurück, durchwandert haben! Die Stiefel erlangten späterhin eine gewisse Berühmtheit.

Der Mond warf noch seinen bleichen Schein über das Flussbett und ich konnte mit Leichtigkeit meiner Spur im Sande folgen. Jetzt fiel mir das Gehen nicht mehr schwer; meine Müdigkeit war verschwunden, ich flog beinahe nach dem Walde am linken Ufer. Hier ging es sich schwerer. Ich hatte ziemlich dünne Strümpfe an und trat mir unausgesetzt Dornen und Splitter in die Füße. Schlimmer aber war, dass ein dichter Wolkenschleier, der sich vielleicht aus dem aufsteigenden Nebel gebildet hatte, sich wie ein Tuch vor den Mond zog, sodass es im Walde pechfinster wurde und ich die Spur verlor.

Ich zündete ein Streichholz an und versuchte, obgleich vergeblich, den Kompass abzulesen; ich rief »Kasim!« mit lauter Stimme, die zwischen den Pappeln verhallte, erhielt aber keine Antwort. Ich ging dann eine Weile aufs Geratewohl weiter, immer so laut, wie es meine Lungen vermochten, den Namen meines Dieners rufend. Schließlich aber fand ich dieses Umherirren zwecklos; ich verlor mich immer mehr in dem tiefen, stillen Walde und beschloss deshalb, Halt zu machen und den Anbruch des Tages zu erwarten.

Ich suchte ein undurchdringliches Gestrüpp auf, in dem Reisighaufen, Zweige und vertrocknete Stämme durcheinander lagen, und zündete es an. Im Nu loderten die Flammen auf. Es knisterte, sprühte und knallte in dem trockenen Haufen, es siedete und pfiff durch den Zug von unten und eine mächtige Feuersäule leckte an den Pappelstämmen empor. Es wurde so hell wie mitten am Tage und ein unheimlicher, rotgelber Schein erhellte die eben noch stockdunklen Schlupfwinkel des Waldes.

Kasim musste dieses Feuer sehen und sein Knistern hören, denn er konnte nicht sonderlich weit entfernt sein. Ich rief wieder, suchte, vom Feuerschein geleitet, nach der Spur, aber ohne sie zu finden, und legte mich dann auf dem weichen Sandboden auf den Bauch, um mich an der Wut der Flammen zu erfreuen. Dann schlief ich ein paar Stunden ruhig und gut an einer Stelle, wo das Feuer mich nicht erreichen konnte, ich ihm aber doch nahe genug war, um mich vor Tigern und anderen wilden Tieren sicher fühlen zu können.

Als ich erwachte, brach der Tag an. Das Feuer hatte bedeutend abgenommen, seitdem es von den umherstehenden, frischen Pappeln aufgehalten worden, deren Stämme es nur hatte schwärzen und ansengen können, und eine dicke, schwarze Rauchsäule stieg aus dem Walde auf. Die Stiefel, die an eine Wurzel gelehnt dastanden, hatten nichts von ihrem Inhalt verloren; nicht einmal der Boden unter ihnen war nass. Ich trank einen Schluck Wasser und setzte dann das Suchen nach meiner Spur fort, die ich jetzt bald fand.

Als ich bei Kasim anlangte, lag er noch in derselben Stellung, wie ich ihn verlassen hatte. Er betrachtete mich anfangs mit wild starrenden, blödsinnigen Blicken; doch als er mich erkannte, machte er eine Kraftanstrengung, kroch zu mir hin und flüsterte: »Ich sterbe!«

»Willst du Wasser haben?«, fragte ich gelassen. Er schüttelte den Kopf und sank zusammen. Er ahnte nicht, was die Stiefel enthielten. Ich nahm den einen Stiefel und ließ ihn das Schwappen des Wassers hören. Er zuckte zusammen, stieß einen unartikulierten Laut aus, und als ich ihm den Stiefelschaft an die Lippen setzte, trank er ihn in einem Zuge aus, und im nächsten Augenblick leerte er auch den anderen.

6. Mai. Nachdem mit Kasim dieselbe Verwandlung vorgegangen war wie am Abend vorher mit mir und er wieder zu Sinnen gekommen war, berieten wir uns und gelangten zu dem Entschluss, dass wir uns nach dem Tümpel begeben, in seiner Nähe ausruhen, trinken und uns waschen müssten, ein Luxus, den wir uns während der letzten Wochen nicht hatten gestatten können.

Er war jedoch noch so schwach, dass er mit mir nicht Schritt halten konnte; er ging wie ein Betrunkener und setzte sich unaufhörlich. Da er auf alle Fälle auf der rechten Spur nach dem Wasser war und ich nicht mehr für ihn tun konnte, als ich schon getan, eilte ich voraus nach dem Tümpel, wo ich trank, badete und wohl eine Stunde wartete. Kasim ließ jedoch nichts von sich hören.

Nun machte sich der Hunger in hohem Grade bemerklich. Das Wichtigste, was ich zu tun hatte, war daher, so schnell wie möglich Menschen aufzusuchen, teils um etwas zu essen zu bekommen, teils um mit ihrem Beistand zu versuchen, wieder in die Wüste zurückzukehren, Islam zu Hilfe und zur Rettung meines Gepäcks. Darum überließ ich Kasim einstweilen seinem Schicksal und setzte meinen Weg in schnellem Tempo am rechten Ufer aufwärts direkt nach Süden fort. Die Stiefel waren noch so durchnässt, dass ich sie nicht anziehen konnte; ich ging daher barfuß.

Um neun Uhr erhob sich ein heftiger Weststurm, der Wolken von Staub und Sand das ebene Bett hinuntertrieb und die Sonne so verdunkelte, dass ich mich nicht im Geringsten über die Hitze beklagen konnte. Aber der dicke

Die Rettung.

Dunstschleier benahm mir auf allen Seiten die Aussicht und weder zur Rechten noch zur Linken konnte ich den Wald sehen.

Nachdem ich drei Stunden in einem fort gegangen war, wurde ich wieder vom Durst gequält. Hierzu trugen der Flugsand und der Buran bei, der mich beinahe erstickte. Ich ging in den Wald am rechten Ufer hinein und suchte in einem Gebüsche Schutz, wo ich eine Weile sitzen blieb und überlegte. Da schoss mir der Gedanke durch den Kopf, dass es bis nach dem nächsten Tümpel vielleicht noch Tagemärsche wären und es unklug sein würde, den ersten zu verlassen, den ich auf so wunderbare Weise gefunden hatte. Überdies hätte es mir auch Freude gemacht, Kasim wieder zu treffen.

Ich kehrte also um und folgte dem Ufer nach Norden, war aber nicht mehr als eine halbe Stunde gewandert, als mich der Zufall an einen kaum metergroßen Tümpel mit trübem, schwach salzhaltigem Wasser führte. Ich trank sehr viel. Die Müdigkeit überwältigte mich jetzt und ich war im Zweifel, was jetzt das Klügste wäre. Wasser gab es hier ja und Kasim konnte ich so lange noch entbehren. Nach Süden gehen konnte ich nicht. Am besten wäre es, zu warten, um, wenn der Sturm sich gelegt, den Menschen, die vielleicht den Waldweg auf dem linken Ufer entlangzögen, durch ein Feuer ein Zeichen zu geben.

Ganz in der Nähe des Tümpels suchte ich mir also im Walde ein recht dichtes, gut gegen den Sturm geschütztes Gebüsch. Hier legte ich mich, die Stiefel und die Mütze als Kopfkissen benutzend, hin und fiel in einen tiefen, schweren Schlaf. Es war seit dem 1. Mai das erste Mal, dass ich ordentlich geschlafen. Als ich erwachte, war es schon dunkel und der Sturm heulte noch im Walde; es war acht Uhr abends. Nachdem ich aus dem Tümpel getrunken hatte, zündete ich ein mächtiges Feuer an und saß lange davor und starrte in die Flammen.

Ich wurde schrecklich vom Hunger gequält und sammelte mir ein wenig Gras- und Schilfsprossen sowie Kaulquappen, um damit den Magen zu betrügen. Die jungen Frösche schmeckten bitter, aber ich packte sie im Genick und schluckte sie mutig ganz hinunter. Nach eingenommenem »Abendessen« schleppte ich einen Vorrat dürrer Zweige aus der Nachbarschaft herbei, um das Feuer während der Nacht unterhalten zu können.

Hätte ich nur Jolldasch zur Gesellschaft gehabt! Vielleicht lebte er noch und war unserer Spur folgend bis an den Fluss gekommen. Ich pfiff, so laut ich konnte, aber Jolldasch war und blieb verschwunden. Dann schlief ich wieder ein.

Am 7. Mai legte sich der Sturm, aber die Atmosphäre war noch mit Staub gesättigt. Dieser schwarze Buran hatte in mir unheimliche, düstere Gedanken erweckt. Er war der erste, der getobt hatte, seit die Karawane untergegangen war. Er war es, der die ersten Schaufeln Erde auf meine toten Diener und Kamele werfen würde. Er würde auch jede Spur im Sande verwischen, sodass Islam Bai, wenn er noch lebte, uns vielleicht nie finden würde, obgleich auch er einen Kompass hatte. Fänden wir auch Menschen, die bereit wären, uns in die Wüste nach dem Zelte zu folgen, so würden wir es doch nur mit Schwierigkeit wieder auffinden, nachdem wir nicht mehr die Spur hatten, nach der wir uns richten könnten.

Dann musste ich an etwas anderes denken. Diese Gegend schien vollständig menschenleer zu sein; hier gab es nicht einmal frische Menschenspuren. Wartete ich auf Hilfe, so würde ich am Ende hungers sterben. Als ich das letzte Mal auf Prschewalskijs Karte nachsah, hatte ich ausgerechnet, dass wir den Fluss in einer Gegend, die Buksem heißt und 250 Kilometer von Chotan entfernt liegt, erreichen müssten. Wenn ich tüchtig ausschritt, musste ich diese Strecke in sechs Tagen zurücklegen können.

Also, gesagt, getan! Aufbruch ½ 5 Uhr. In so gerader Linie wie möglich ging ich rasch mitten im Flussbett dahin, das infolge des ebenen Terrains nur sehr unbedeutende Krümmungen macht. Die Breite wechselt zwischen einem und drei Kilometer. Vorsichtigerweise nahm ich jetzt Wasser in den Stiefeln mit. Nach mehrstündigem Marsch taten mir die Füße so weh und waren so voll Blasen, dass ich sie dadurch zu schützen versuchte, dass ich die Strümpfe doppelt über dem Fuße zusammenfaltete und sie dann mit langen Streifen von meinem Hemde umwickelte.

An einem neuen kleinen Tümpel wurde das salzhaltige Wasser durch süßes ersetzt. Dann folgte ich dem linken Ufer und fand hier zu meiner Freude eine aus Reisig aufgeführte Schafhürde. Ich untersuchte sie genau, überzeugte mich aber dadurch nur davon, dass sie lange nicht in Gebrauch gewesen war.

Die Tageshitze und die Müdigkeit trieben mich um ½ 12 Uhr in den Wald. Hier machte ich Halt, sammelte mir Binsensprossen und Gras, die ich zerschnitt und mit Wasser vermischte; dies war mein Frühstück. Am Nachmittag wanderte ich wieder stundenlang, bis ich um acht Uhr nicht mehr konnte und im Walde bei dem üblichen Feuer »Lager schlug«.

Am 8. Mai brach ich vor der Sonne auf und wanderte auf dem linken Ufer, das hier nach Südsüdwesten ging, weiter. Merkwürdig, dass gar keine Menschen zu sehen waren! Aber der Weg lag vielleicht drinnen im Wald, und wenn Reisende ihm folgten, konnten wir aneinander vorbeigehen, ohne davon zu wissen.

Um zu untersuchen, wie es sich damit verhielt, durchquerte ich den hier nur einen Kilometer breiten Wald in westlicher Richtung, und als er ein Ende nahm, dehnte sich vor mir das unheimliche gelbe Wüstenmeer aus, das ich nur zu wohl kannte und das ich jetzt voll Entsetzen floh. Eine Stunde weiter traten die Dünen sogar bis an das Flussufer heran, wo sie ihre Kämme von Nordnordwesten nach Südsüdosten erstreckten.

Hier wuchsen die Pappeln vereinzelt und in großen Zwischenräumen. Im Schatten einer derselben sank ich, von der Tageshitze erschöpft, nieder. Auf dem Wege nach diesem Punkte hatte ich nicht weniger als acht kleine Tümpel passiert, von denen jedoch die meisten einen schwachen Salzgehalt hatten.

Nach ein paar Stunden der Ruhe setzte ich meine einsame Wanderung nach Süden fort. Wenn es wirklich einen Weg gab, so konnte er dem linken Ufer entschieden nicht folgen, denn durch die Sanddünen zog wohl kein Mensch, der nicht dazu gezwungen war. Darum musste auch der Wald auf dem rechten Ufer durchforscht werden. Das Flussbett war hier zwei Kilometer breit, aber einen Weg fand ich auch auf dem rechten Ufer nicht. Ich hielt mich deshalb im Bette, dicht an der Uferbank und dem Waldrande.

Ungefähr 300 Meter weiter lagen in dem trockenen Bette zwei kleine Inseln mit Buschholz und Pappeln, und zwischen der südlichsten Insel und dem Ufer entdeckte ich kurz vor Sonnenuntergang die frischen Spuren von zwei barfüßigen Männern, die in der entgegengesetzten Richtung, d. h. nach Norden, vier Esel getrieben hatten.

Menschenspuren! Ein erfreulicher Anblick! Ich war

also nicht ganz allein in dieser Einöde. Die Spuren waren so frisch, dass die kleinsten Einzelheiten des Fußes im Sande sichtbar waren. Es konnte höchstens einen Tag her sein, dass diese Männer hier entlanggezogen waren. Seltsam, dass ich ihnen nicht begegnet war, da sie ja in der entgegengesetzten Richtung gingen; aber vielleicht hatten sie tagsüber geruht und waren bei Nacht gewandert.

Woher kamen sie, wohin gingen sie? Wo hatten sie zuletzt gelagert? Vielleicht bei einer menschlichen Wohnung, vielleicht auch nur an einem Tümpel. Ihnen zu folgen konnte nichts nützen, denn sie hatten schon einen Vorsprung, den ich nie würde einholen können. Es blieb mir also keine andere Wahl, als der Spur in der entgegengesetzten Richtung zu folgen. Mit Aufmerksamkeit und Interesse studierte ich diese Abdrücke von Menschenfüßen. Von ihnen geleitet eilte ich dicht am rechten Ufer des Chotan-darja entlang nach Süden.

RETTUNG ISLAM BAIS

Die Dämmerung fing schon an, ihren Schleier über die stille Gegend zu breiten, als ich beim Passieren einer vorspringenden Landzunge einen seltsamen Ton zu hören glaubte. Ich blieb stehen und lauschte mit verhaltenem Atem. Da es so still blieb wie zuvor, dachte ich, es sei nur eine Drossel gewesen, die mich schon manches Mal zum Aufhorchen und Stehenbleiben gebracht hatte. Doch nein! Im nächsten Augenblick hörte ich deutlich einen Ruf und darauf das Brüllen einer Kuh, Laute, die in meinen Ohren schöner klangen als der Gesang einer Primadonna.

Hastig zog ich mir die nassen Stiefel an, um nicht wie ein Verrückter auszusehen. Hochklopfenden Herzens eilte ich nach der Richtung, woher die Töne gekommen waren, drängte mich durch Dornengestrüpp, sprang über umgestürzte Stämme, stolperte oft und fiel, aber eilte unverdrossen durch dichtes Kamischgebüsch und über knackendes Reiserholz weiter.

Je weiter ich kam, desto deutlicher hörte ich Männer reden und Schafe blöken, und in einer Lichtung im Walde tauchte eine weidende Herde auf, die von einem Hirten mit einem langen Stabe in der Hand gehütet wurde. Er war nicht wenig erstaunt, als er mich erblickte, wie ich mit der blauen Brille und den zerlumpten Kleidern aus dem Dickicht hervorbrach.

Wahrscheinlich glaubte er, ich wäre ein auftauchender Waldgeist oder einer der bösen Geister der Wüste, der sich hierher verirrt. Er stand wie festgewurzelt vor Entsetzen da und starrte mich an. Ich begrüßte ihn mit einem freundlichen *»Salem aleikum!«* (Friede sei mit euch) und begann in kurzen Zügen zu erzählen, wie ich hierher gekommen. Da aber drehte er sich auf dem Absatz um und verschwand im nächsten Gebüsch, die Schafe ihrem Schicksal überlassend.

Nach einer Weile kam er jedoch mit einem älteren Hirten zurück, der vernünftiger war und ein neues *»Salem aleikum«* erhielt, als er an mich herantrat. Jetzt berichtete ich ihnen unsere Schicksale ausführlich, und als ich ihnen sagte, dass ich acht Tage lang nichts gegessen, und um einen Bissen Brot bat, führten sie mich zu einer nahe gelegenen Hütte, die aus einigen Zweigen zusammengefügt und knapp 1 ½ Meter hoch war.

Hier setzte ich mich auf einer zerlumpten Filzdecke nieder, während der jüngere Hirte einen hölzernen Trog mit frischem Maisbrot herbeiholte. Ich dankte ihm, brach mir ein Stück ab und aß, hatte aber kaum so viel wie eine halbe Faust groß verzehrt, als ich mich vollständig gesättigt fühlte. Darauf gaben sie mir eine Schale Schafmilch, die vorzüglich schmeckte. Dann verschwanden sie eine Weile. Nur zwei große Hunde blieben zurück und bellten mich ununterbrochen an.

Als es dunkel geworden war, kehrten sie mit einem dritten Hirten nach der Hütte zurück, in deren Nähe die Schafhürde lag, wo die Tiere nachts gegen Tiger und Wölfe geschützt wurden. Bei einem großen Feuer schliefen wir alle unter freiem Himmel. Ich war jetzt vor dem Verdursten wie vor dem Verhungern gerettet.

9. Mai. Schon vor Tagesanbruch verschwanden die Hirten mit ihren Herden. Gegen Mittag kamen sie mit den Herden zurück und jetzt hatte ich Gelegenheit, mit meinen Wirten nähere Bekanntschaft zu machen. Sie hießen Jussuf Bai, Togda Bai und Pasi Achun und hüteten hier 170 Schafe und Ziegen nebst 60 Kühen, die alle einem Bai in Chotan gehörten.

Winter und Sommer liegen sie mit den Tieren draußen im Walde und erhalten für ihre einförmige Arbeit zusammen bloß 20 Tengeh* (9 Mark) monatlich und Maismehl zu Brot. Wenn ein Platz abgeweidet ist, wandern sie nach einem anderen. An jeder neuen Stelle erbauen sie eine kleine Hütte, wenn nicht aus früheren Jahren schon eine da ist. Seit fünf Tagen hatten sie hier gelegen, als ich sie fand, wollten sich aber in kurzem nach einem besseren Platze begeben. Die Waldgegend hieß Buksem (dichter, struppiger Wald).

Obgleich ihr Leben außerordentlich arm an Freuden sein muss und ein Tag genau dem anderen gleicht, sahen sie doch heiter und zufrieden aus. Togda Bai war verheiratet, aber seine Frau wohnte in Chotan, und als ich ihn fragte, weshalb er sie nicht bei sich im Walde habe, sagte er, dass die Chinesen, die bisweilen diese Straße zögen, keine eingeborene Frau ungeschoren ließen und dass er deshalb vorzöge, allein zu bleiben.

Meine Ankunft brachte zwar eine Unterbrechung in ihr einförmiges Leben, aber noch betrachteten sie mich mit scheuen Blicken und hielten mich entschieden für ein verdächtiges Subjekt. Der Umstand, dass ich ihre Sprache

---

* Ein Tengeh von Chotan ist so viel wie zwei Tengeh von Kaschgar und daher zirka 46 Pfennig wert.

beherrschte, wirkte jedoch beruhigend und die Unterhaltung war andauernd im Gang.

Sie leben ausschließlich vom Maisbrot, Wasser und Tee, der einen starken Pfefferbeigeschmack hatte. Ihre bewegliche Habe ist nicht groß. Sie besteht zunächst aus dem Anzug, den sie tragen, einem zerlumpten Tschapan oder Überrock und einer Telpek oder Schaffellmütze, deren Zotteln wild nach allen Richtungen stehen, ferner aus dem Belbag, dem Gürtel, in den der Teevorrat eingewickelt ist. An den Füßen tragen sie ein Paar mit Schnüren versehene Stücke Schafleder und um die Beine wickeln sie lange Binden.

Das Wichtigste unter ihren Habseligkeiten ist die Axt (Balta), deren Stiel mit dem Eisen einen rechten Winkel bildet. Mit diesem Werkzeug bauen sie auf den Wanderungen nicht allein ihre Hütten und verschaffen sich Brennholz, sondern bahnen auch ihren Herden damit einen Weg durch das dichte Unterholz. Im Winter hauen sie mit der Balta junge Zweige und Triebe ab zum Futter für die Schafe und Ziegen.

Auf dem Wege nach Chotan gebe es, sagten sie mir, auf beiden Ufern des Flusses viele Hirten und sie würden immer zahlreicher, je weiter man flussaufwärts komme. Doch in der Nähe der Stadt selbst fehle es an Weiden, und die Bais, die Schafe besäßen, ließen sie deshalb das ganze Jahr hindurch in den Wäldern des Chotan-darja. Um diese Jahreszeit reise man, da der Fluss ausgetrocknet sei, immer im Flussbette selbst, das dann so fest und eben wie eine Straße daliege; sobald es aber wieder vom Wasser in Besitz genommen würde, müsse man sich im Walde halten.

Nachmittags verschwanden die Hirten wieder mit ihren Tieren und ich war allein, als eine Karawane von nahezu 100 Eseln vorbeipassierte, die Reis von Chotan nach Aksu brachte. Der Karawanenführer gewahrte mich nicht, sondern setzte seinen Weg nach Norden fort, aber Pasi Achun hatte mit den Leuten gesprochen.

Ich war wieder in die Hütte gegangen, um zu ruhen, als ich fremde Stimmen und Steigbügelgeklapper hörte und hinauseilte. Es waren drei behäbige Kaufleute, die auf vorzüglichen Pferden von Ak-su nach Chotan unterwegs waren.

Sie ritten in hastigem Trab nach dem Walde hinauf, gerade auf die Hütte zu. Dort stiegen sie schleunigst ab, grüßten freundlich und kamen ohne Zaudern auf mich zu, als hätten sie mich gesucht und gewusst, dass ich hier sei.

Nachdem ich sie gebeten hatte sich zu setzen, begann der eine, ein fein gekleideter schwarzbärtiger Mann, zu sprechen und teilte mir eine Neuigkeit mit, die mich mit der größten Freude erfüllte. Eine Tagereise nördlich von Buksem waren sie gestern am linken Ufer entlanggeritten, als sie neben einem weißen Kamele, das vergnügt am Waldrande weidete, einen mehr toten als lebendigen Menschen liegen gesehen hatten.

Wie der barmherzige Samariter hatten sie angehalten und gefragt, was ihm fehle. Er hatte bloß geflüstert: *»Su, su!«* (Wasser, Wasser!) Sie hatten sofort einen Reiter mit einer Kanne nach dem nächsten Tümpel geschickt, und der Mann, der, wie ich mir gleich dachte, kein anderer als Islam Bai sein konnte, hatte sie auf einen Zug geleert. Er hatte darauf Nüsse, Rosinen und Brot erhalten, sich wieder erholt und erzählt, wie er dorthin gekommen.

Darauf hatte er sie gebeten, mich ausfindig zu machen, obwohl er nicht wusste, ob ich tot oder noch am Leben sei, da er seit einigen Tagen meine Spur verloren hatte; wenn sie mich fänden, sollten sie mir eins ihrer Pferde leihen, sodass ich nach Chotan kommen und dort Ruhe und Pflege erhalten könnte. Sie hatten auch nach mir gesucht, bis sie mich in dieser Hütte gefunden. Sie boten mir nun eins ihrer Pferde an, damit ich sie nach Chotan begleiten könnte.

Ich schwankte keinen Augenblick in meinem Entschlusse, hier zu bleiben und Islam zu erwarten. Da es ihm gelungen, eins der Kamele mit an den Fluss zu bringen, hatte er vielleicht auch einen Teil unserer Habe gerettet, vielleicht auch meine Tagebücher und Karten von der Wüstenreise. Am Ende würden wir dann wieder eine Karawane organisieren können.

Nun lag die Zukunft wieder rosig vor mir! Am Morgen hatte ich den erlittenen Schiffbruch überdacht und bei mir überlegt, wie ich den letzten Teil meiner Reise einrichten könnte, damit ihre Resultate so reich werden würden, wie es die Umstände erlaubten. Ich hatte geplant, mich mit den ersten besten Kaufleuten nach Chotan und von da nach Kaschgar zu begeben, wo ich um neue Instrumente und eine neue Ausrüstung nach Europa hätte telegrafieren können. Dann wäre ich mit dem in Kaschgar deponierten Reste meiner Reisekasse nach dem Lop-nor gezogen, um von dort über Sibirien nach Hause zurückzukehren.

Doch als ich erfuhr, dass Islam Bai lebe und ein Kamel gerettet worden, war ich fest überzeugt, dass wir den Versuch wagen könnten, nach dem Zelte und dem Gepäck der verlorenen Karawane Nachforschungen anzustellen, und weit entfernt, sich zu beschränken, erweiterten sich meine Pläne.

Die drei Kaufleute konnten also ihrer Straße ziehen, nachdem sie so freundlich gewesen, mir einen ganzen Arm voll Weizenbrot zu schenken und 18 Silbertengeh zu leihen. In Chotan, wo wir ein Rendezvous verabredeten, wollten wir unsere Geschäfte abmachen. Die Hirten waren jetzt vollständig von der Wahrheit meiner Erzählung überzeugt und sie durften auch hoffen, dass ihre Dienste nicht ganz unbelohnt bleiben würden.

10. Mai. Ein starker Nordoststurm erfüllte die Atmosphäre mit Staub, während ich den ganzen Tag hindurch in der Hütte lag und schlief. Die physische Müdigkeit, die sich während der letzten Periode der Wüstenreise bei mir angesammelt hatte, machte sich jetzt geltend, und ich fühlte mich wie ein nach jahrelanger Krankheit Genesender.

Bei Sonnenuntergang wurde ich von einem brüllenden

Kamel geweckt und eilte hinaus. Da kam Pasi Achun, Aktuja, das weiße Kamel, führend, und hinterdrein Islam Bai und Kasim. Außer sich vor Freude warf sich mein prächtiger Islam laut weinend zu meinen Füßen nieder, die er mit den Händen umfasste. Ich hob ihn sofort auf und beruhigte ihn. In Wirklichkeit hatte er so wenig wie ich auf ein Wiedersehen gehofft.

Das weiße Kamel war jetzt mit zwei Kurtschinen beladen. Die eine enthielt die meisten Instrumente, mit Ausnahme aller Höhenmesser, meine Aufzeichnungen und Marschrouten, Papier und Federn usw., die andere unser chinesisches Silbergeld, die Laterne, die Teekanne, Zigaretten usw. Außerdem waren auch die beiden Flinten gerettet worden und lagen fest eingewickelt in einer Decke.

Nachdem Islam sich beruhigt und ein Stück Brot gegessen hatte, erzählte er Folgendes:

Als wir ihn in der Nacht auf den 2. Mai verlassen hatten, war er noch ein paar Stunden liegen geblieben, darauf aber mit den vier Kamelen, die widerstrebend mitgekommen, unserer Spur gefolgt. Am 3. Mai hatte er spätabends in weiter Ferne unser großes Signalfeuer bei den drei Pappeln gesehen, ein Anblick, der ihm neue Kräfte verliehen und ihn überzeugt hatte, dass wir noch lebten und den Anfang des Waldes erreicht, ja vielleicht sogar schon Wasser gefunden hätten

Am Vormittag des 4. Mai war er an dem Platze angelangt und hatte die Spuren unseres vergeblich begonnenen Brunnens gesehen. Da der Tag drückend heiß war, hatte er im Schatten Rast gemacht, mit der Axt einen klaffenden Spalt in eine der Pappeln gehauen und daraus wohl einen Becher Saft gesogen, der ihn gestärkt und erquickt hatte. Hier ließ er eine Kamellast zurück.

Am 5. Mai war er auf unserer Spur weitergezogen und hatte am Tage darauf das ausgetrocknete alte Flussbett erreicht, wo er ebenfalls unseren verunglückten Brunnen gefunden und wo ein Kamel, das von seiner Bürde befreit worden, sich losgerissen, um auf eigene Hand den Kurs nach Osten zu richten. So weit hatte der sterbende Jolldasch sich noch mitgeschleppt, war aber dann verschwunden, weshalb Islam es für unzweifelhaft hielt, dass der Hund tot war.

Am 7. Mai war mein Reitkamel Boghra mit seiner Last zusammengebrochen und eine Weile später Nähr, der alle Höhenmessinstrumente, Zigarren, Tee, Zucker, Lichter und einige Makkaronipakete trug. Schließlich langte Islam mit dem weißen Kamel am Ufer des Flusses an. Doch als er ihn ausgetrocknet fand und nicht mehr zu gehen vermochte, war er in Verzweiflung geraten und hatte sich niedergelegt, um mit Fassung den Tod zu erwarten.

Dies war am Morgen des 8. Mai gewesen. An demselben Tage waren um die Mittagszeit, wie durch ein Wunder, die drei Kaufleute vorbeigezogen und hatten ihm Wasser und Brot gegeben. Bald darauf war er mit Kasim zusammengetroffen, der ihm erzählte, dass es mir ausgezeichnet ginge, dass er aber keine Ahnung habe, wo ich geblieben. Der ehrliche Kasim war einfältig genug zu glauben, dass ich nordwärts nach Ak-su gegangen. Glücklicherweise war Islam jedoch gescheiter gewesen und hatte beschlossen, mich in der Richtung nach Chotan zu suchen. Pasi Achun, den ich ihm entgegengeschickt, hatte ihm guten Bescheid erteilt und nun war er hier.

Islam Bai hatte, wie man sieht, eine wahre Heldentat ausgeführt. Im Gegensatz zu Kasim und mir hatte er nicht bloß an sich selbst gedacht, sondern auch alles getan, um jene Teile des Gepäcks zu retten, die, wie er wusste, am wertvollsten waren; er hatte deshalb diese Sachen allmählich dem weißen Kamel aufgelegt, da dieses das stärkste war. Ich konnte jetzt die Arbeiten des Jahres fortsetzen.

Um das Feuer in der Hütte der Hirten herum hielten wir diesen Abend einen richtigen Schmaus. Nach vielem Wenn und Aber ließ sich Pasi Achun überreden, uns für 32 Tengeh ein Schaf zu verkaufen; es wurde sofort geschlachtet. Ich erhielt Koteletts von der Niere, auf Kohlen gebraten, und die Männer kochten sich in dem Topfe einige gute Bissen. Jetzt war mein Puls auf 60 Schläge gestiegen; erst drei Tage später war er nach nötiger Ruhe und Wohlbefinden wieder auf 82 gekommen.

11. Mai. Die Gegend war jetzt abgeweidet und die Hirten wollten nach einem anderen Platze aufbrechen, der nur zehn Kilometer flussabwärts auf dem rechten Ufer lag. Wir gingen zu Fuß, während Ak-tuja unser Hab und Gut trug. Auf einem kleinen, von Gebüsch und Kamisch umgebenen, mit altersgrauen Pappeln gekrönten Hügel am Ufer schlugen wir unseren Wohnsitz für die nächste Zeit auf.

Zwischen zwei Pappeln bauten die Männer mir eine Laubhütte, deren Fundament aus Zweigen und Ästen bestand, während dicht belaubte Zweige zu Wänden und Dach zusammengeflochten und gebunden wurden. Im Innern der Hütte wurde der Boden geebnet und mit der Filzmatte bedeckt. Als Kopfkissen hatte ich die Segeltuchtasche mit dem Silbergeld, als Tisch eine kleine Holzkiste mit Zigaretten. In unserer Lage konnte ich es mir gar nicht besser wünschen. Ich wohnte in der Laubhütte wirklich gemütlich und hätte mich in meiner Studierstube in Stockholm nicht wohler fühlen können.

Islam und Kasim ließen sich unter der dritten Pappel nieder, wo sie das »ewige Feuer« anzündeten. Die Hirten und ihre Herden lagen im Schilfe dicht bei uns. Zweimal täglich erhielt ich von Pasi Achun eine Kanne mit Sahne und ein Stück Maisbrot, und Tabak hatte ich so viel, dass er für ein paar Wochen reichte. Der eingefleischteste Epikuräer hat das Leben nicht mehr genossen als ich während dieser Tage, und doch erinnerte unser einsames Leben im Walde nicht wenig an Robinson Crusoe.

12. Mai. Es war ein Uhr vorüber, als wir in der Ferne eine kleine Karawane sich im Flussbett von Norden her unserm Lager nähern sahen. Voller Ungeduld erwarteten wir ihre Ankunft. Islam und Kasim eilten hinab, um sie anzurufen und die dabei befindlichen Leute nach der Laubhütte zu

führen. Es zeigte sich, dass es vier Chotaner Kaufleute waren, die vor 13 Tagen die Stadt Kutschar verlassen hatten, wohin sie vor einiger Zeit Trauben aus Chotan gebracht und wo sie dafür zehn Pferde, einige Esel und eine Kuh erstanden hatten, die sie in Chotan wieder zu veräußern beabsichtigten, da dort diese Tiere höher im Preise stehen.

Sie berichteten, dass der Jarkent-darja bei Sil, dem Punkte, wo er den Chotan-darja aufnimmt, so wasserreich sei, dass er einem Reiter bis zum Bauche gehe. Im Bette des Chotan-darja könne man täglich an kleinen Tümpeln oder schlimmstenfalls an Brunnen lagern. Zu Anfang oder Mitte Juni würde die Sommerflut erwartet, deren höchster Wasserstand jedoch nicht vor anderthalb bis zwei Monaten da sein könne.

Wir fielen wie die Habichte über diese Kaufleute her und tauschten uns innerhalb einer halben Stunde für 750 Tengeh (310 Mark) drei vorzügliche Pferde ein, die in Kutschar 600 Tengeh (276 Mark) gekostet hatten. Ferner kauften wir drei Packsättel, Zäume, einen Sack Mais für die Pferde und einen Beutel Weizenmehl für uns selbst, ein Paar Stiefel für Islam, der von dem Todeslager an barfuß gegangen war, etwas Tee, eine Kanne und ein paar Porzellanschalen – alles für 65 Tengeh (30 Mark). Nun waren wir von Chotan unabhängig und nahmen an, dass wir mit Hilfe der Pferde und des weißen Kamels die Lasten der zuletzt gefallenen Kamele würden retten können.

Abends hatten wir Besuch von zwei jungen Jägern, die lange, mit Gabeln versehene Flinten auf der Schulter trugen. Beide wurden sofort angeworben, und da sie die Gegend gründlich kannten, vereinbarten wir, dass sie Islam und Kasim auf der Suche nach dem Todeslager begleiten sollten.

Über die Wüste zwischen dem Chotan-darja und dem Kerija-darja teilte mir Kasim Achun, der eine Jäger, mit, dass auch dort hoher Sand liege, dass man sich aber in den ersten Tagen Brunnenwasser graben könne. Die Jahreszeit war jedoch jetzt schon zu weit vorgeschritten, und ich stand von dem ursprünglichen Plane, auch diese Wüste zu durchqueren, ab.

Heute langte der Vater der beiden Jäger an, Ahmed Mergen (Mergen heißt Jäger), eine prächtige typische Gestalt mit großer Nase und spitzem Kinnbarte, hoch gewachsen, schlank und breitschultrig. Er war sehr freundlich und hatte für unsere Schicksale Interesse; er beteiligte sich tatkräftig an den Beratungen über den Rettungszug. Keiner konnte begeisterter mit in die Wüste ziehen wollen als er; er war eine wirkliche Errungenschaft für uns. Ahmed erinnerte sich sogar, dass er sich auf einer Jagd einmal bis zu den drei Pappeln verirrt, wo Kasim und ich das Signalfeuer angezündet hatten.

Am Vormittag wurde die Expedition ausgerüstet und um ein Uhr verließen ihre Mitglieder das Waldlager. Es waren Islam Bai, Kasim, Ahmed Mergen und einer seiner Söhne. Die Karawane bestand außerdem aus drei Pferden und einem Mesch (Ziegenfellsack) voll Wasser.

Mit der Absicht, bis zum Abend den Punkt des Waldwegs zu erreichen, wo ich den Spaten als Wegweiser aufgehängt hatte, verließ die Expedition zu Pferd unser Lager. Nur Ahmed ging zu Fuß, die Flinte auf der Schulter. Es war wirklich hübsch, ihn im Gebüsch verschwinden zu sehen, das er, ein gewaltiger Nimrod, mit leichten, beinahe fliegenden Schritten durchbrach.

Nun war ich wieder mit den drei Hirten allein und musste mich mit Geduld wappnen, vielleicht eine ganze Woche lang. Meine Freunde hatten ihr Lager einige Hundert Schritte von der Laubhütte entfernt aufgeschlagen, aber Pasi Achun sollte in meiner Nähe schlafen, um das Feuer in der Nacht zu unterhalten. Dreimal täglich sollte er mich mit Brot und Milch versehen; Wasser gab es in einem Brunnen im Flussbett.

Am 14. Mai erwachte ich um fünf Uhr bei dichtem Nebel. Der Himmel war bewölkt und ein außerordentlich feiner, schnell vorübergehender Sprühregen rieselte hernieder, der, wenn er auch die Erde nicht merklich anzufeuchten vermochte, doch erfrischend war – ein herrliches und ungewöhnliches Phänomen. Um sieben Uhr stand ich auf. Ich war während dieser einsamen, langen Tage durchaus nicht müßig, denn ich arbeitete meine Notizen von dem letzten Abschnitte der Wüstenreise aus und zeichnete eine Menge Dünenkarten.

Die folgenden Tage verflossen in Ruhe und Stille und ich erholte mich allmählich von den übermenschlichen Anstrengungen der Wüstenreise. Es bedurfte jedoch der Geduld, denn es war auf die Dauer einförmig, tagaus, tagein einsam in der Laubhütte zu sitzen. Aber ich hatte ja alles, was ich brauchte, befand mich in bester Gesundheit und erfreute mich der Waldluft und des Sausens des Nordostwindes in den Pappeln.

Merkwürdig war, dass ich drei Tage lang im Flussbett hatte dahingehen können, ohne einen Menschen zu treffen; jetzt kamen täglich Karawanen auf dem Wege von Chotan nach Ak-su vorbei. Die Kaufleute besuchten mich gewöhnlich in der Laubhütte.

Das Gerücht von unserer Reise und der wunderbaren Rettung verbreitete sich wie ein Lauffeuer sowohl nach Ak-su wie nach Chotan, und ein Kaufmann aus dieser Stadt erzählte, dass man in den Basaren davon spreche und unsere Ankunft mit Ungeduld erwarte. Ich sehnte mich jetzt nach Chotan, wo ich einige Tage zu bleiben gedachte, um eine neue Karawane zu organisieren und mit ihr nach dem nördlichen Tibet aufzubrechen.

Am 21. Mai kamen Islam und die übrigen Männer in der Dämmerung wieder. Die Nachrichten, die sie mitbrachten, waren nicht sonderlich erfreulich. Sie waren vom Walde aus gerade nach Westen gezogen, hatten sich aber nicht bis zum Zelte gewagt, weil die Tage immer heißer wurden. Das Einzige, was sie gefunden, war die bei den drei Pappeln zurückgelassene Kamellast, die jedoch aus verhältnismäßig weniger wichtigen Sachen bestand. Der Kadaver Boghras hatte sie auf den rechten Weg geführt, denn er hatte weithin einen abscheulichen Gestank verbreitet.

Am allerseltsamsten war jedoch, dass sie Nähr nicht gefunden, der die drei Aneroide, die Kochthermometer, die Feldstecher, zwei Revolver, 200 Zigarren, 50 Patronen usw. getragen hatte. Die Stelle, wo Islam dieses Kamel zurückgelassen hatte, fanden sie dagegen umso leichter wieder, da er hier seinen Gürtel als Wegweiser an eine Tamariske gebunden hatte. Die Tamariske stand noch auf ihrer Düne, aber statt des Gürtels waren die Zweige mit einem weißen Filzstreifen zusammengebunden. Um den Busch herum sah man die Spuren eines Mannes, der im Gegensatz zu Islam Stiefel getragen hatte.

Das Kamel und seine wertvolle Last fehlten, und wie sehr auch die Leute die Gegend kreuz und quer durchsuchten, fanden sie weder das Tier noch seine Spur. Aber wer war dieser Mann, der den Gürtel mitgenommen und dafür den Filzstreifen dagelassen hatte? Ich fragte Islam, ob es wohl Jolltschi gewesen sein könne, der sich vielleicht wieder erholt, nachdem wir das Zelt verlassen hatten. Er hielt dies für unmöglich, da er, der so langsam gewandert, ihn seit dem Verlassen des Todeslagers nicht mehr gesehen habe.

Konnte es nicht einer der drei Kaufleute sein, die Islam Wasser gegeben und mir 18 Tengeh geliehen hatten? Nein, sie hatten sich ja, nachdem sie Islam gefunden, direkt nach Buksem begeben, um mich aufzusuchen, und wie hätten sie überdies das am Wüstenrande zurückgelassene Kamel finden können?

Wir schwebten in der größten Ungewissheit, konnten in der Sache aber nichts tun. Wenn jemand, wer es auch sein mochte, Nähr lebend gefunden und ihn zu Wasser und Weide geführt hatte, würde er, wenn er ein ehrlicher Mann war, uns das Tier wohl wiederbringen. Hatte er aber das Kamel und seine Last gestohlen, so musste er jedenfalls Spuren hinterlassen haben, und hier konnte man nur zwischen zwei Wegen wählen: entweder nordwärts nach Aksu oder südwärts nach Chotan. Auf letzterem Wege aber hielten meine Hirten stets Ausguck. Es blieb also nur noch der Weg nach Ak-su, und unser Verdacht, dass hier eine Spitzbüberei verübt worden, steigerte sich allmählich immer mehr.

Der Leser wundert sich vielleicht darüber, dass ich diese Sache so eingehend erzähle, aber ich tue es, weil einerseits mein ganzes Reiseprogramm dadurch umgestoßen wurde und andererseits diese Ereignisse ein Jahr darauf ein dramatisches Nachspiel haben sollten.

Nach Tibet zu reisen, wie ich mir zuerst gedacht, war jetzt undenkbar, da ich alle Höhenmessinstrumente verloren hatte, und unsere Ausrüstung war nun so erbärmlich geworden, dass wir nach Kaschgar zurückkehren mussten, um die Verluste zu ersetzen. Obgleich es weiter war, wählten wir den Weg über Ak-su, weil ich später doch Marco Polos Weg auf der Straße von Kaschgar nach Chotan kreuzen musste.

Ehe ich zu einer kurz gefassten Schilderung unseres Rückzuges übergehe, muss ich noch mit ein paar Worten die Teile des Laufes der Flüsse Chotan-darja und Jarkent-darja erwähnen, die ich auf meinen Wanderungen selbst kennen lernte.

Ein Vergleich zwischen diesen beiden Flüssen, die fast parallel nach demselben Ziele strömen, lehrt uns, dass sie dennoch in mehr als einer Hinsicht voneinander verschieden sind. Der Jarkent-darja ist der hauptsächlichste Fluss von Ostturkestan. Er hat das ganze Jahr hindurch Wasser und führt besonders im Monat Juni ungeheure Wassermassen in seinem scharf markierten, tief und energisch ausgearbeiteten Bett abwärts.

Der Chotan-darja hingegen bleibt einen großen Teil des Jahres hindurch trocken und nur während des Hochsommers ist das Bett mit Wasser gefüllt; es ist indessen so breit und so seicht, dass nur bei Chotan Fähren benutzt werden können. Er strömt durch den schwierigsten Teil der Taklamakan-Wüste und hat einen harten Strauß mit dem Flugsand auszukämpfen, der ihn zu vernichten droht und ihn ebenso vom Hauptflusse abschnüren will, wie er es mit dem Kerija-darja schon getan hat.

Der Waldgürtel, der den Jarkent-darja begleitet, wird oft von Steppen und Sümpfen unterbrochen, am Chotan-darja aber erstreckt er sich ohne Unterbrechung bis an den Vereinigungspunkt der beiden Flüsse und ist im Allgemeinen dichter und wilder. Vom Jarkent-darja ist es weit bis zu den nächsten Sanddünen, während diese bei seinem Bruderflusse bis an den Waldgürtel herantreten.

In einer Hinsicht sind sie einander gleich: Sie wandern nach Osten, wie ich deutlich aus den alten Flussbetten im Westen der jetzigen ersehen habe, während im Osten solche ganz fehlen. Bemerkenswert ist auch, dass die Wege, die diesen Flüssen folgen, am linken Ufer entlanglaufen, wo sie vor dem Flusse geschützt sind, und dass beinahe alle Dörfer am mittelsten Jarkent-darja auf diesem Ufer und gewöhnlich in einer gewissen Entfernung davon liegen.

Am Wüstenlaufe des Chotan-darja fehlen Dörfer ganz; nur nomadisierende Hirten halten sich hier auf. An dem westlichen Flusse hatten wir einen wichtigen Karawanenweg zwischen Maral-baschi und Jarkent gefunden, auf dem die Chinesen sogar Postverbindungen eingerichtet haben, der Handelsweg aber, der den Chotan-darja begleitet, ist nur von lokaler Bedeutung.

Am 23. Mai erwachte ich morgens halb vier Uhr infolge eines rasenden Burans aus Westen, der die Bäume zu entwurzeln drohte und meine jetzt kläglich vertrocknete Laubhütte ganz zerstörte. Es sauste und pfiff in den Kronen der Pappeln, es rauschte wie von Wasserfällen und der Wald verschwand in undurchdringlichen Wolken von Flugsand, die auf dem ebenen Bette des Chotan-darja dahinwirbelten. Der Buran dauerte nur eine halbe Stunde, und wie vollkommene Windstille ihm vorhergegangen war, folgte sie ihm auch.

Um halb acht Uhr war die Karawane zum Aufbruch von dieser langen Rast fertig, die für mich indessen so reich an

Erinnerungen war und zu der meine Gedanken noch oft mit Wehmut und Dankbarkeit zurückkehren. Hier hatte ich das Leben wiedergewonnen, hier die unheimliche Sandwüste hinter mir zurückgelassen. Hier hatte ich wieder Menschen getroffen, die mich freundlich behandelt und aufs Beste gepflegt, und hier hatte ich die notwendige stärkende Ruhe in dem schönen, schattigen Walde genossen.

Die Hirten erhielten jeder 30 Tengeh und waren damit überglücklich. Dann zogen wir mit den beiden Kamelen und den drei Pferden fort und die letzte Glocke läutete wieder schrill und hell, aber nicht mehr wie bei einer Beerdigung, sondern hoffnungsvoll wie zur Auferstehung.

RÜCKKEHR AUS DER WÜSTE

Im Flussbett teilten wir uns. Islam Bai und die beiden jungen Jäger schlugen den Waldweg auf dem linken Ufer ein, um nach der Spur des verschwundenen Kamels zu suchen, Ahmed Mergen und ich ritten im Flussbett geradeaus und Kasim folgte uns mit den beiden Kamelen; wir verloren ihn aber bald aus den Augen, da wir schnell ritten.

Abends erreichten wir den kleinen Tümpel, der mir das Leben gerettet hatte. Dort standen wie früher Schilfgebüsche, und der Pappelstamm neigte sich noch schräge über das Wasser. Ich fand mich sofort wieder zurecht und rastete hier eine gute Stunde, zum Teil, um Kasim zu erwarten, besonders aber, um noch einmal von dem köstlichen Wasser trinken zu können. Ahmed Mergen nannte den kleinen Tümpel Choda-verdi-köll, den von Gott geschenkten See.

Der 24. Mai wurde zur Ruhe bestimmt, damit einige meiner Leute Gelegenheit hatten, den Wald, der hier sechs bis zwölf Kilometer breit ist, mit Hunden zu durchstreifen. Seit vier Tagen lagerten hier fünf Hirten mit 500 Schafen und 60 Kühen. Der Wald war nur zwei Stunden von dem »von Gott geschenkten See« entfernt, aber wenn ich am 6. Mai nach Norden gegangen wäre, hätte ich diese Hirten wahrscheinlich nicht getroffen, da sie sich damals in einer anderen Gegend befanden, und von hier waren es mehrere Tagereisen nach dem nächsten Hirtenlager, das wir erst in der Nähe der Mündung des Flusses in den Jarkent-darja erreichen sollten.

Eine kurze Strecke unterhalb des Lagers teilte sich der Chotan-darja in zwei Bette, von denen das linke schmal und gewunden war und deshalb Intschikke-darja genannt wurde; es war von dichtem Wald umgeben, während das rechte breit war und an seinem rechten Ufer der Wald ganz fehlte.

Die Hirten behaupteten, dass der Intschikke-darja neu sei und sich vor acht Jahren gebildet habe. Die dichten Wälder verrieten jedoch deutlich genug, dass gerade dieses das älteste Bett war, das der Fluss auf seiner Wanderung nach Osten jetzt teilweise verlassen hatte. Die Abwesenheit von Wald auf dem rechten Ufer des rechten Armes bildete auch einen Beweis dafür, dass die Vegetation noch nicht Zeit gefunden hatte, sich hier auszubreiten, um den Kampf mit dem andrängenden Sande aufzunehmen.

Am 25. Mai kehrte unser biederer Ahmed Mergen nach seinem Heimatdorfe Tavek-kel bei Chotan zurück und nur sein Sohn Kasim zog mit uns. Wir ritten in dem gewundenen Bette des Chotan-darja dahin, dessen Ufer mit Unterholz bewachsen waren; weiter ab standen jedoch auch alte Bäume, die oft undurchdringliche Wälder bildeten.

26. Mai. Kasim, Ahmeds Sohn, wagte nicht uns weiter zu begleiten, als bis er wieder in einem Tage nach Kujundehlik zurückkehren konnte, denn der Diebe wie der Tiger wegen sei es gefährlich, eine Nacht im Walde allein zuzu-

bringen. Mit meinen beiden Leuten Islam und Kasim zog ich nun ohne Wegweiser weiter.

Das Flussbett machte immer mehr Krümmungen und wir beschlossen, einen Abstecher auf die Insel zu machen. Aber das Flussbett war doch bequemer, weshalb wir dorthin zurückkehrten.

Schließlich mündet der Intschikke-darja in das Hauptbett; der Wald öffnet sich wie ein Tor und vor uns haben wir den ebenen Boden des Chotan-darja. Wir lagerten uns eine Strecke oberhalb des Zusammenflusses. Hier liegt eine kleine Insel, die so reich an Zecken und Skorpionen war, dass wir vorzogen, unser Lagerfeuer im Flussbett in einiger Entfernung vom Ufer anzuzünden.

27. Mai. Wie gewöhnlich nach westlichem Wind und sternheller Nacht sowie einem darauf folgenden ruhigen Tage wurde es schon früh fühlbar warm: um sieben Uhr 24,9 Grad. Das Flussbett verschmälerte sich nach und nach; es war gewöhnlich nur einen halben Kilometer breit.

Auch hier teilte sich der Fluss in zwei Bette, den Jangi-darja, den neuen Fluss, zur Linken und den Kovneh-darja, den alten Fluss, zur Rechten. Wir folgten dem Ersteren. Der Kovneh-darja fließt zwischen lauter Sanddünen dahin und ist wahrscheinlich, trotz seines Namens, der neue Arm, weil dort noch kein Wald hat wachsen können. Wie wir finden, geht die Bewegung des Chotan-darja nach Osten nicht eben und gleichmäßig am ganzen Laufe entlang vor sich, sondern ruckweise und auf kürzeren Strecken, an denen sich das Bett infolge von Anschwemmungen über das angrenzende Land hebt und das Wasser sich einen neuen Weg nach rechts sucht.

28. Mai. Das Flussbett wird wieder breiter. Ich sah auch, dass der rechte Uferwald bedeutend lichter war als der linke und dass er oft ganz aufhörte, um nackten Sanddünen Platz zu machen. Alles deutet darauf hin, dass das rechte Flussufer in kräftigerer Weise von den Wassermassen angegriffen wird. Jedenfalls geht die Wanderung nach

Osten so langsam vor sich, dass die Waldgürtel mitkommen können.

Um sechs Uhr abends befanden wir uns gerade mitten im Flussbett, und Islam Bai war vorausgeritten, um einen passenden Lagerplatz auszusuchen, als sich plötzlich über dem ganzen westlichen Horizont eine dunkle, gelbgraue Wolke erhob. Erst war sie wie eine niedrige Wand, dann stieg sie bis zur halben Höhe nach dem Zenit hinauf, den sie in einem Augenblick erreichte. Die Sonne erbleichte zu einer gelben Scheibe und verschwand bald darauf ganz.

Vom äußersten Teile des Waldes her ertönt ein entferntes Sausen. Es kommt hastig näher. Man hört, wie Zweige und Äste mit immer stärker werdendem Krachen abbrechen. Im Nordwesten hüllt sich der Wald in einen Schleier; Staub- und Sandsäulen schreiten über das Flussbett hin wie Kulissen auf unsichtbaren Rollen. Die eine schiebt sich vor die andere und im Nu ist der ganze Wald verschwunden. Die ersten Böen erreichen uns und mit erschreckender Heftigkeit stürmt der schwarze Buran mit seinen undurchdringlichen Wolken auf uns herab.

Der Sand wirbelt in wahren Kometenschweifen auf dem Boden hin. Keine Wegspuren, keine Wasserfurchen sind mehr sichtbar. Man wird schwindlig und glaubt, Erde, Luft, alles drehe sich, und angstvoll erwartet man im nächsten Augenblick, mit fortgerissen zu werden. Es wurde stockdunkel, wie mitten in der Nacht, und wir blieben eine geraume Weile wie angenagelt stehen. Islam verloren wir ganz aus den Augen und nur durch einen Zufall fand er uns wieder, als er die Karawane wie eine dunkle Masse aus dem Dunste hervortreten sah.

Da der Sturm, einer der heftigsten, die wir auszuhalten gehabt, noch immer andauerte, lotsten wir uns vorsichtig nach dem nächsten Ufer hin, wo wir auf der Leeseite eines dichten Gebüsches im tiefen Walde Lager schlugen.

Am 29. Mai wütete der Sturm noch immer und die Atmosphäre war so stauberfüllt, dass wir nicht viel von der Umgebung sahen. Glücklicherweise zogen wir dicht am linken Ufer hin und fanden dort zufällig einen an einer Pappel angebrachten Wegweiser in Gestalt einer Stange mit einem Pferdeschädel.

Stundenlang zogen wir durch ein deutliches, ausgetrocknetes, teilweise versandetes Flussbett, das von Dünen, Pappelhainen und Buschholz eingefasst und wahrscheinlich ein ehemaliger Arm des Chotan-darja war. Hier und da hatten Karawanen zusammengebundene Stangen und Galgen als Wegweiser angebracht, denn der Weg führt auch durch unfruchtbare Sandgürtel.

Am Abend lagerten wir wieder bei Hirten, die gemütlich in Waldhütten aus Pfahlwerk und Binsen wohnten. Sie waren aus Ak-su, halten sich aber das ganze Jahr hindurch mit ihren Herden hier draußen auf. Anfangs betrachteten sie uns mit einigem Misstrauen, beruhigten sich aber bald und setzten uns Brot, Milch und Eier vor.

Sie sagten uns, dass der Fluss, der Jarkent-darja, den wir in geringer Entfernung liegen sahen, vier Monate lang zugefroren zu sein pflege. In 25 Tagen erwarteten sie das Hochwasser, dessen Überschwemmungen sie zwängen, höher in den Wald hinaufzugehen. Seinen niedrigsten Wasserstand habe der Fluss gerade jetzt, was auch wir zu beobachten Gelegenheit hatten, als wir ihn am folgenden Tage in einer Furt passierten.

Am anderen Ufer zogen wir nordwärts auf dem Wege weiter, der nah dem Dorfe Avvat führt und durch eine ihrer Straßenräuber und Viehdiebe wegen verrufene Gegend geht, bald dicht am rechten Ufer des Ak-su-darja entlang, bald weit davon entfernt.

Am Abend des 31. Mai erreichten wir den Basar von Avvat (Ab ad), einem Dorfe von gegen 1000 Häusern mit einem Bek und einem chinesischen Steuereinnehmer, woselbst uns ein Hindu, Parman, ein sauberes Serai gastfrei zur Verfügung stellte. Im Übrigen aber war er ein Spitzbube, der gegen unverantwortlich hohe Zinsen Geld an die Bauern auslieh.

Am 2. Juni gelangten wir auf die große Heerstraße nach

Aksakal Mohammed Emin.

Kaschgar und über den Ak-su-darja nach Jangi-schahr (die neue Stadt), um die herum die chinesische Festung ihre zierlichen Mauern erhebt.

Am 3. Juni hatten wir nicht mehr weit nach der mohammedanischen Stadt Ak-su, wo Mohammed Emin, der Aksakal (Weißbart, Chef) der westturkestanischen Kaufleute, uns mit außerordentlicher Freundlichkeit empfing und uns in seinem hübschen, sauberen Hause aufnahm, während die Kamele und die Pferde in einem Hofe in der Nähe untergebracht wurden.

Ein Aksakal ist eine Art Konsularagent; in allen Städten Ostturkestans haben die russischen Untertanen einen solchen, der unter dem Konsul in Kaschgar steht. Mein Freund Mohammed Emin war einer der besten Mohammedaner, die ich je getroffen, ein 60-jähriger, weißbärtiger, vergnügter, angenehmer alter Mann, der das Land sehr gut kannte und mir die besten Aufschlüsse gab.

Schon ehe ich in der Stadt anlangte, hatte er mir dadurch einen Dienst erwiesen, dass er auf allen Wegen, die von Süden her nach Ak-su führen, Nachforschungen nach dem Diebe anstellen ließ, der, wie wir argwöhnten, unser Kamel gestohlen hatte, indessen ohne Erfolg. Aber er sollte mir noch einen Dienst leisten: Er sollte mich nach Kaschgar führen, einen Weg, den er vielmals gereist war. Dass er ohne die Erlaubnis des Konsuls seinen Posten verließ, war etwas, was ich, Herrn Petrowskijs Liebenswürdigkeit kennend, auf meine Verantwortung nahm.

4. Juni. Während der letzten drei Marschtage hatte Ak-tuja, das weiße Kamel, sehr abgenommen; es wollte kein Gras fressen und kaute gleichgültig an Weizenbrot. Gestern legte es allerdings die kleine Strecke zwischen der neuen und der alten Stadt noch ohne Unterbrechung zurück; doch wenn man sich ihm näherte, brüllte es in kläglichem Tone, als fürchtete es, man würde ihm etwas zuleide tun. Als Kasim mir heute Morgen mit trauriger Miene mitteilte, dass Ak-tuja schwer krank sei, eilte ich nach dem Hofe des Serai. Ich fand es dort mit gebogenen Knien und ausgestrecktem Halse auf der Seite liegen. Es atmete schwer, tat noch ein paar tiefe Züge und starb dann. Dieses Kamel war es gewesen, das die wertvollsten Sachen unseres ganzen Gepäcks gerettet hatte. Dass ich Ak-tuja, das seinen Platz auf so glänzende Weise ausgefüllt, deshalb mit freundlichen Augen ansah, ist ganz natürlich. Auf dem Rückzuge pflegte ich in jedem Lager zu ihm hinzutreten und ihn zu streicheln. Aber es wandte den Kopf ab und brüllte verdrießlich in dem Glauben, dass ich es am Stricke ziehen wollte, als hätte es geahnt, dass ich die Ursache all der Leiden war, die es durchgemacht.

Als es am Morgen des Mairamfestes starb, war es still und stumm auf dem Hofe des Karawanserais. Ebenso majestätisch und sicher, wie es vor kurzem durch das mörderische Sandmeer, das trockene Flussbett des Chotandarja und seine schattigen Wälder gewandert war, ebenso würdig hatte jetzt Ak-tuja seine irdische Wüstenreise beschlossen, eine Bahn voller Leiden, Entbehrungen und schwerer Arbeit im Dienste des tyrannischen Menschen. Es erlag mitten im Überflusse an Weide und Wasser den Anstrengungen der Wüstenreise.

Sein Reisekamerad, der junge Tschong-sarik, ein Riese seines Geschlechts, verließ die Krippe und ging, von seinem Instinkt getrieben, an das weiße Kamel heran, um es mit aufmerksamen, erstaunten Blicken zu betrachten. Dann kehrte er ruhig zu seiner Krippe zurück und fraß mit gehörigem Appetit von dem grünen, saftigen Futter. Er war das letzte der acht Kamele. Ich hatte nicht das Herz, ihn zu verkaufen, ohne zu wissen, in wessen Hände er kam, und die Leute im Serai glaubten überdies, dass auch er bald den ausgestandenen Strapazen erliegen würde. Einstweilen schenkte ich ihn Mohammed Emin, der ihn den Sommer hindurch auf den frischen Wiesen am Fuße des Tengri-chan weiden lassen wollte.

Wir blieben drei Tage in Ak-su, um eine provisorische Karawane für die Rückkehr nach Kaschgar, das noch immer meine Hauptoperationsbasis im Herzen von Asien war, zusammenzubringen. Ich hatte folglich Gelegenheit, wenn auch nur flüchtig, Bekanntschaft mit dieser Stadt zu machen, deren Name »weißes Wasser« bedeutet, von dem Überflusse an frischem, reinem Wasser, das hier von blendend weißen ewigen Schneefeldern und Gletschern herabströmt.

Die Stadt liegt am linken Ufer des Ak-su-darja. Im Sommer ist die Wassermenge kolossal, im Winter bleibt nur ein kleiner Rest, der gefriert. Ein wenig unterhalb der Stadt teilt sich der Fluss in die zwei Arme Jangi- und Kovneh-darja, die sich jedoch wieder vereinigen, ehe sie sich in den Tarim (Jarkent-darja) ergießen.

Reis, Weizen, Mais, Gerste, Baumwolle, Opium und unzählige Arten von Gärtnereiprodukten werden mit Erfolg angebaut, und wenn Ak-su mit seinen 15 000 Einwohnern auch kaum halb so groß ist wie Kaschgar, steht

Freitagsmoschee in Ak-su.

es doch in Hinsicht der Erzeugnisse des Ackerbaues bedeutend höher. Auch die Schafzucht ist ergiebig.

Sehenswürdigkeiten gibt es kaum. Die Hauptmoschee, die den gewöhnlichen Namen Mestschid-i-Dschami (Freitagsmoschee) trägt, ist nicht besonders merkwürdig, hat aber eine pittoreske Lage an einem kleinen, offenen Platze, dem Registan, dem Mittelpunkte des Verkehrs.

In Ak-su haben die Chinesen zwei Abteilungen Soldaten, in Jangischahr sechs, jede höchstens zu 100 Mann. In Utsch-turfan ist die Garnison größer, weil dieser Ort den Bedel-Pass gegen Russland bewachen soll.

450 Kilometer trennten uns von Kaschgar; wir hatten aber keine Eile und beschlossen, diese Strecke in aller Ruhe zurückzulegen. Am 7. Juni war alles bereit. Mohammed Emin hatte neue sartische Jachtane und den nötigen Proviant, Zucker, Tee, Reis, Gemüse, Honig usw. angeschafft; Schaffleisch sollten wir unterwegs überall bekommen können.

Islam Bai und Kasim erhielten jeder eine Gratifikation für ihre Dienste und wurden vom Kopf bis zum Fuß neu gekleidet. Ich selbst hatte alle meine Kleider verloren und schaffte mir deshalb einen aus chinesischen und sartischen Kleidungsstücken zusammengesetzten Anzug an, das einzige Mal auf meinen Reisen, dass ich auf das Prestige verzichtet habe, das eine europäische Tracht stets mit sich bringt. Von einem Karakesch mieteten wir uns vier Pferde bis Kaschgar.

Abends sechs Uhr verließen wir Ak-su, um am ersten Tage nur einen Weg von zwei Stunden zurückzulegen. Eine ununterbrochene Allee, von Reisfeldern unter Wasser, Äckern, Gärten und Häusern eingefasst, führt nach der Karawanserai Lenger, wo wir uns in einem herrlichen Pappelhaine auf dem Rasen niederließen. Im Norden schimmerte die 7320 Meter hohe, glänzend weiße Pyramide des Tengri-chan aus einem leichten Staubschleier hervor, hüllte sich aber bald in die Schatten der Nacht.

Am 8. Juni ritten wir über den Kum-darja (Sandfluss), wie der Ak-su-darja hier gewöhnlich genannt wird.

Auf dem anderen Ufer begegneten wir einer Karawane von ein paar Hundert Pferden und Ochsen, alle mit zwei langen Pappelstämmen (Terek) beladen, die am Boden schleppten. Der Aksakal sagte, dass jedes Jahr um diese Zeit am linken Ak-su-darja-Ufer, 25 Kilometer oberhalb der Stadt, ein kolossaler Damm gebaut werden müsse. In diesem Jahre arbeiteten 3000 Arbeiter an dem Damme, der den Zweck habe, die Wassermasse nach rechts hinüberzuzwingen und sie daran zu hindern, sich an der hohen Konglomeratterrasse entlangzudrängen, wobei sie unfehlbar die neue und die alte Stadt fortspülen würde. Auch der Ak-su-darja hat also das Bedürfnis, ostwärts zu wandern.

Vier und eine halbe Stunde später ritten wir über den Tausch-kan-darja (Hasenfluss), den Bruderfluss des Ak-su-darja. Er war bedeutend schwieriger zu überschreiten, da das Wasser in einem einzigen Bette dahinrauschte.

Am 9. Juni erreichten wir das Städtchen Utsch-turfan, dessen einzige Bedeutung darin besteht, dass es zwischen Ak-su und dem russischen Gebiete liegt, wohin Wolle, Baumwolle, Filz, Teppiche, Häute usw. exportiert werden.

Ich eilte über die neun Tagemärsche, die uns noch von Kaschgar trennten, hinweg. Sie führten uns das Tauschkan-darja-Tal hinauf über die niedrigen Berge, die diesen Fluss im Süden begrenzen, und dann nach Südwesten durch Steppen und Einöden nach der westlichsten Stadt Chinas.

Wir kamen mit Kirgisen und Dschaggataitürken in Berührung und konnten uns nach der Hitze der Wüstenreise der frischen Bergluft erfreuen, die gerade jetzt, während der Regenzeit, von oft recht reichlichen Niederschlägen sowie von westlichen und östlichen Stürmen, die durch das Tal wie durch ein Flintenrohr sausten, noch mehr abgekühlt wurde.

Am Abend des 21. Juni erreichten wir das ersehnte Kaschgar.

Die knappen drei Wochen, die ich jetzt in Kaschgar verweilte, verliefen unter tausenderlei Geschäften, und mein alter Freund Petrowskij, der inzwischen den Titel Generalkonsul erhalten hatte, tat alles, um mir bei meiner neuen Ausrüstung zu helfen.

Sobald er durch den Aksakal von Chotan von unserer unglücklichen Wüstenreise unterrichtet worden war, hatte er sich zum Dao Tai begeben und diesem bemerkt, dass er es mit dem Tsung Li Jamen in Peking zu tun bekommen würde, wenn er nicht sofort in Chotan und Ak-su Nachforschungen nach dem verschwundenen Kamel anstellen ließe.

Der Dao Tai tat seine Pflicht und man kann sich unsere Überraschung denken, als er bei einem Mittagessen, zu dem er uns eingeladen hatte, den schwedischen Offiziersrevolver, der zu dem Gepäck des Kamels Nähr gehört hatte, auf den Tisch legte! Die Waffe war einem Bauern im Dorfe Tavek-kel von einem unbekannten Reiter geschenkt worden.

Die Nachforschungen wurden mit verdoppeltem Eifer fortgesetzt, aber es gelang den chinesischen Mandarinen nicht, dem Diebe auf die Spur zu kommen, und ich bekümmerte mich nicht weiter um die ganze Geschichte, da ich mit neuen Plänen beschäftigt war.

Am ersten Tage nach meiner Ankunft in Kaschgar wurde ein Kurier nach Osch abgeschickt. Er musste verschiedene Briefe und Depeschen von mir mitnehmen, darunter eine an meinen Lehrer und Freund, Freiherrn von Richthofen in Berlin, mit der Bitte um eine neue vollständige Ausrüstung von meteorologischen Instrumenten, Aneroiden, Kochthermometern usw. Aus Taschkent wurden Kleider, Proviant und Tabak telegrafisch beordert. Von der Kosakeneskorte in Kaschgar erhielten wir Patronen und Pulver.

Die in Europa bestellten Gegenstände konnten erst in drei Monaten in Kaschgar eintreffen. Es fiel mir natürlich nicht ein, so lange untätig auf sie zu warten, umso mehr, als die Sommerhitze meine Sehnsucht nach dem Hochgebirge weckte.

In ein paar Wochen war eine provisorische Ausrüstung besorgt. Nie werde ich die Opferwilligkeit und Liebenswürdigkeit vergessen, die mir von Herrn Petrowskij, Mr. Macartney und dem schwedischen Missionar Högberg erwiesen wurde, die förmlich wetteiferten, mir beizustehen. Als ich am 10. Juli aufbrach, konnte ich kaum wahrnehmen, dass ich vor wenigen Monaten einen Verlust erlitten hatte, der mir damals als vernichtend erschienen war.

Aber welchen Weg sollte ich einschlagen? Wäre ich nordwärts nach dem Tien-schan gereist, so wäre ich in verhältnismäßig bekannte Gegenden gekommen. Südwärts nach dem Kven-lun zu gehen wäre für die kurze Zeit zu weit gewesen, und im Westen dehnte sich das Hochland von Pamir aus, das ich schon in mehreren Richtungen durchkreuzt hatte.

Nichtsdestoweniger beschloss ich mich noch einmal dorthin zu wenden, um die Untersuchungen des vorigen Sommers fortzusetzen und die heißen Monate unter den Bergriesen auf dem Dache der Welt zuzubringen.

WEITERFÜHRENDE LITERATUR

Empfehlungen für Leser,
die mehr über Sven Hedin wissen wollen

Sven Hedin: Abenteuer in Tibet [1904], Stuttgart 2000 (Edition Erdmann).

Eines der fesselndsten Bücher des Autors – die Reportage über den vergeblichen Versuch, im Laufe seiner Expedition von 1899 bis 1902 die verbotene Stadt Lhasa zu betreten.

Sven Hedin: Transhimalaja. Von Stockholm nach Schigatse 1905–1907 [1909–1912], Stuttgart 2000 (Edition Erdmann).

Sven Hedin: Transhimalaja. Von Schigatse nach Simla 1907–1908 [1909–1912], Stuttgart 2000 (Edition Erdmann).

Ein Klassiker der Entdeckungsliteratur – der abenteuerliche Bericht über Sven Hedins aufschlussreichste Forschungsreise von 1905 bis 1909, der in zwei Bänden und neuer Ausstattung nunmehr wieder lieferbar ist.

Alma Hedin: Mein Bruder Sven. Nach Briefen und Erinnerungen, Leipzig 1925 (F. A. Brockhaus).

Eine vorläufige Lebensgeschichte – im Stil der Zeit betulich, aber nicht zuletzt wegen der schwesterlichen Sehweise nach wie vor lesenswert und informativ.

Sven Hedin und Albert Brockhaus. Eine Freundschaft in Briefen zwischen Autor und Verleger [1942], Wiesbaden ²1956 (F. A. Brockhaus).

Eine Dokumentation, in der Sven Hedin vor allem in politischen Fragen kein Blatt vor den Mund nimmt und es umgekehrt gerne hört, wenn sein Schreibtischalliierter ihm zum Beispiel zuruft: »Sie und wir verhauen die Russen!«

Sven Hedin: Mein Leben als Zeichner. Zum 100. Geburtstag des Verfassers herausgegeben von Gösta Montell, Wiesbaden 1965 (F. A. Brockhaus).

Eine Sammlung von Texten sowie Zeichnungen Sven Hedins – und zugleich eine Hommage an den hoch begabten Künstler.

Eric Wennerholm: Sven Hedin [1978], Wiesbaden 1978 (F. A. Brockhaus).

Eingehendes Lebensbild aus der Feder eines – freilich sehr entfernten – Verwandten der Familie Hedin, das zuweilen den Klatsch an die Stelle der Kritik setzt.

Peter Hopkirk: »Sven Hedin – der Wegbereiter«, in ders.: Die Seidenstraße. Auf der Suche nach verlorenen Schätzen in Chinesisch-Zentralasien [1980], Reinbek bei Hamburg 1990 (rororo Sachbuch).

Flott geschriebener Essay, der den Asienforscher gleichsam im Kreise der Kollegen präsentiert.

Detlef Brennecke: Sven Hedin [1986], Reinbek bei Hamburg ²1991 (rowohlts monographien).

Die aktuellste deutschsprachige Biographie des Entdeckers – kritisch und dennoch con amore vom Herausgeber des vorliegenden Reiseberichts.

EDITORISCHE NOTIZ

Das schwedische Original, *En färd genom Asien 1893–97* (»Eine Reise durch Asien 1893–97«), erschien 1898 in zwei Bänden bei Albert Bonnier in Stockholm. Dort verdichtete man Sven Hedins Schilderung ein Jahr später unter dem Titel *Genom Asiens öknar. Forskningsresor och äfventyr 1893–1897* (»Durch Asiens Wüsten. Forschungsreisen und Abenteuer 1893–1897«) zu einem einzigen Buch. In Anlehnung an dessen Benennung wurde die zweibändige Urfassung in der deutschen Übersetzung durch (vermutlich) Margarethe Langfeldt 1899 gleichfalls paarweise mit der Aufschrift *Durch Asiens Wüsten. Drei Jahre auf neuen Wegen in Pamir, Lop-nor, Tibet und China* von F. A. Brockhaus in Leipzig publiziert – freilich damals schon in einem durch den Chef des Hauses geschickt verringerten Umfang. Der Autor selbst war mit dem Resultat höchst zufrieden und bekräftigte am 13. Februar 1899 in einem Brief, dass seine Darstellung in der komprimierten Form »gewonnen hätte«. Von solchem Lob beflügelt, strich Brockhaus aus dem Ganzen 1910 noch einmal etliche Weitschweifigkeiten heraus und vertrieb es daraufhin so lange als knapp fünfhundert Seiten starken Einzelwälzer ... bis er dessen Inhalt schließlich 1919 von der sechsten Auflage an wiederum auf zwei Bände verteilte.

Parallel zu dieser Ausgabenfolge und im Anschluss daran wurde im deutschen Buchhandel ungeachtet diverser Lizenzen und spezieller Separata eine kaum mehr überschaubare Menge von Auszügen und Bearbeitungen sowie von Nacherzählungen – insbesondere des Bravourstücks mit den Wasser spendenden Stiefeln – angeboten, die entweder von fremder Hand stammte oder vom Urheber selbst angefertigt war. Hierzu gehörte auch das Durchhalteheftchen *Im Kampf gegen Wüste und Tod*, das Sven

Hedin im Jahre 1932 bei einem Aufenthalt in den USA geschrieben hatte und nur einmal – nämlich 1944 von F. A. Brockhaus in Leipzig – veröffentlichen ließ.

Die weiteste Verbreitung erzielte im Vergleich zu allen diesen Lesarten aber zweifellos jene, die unter dem Titel *Durch Asiens Wüsten* 1920 als Nummer 7 der Brockhaus-Serie »Reisen und Abenteuer« herauskam, dann, seit 1949, von F. A. Brockhaus in Wiesbaden als »Neue Ausgabe« angeboten wurde und bis 1981 dreizehn Auflagen erlebte. Diese Variante übernahm 1995 mit vierzehnter Auflage der Heinrich Albert Verlag – ebenfalls in Wiesbaden.

Kein anderes Werk Sven Hedins hat allein in Deutschland eine derart verworrene, aber nicht zuletzt dadurch auch enorme Publizität erreicht wie jenes, mit dem der Entdecker den Grundstein seines Weltruhms legte.

Umso verpflichtender ist es für die EDITION ERDMANN, gemäß ihren Prinzipien diesen Meilenstein der Reiseliteratur möglichst authentisch zu präsentieren. Deshalb bietet ihn die vorliegende Version in demselben Wortlaut, in dem er von 1910 an einbändig beziehungsweise von 1919 an zweibändig bei F. A. Brockhaus gedruckt worden war – das heißt: in einem Gepräge, das mit den Zielen Sven Hedins nach des Verfassers eigenem Bekunden besser übereinstimmt als das Original.

Vermindert ist der erste Band dieses Klassikers gegenüber der Redaktion von 1910 um vier Exkurse zur Geologie des Pamir und zur Hautevolee von Kaschgar – um Abschnitte also, die Sven Hedin selbstkritisch gewichtete, als er einmal den Faden des Berichts wieder aufnahm und sagte, er wolle seine Leserschaft nun nicht länger mit solchen Sachen »aufhalten«.

Die Deutsche Bibliothek – CIP-Einheitsaufnahme
Ein Titeldatensatz für diese Publikation ist bei
Der Deutschen Bibliothek erhältlich.

Sven Hedin:
Durch Asiens Wüsten. Von Stockholm nach Kaschgar
1893–1895
ISBN 3 522 69004 4

Umschlaggestaltung und Karten: Roman Lang, Stuttgart
Umschlagtypografie: Michael Kimmerle, Stuttgart
Reproduktionen: Die Repro, Tamm
Schrift: Hiroshige Book
Satz: KCS GmbH, Buchholz/Hamburg
Druck und Bindung: Friedrich Pustet, Regensburg

54321* 01 02 03 04 05

LESEPROBE

aus Sven Hedin, Abenteuer in Tibet (1899–1902)

Fern im Osten, hinter Bergen und Tälern, Meeren und Wüsten erstreckt sich im Herzen des größten Kontinents der Erde ein Land, das bis auf die neueste Zeit nur von einer geringen Zahl von Forschungsreisenden besucht worden ist. Und dennoch ist dieses Land in höherem Grade als die meisten anderen Teile der Erdrinde reich an ungelösten Rätseln und unbeantworteten Fragen sowohl geografischer wie allgemein menschlicher Art. Noch vor vierzig Jahren musste, wer eine Antwort auf eine Frage über das Herz von Asien suchte, sich an Marco Polo wenden, den venezianischen Kaufmann, der vor mehr als 600 Jahren den Kontinent durchreist und eine Reisebeschreibung hinterlassen hat, die trotz ihres gedrängten Inhalts für alle Zeiten ein Denkmal menschlicher Tatkraft bildet.

Als Ende der Siebzigerjahre des 19. Jahrhunderts eine neue Blütezeit in der Geschichte der geografischen Entdeckungsreisen eintrat, konnte Asiens Inneres sich der Aufmerksamkeit Europas nicht länger entziehen und der große russische Reisende Prschewalskij war der Erste, der es in unserer Zeit ernstlich wagte, ein Ende des Schleiers zu lüften, der hinter den Meeren und Wüsten so viele Geheimnisse verhüllte. Adolf Nordenskiölds Reisen in erster Linie und dann die Prschewalskijs hatten mich gefesselt, als ich noch ein Schuljunge war, der davon träumte, dereinst in die Fußstapfen dieser Männer und Marco Polos treten zu können. Jetzt sind es bald zwanzig Jahre her, seit ich meine erste Wanderung durch Persien antrat und unter den Dattelpalmen von Basra und Bagdad rastete. Neun von den Wintern, in denen sich seitdem die

Erde mit Schnee bedeckt hatte, habe ich auf asiatischem Boden zugebracht und während jener Zeit habe ich neun Sommer unserer glücklichen nordischen Heimat mit ihren hellen Nächten und ihren duftenden Fliederblüten eingebüßt.

In seinen geografischen Grundzügen ist Asien jetzt ziemlich gut bekannt, aber hinsichtlich der Einzelheiten bleibt noch ungeheuer viel zu tun und es wird noch lange dauern, bis der Schleier vom Angesichte des Erdteils gänzlich gelüftet ist. Unwiderstehliche Sehnsucht hatte mich stets dorthin getrieben. Wer verstünde es nicht, welche Freude es ist, geografische Entdeckungen zu machen und dadurch das menschliche Wissen zu erweitern!

Wie mächtig ergreifend ist die endlose Wüste, die den Sterblichen mit ihren Riesenwellen von Sand umschließt! Man bedenke das seltsame, beinahe überirdische Gefühl des Stolzes, 5000 Meter über allem Elend der Erde der Erste sein zu dürfen, der Tibets höchste Gebirge erblickt und weiß, dass ihr ewiger Schnee noch nie von Menschenaugen geschaut worden, sondern nur vom Sonnenschein geliebkost und in ungezählten Nächten vom Lichte des Mondes und der Sterne mit Silberglanz übergossen worden ist. Wer verstünde es nicht, dass man später, heimgekehrt zur Stadt mit ihrem Gewühle, zur Dampfmaschine, zu den Zeitungen und dem Telefon, beim Gedanken an das freie, frische Leben im Sattel und im Zelte, an den stillen Zug der Kamele unterm Klang der Glocken, jene tausend Bilder wie in einem Traume vor sich schweben sieht, dass sie einem erscheinen wie eine Erinnerung aus jener Zeit, in der man Coopers Romane, Robinson Crusoe oder Jules Verne verschlang. Und dann sehnt man sich fort von Europas Prosa zu Asiens Poesie, fort von lumpiger Kleinlichkeit, verächtlichem Eigennutz, engherziger Zänkerei, die auf die Menschen Beschlag legen, wenn diese sich in die Angelegenheiten anderer mischen, und die ihnen keinen Augenblick Zeit lassen zu suchen, sich selbst zu erkennen und auf sich selbst zu schauen. Man sehnt sich fort nach der Stille der Wüste, in die große Einsamkeit, wo man, ohne von Eindrücken der Prosa des Alltags gestört zu werden, frei über das Leben nachdenken und sich selbst kennen lernen kann – und das *kann* eine erstrebenswerte Bekanntschaft sein.

Daher war es im Dezember des Jahres 1899 mein fester Entschluss, die Ostsenke der Wüste Takla-makan von Jangi-köll bis nach dem Dorf Tatran am Tschertschendarja zu durchqueren, eine Strecke von 285 Kilometern. Die Eingeborenen taten ihr Möglichstes, um mir davon abzuraten. Sie betrachteten mich als Selbstmörder und das ganze Unternehmen als reinen, echten Wahnsinn. Nie habe sich einer in diese unheimliche Sandwüste hineingewagt und keiner, der sich dorthin verirrt habe, könne sich je wieder herausfinden. Das Einzige, was man wisse, sei, dass vor vielen hundert Jahren fern im Südosten ein heidnisches Volk unter dem Herrscher Atti Kusch Padischah gewohnt habe. Heilige Imame hätten sich dorthin begeben, um den Islam zu predigen, da aber das Volk sich nicht zu dem neuen Glauben habe bekehren wollen, hätten die Imame den Fluch und die Rache des Himmels herabgerufen; da habe es tagelang Sand geregnet und Land und Leute seien begraben worden.

Die guten Menschen machten sich beinahe ein Gewissen daraus, mich aus ihren friedlichen Hütten direkt ins Verderben ziehen zu lassen, und sie schlugen mir vor lieber von Süden zu beginnen, die Wüste zu umgehen und sie dann in der Richtung nach Jangi-köll zu durchqueren. Sie würden dann von einem bestimmten Tag an allabendlich auf einer hohen Düne einen gewaltigen Holzstoß anzünden und von dessen Licht geleitet, könnte ich den Weg zu Wärme und Rettung finden. Diese Fackel in der Winternacht auf der äußersten Klippe des Wüstenmeeres würde prachtvoll sein und festlich würde unser Einzug in die Hütten werden. Die Schiffe der Wüste würden geradeswegs auf den freundlich einladenden Leuchtturm zusteuern, der uns das Ende unserer Mühsal verkünden würde. Ja, alles war recht malerisch und verlockend, aber ich ließ mich nicht dadurch verführen; es war besser, von einem festen, sicheren Punkt aus mit ausgeruhten Tieren zu beginnen! Und dabei blieb es.

Die Karawane war folgendermaßen zusammengesetzt: Islam Bai, der mich schon einmal, 1895, durch die Schrecken der Wüste begleitet hatte, obendrein Turdu-Bai, ein Weißbart aus Russisch-Turkistan und seit dem September 1899 in meinen Diensten, ferner Ördek, ein Eingeborener aus dem Lopland, der meinem Gefolge erst vor kurzem beigetreten war, und schließlich Nurban, ein sechzehnjähriger, hübscher, offener und vergnügter Bursche aus Aksu, den ich jüngst zum Laufjungen der Mohammedaner erkoren hatte. Wir nahmen nur sieben Kamele und ein Pferd mit und von den Hunden Jolldasch und Dowlet, da die Windhunde die Winterkälte unter freiem Himmel schwerlich ausgehalten hätten.

Die Ausrüstung wurde mit größter Sorgfalt zusammengestellt; nichts Unnötiges durfte mitgenommen werden, die Kamele durften in dem hohen Sand nur leicht beladen sein. Wir hatten Reis und Mehl für zehn Tage, fertig gebackenes Brot für zwei Wochen und für ebenso lange Zeit »Talkan«, geröstetes Weizenmehl, das, mit Wasser angerührt, gegessen wird. Ich hatte einige Büchsen mit Konserven, Tee, Kaffee und Zucker, die Leute einen gewaltigen Block Ziegeltee. Der Proviant war so berechnet, dass er nur bis nach der kleinen Stadt Tschertschen reichte, wo wir leicht neue Vorräte kaufen konnten. Überdies nahm ich alle nötigen Instrumente mit; an schweren Sachen seien Winterkleider und Pelze genannt sowie Filzdecken, um nachts darauf zu schlafen. Dagegen wurde kein Zelt mitgenommen. Während des ganzen Winters, über zwei Monate, schlief ich gleich meinen Dienern unter freiem Himmel, wo es frisch genug war, wenn die Kälte unter –30° herunterging.

Am 20. Dezember wurde ich frühmorgens von Islam geweckt. Er fragte, ob wir trotz des heftigen, aus Südwesten tobenden Sturmes aufbrechen wollten. Ich dulde kein Aufschieben, wenn der Tag der Abreise einmal bestimmt ist, und gab daher Befehl zum Aufbruch. Ich nahm Abschied von den Kosaken und den übrigen meiner Leute, die in Jangi-köll überwintern, unsere Sachen gut in Ordnung halten und besonders die Gepäckstapel nachts sorgfältig bewachen sollten. Die Kamele wurden auf einem mit Sand bestreuten Pfade über das Flusseis geführt und das Beladen begann. Zwei Kamele trugen das Gepäck und den Proviant, das dritte Mais für die Tiere, das vierte war mit Brennholz in dicken, massiven Klötzen beladen, denn in der Wüste würden wir kein Feuerungsmaterial finden; die drei übrigen trugen gewaltige, mit Ziegenleder umwickelte Eisklumpen, denn dort einen Tropfen Wasser zu entdecken, konnten wir ebenfalls nicht erwarten. Drei Reservekamele marschierten unter schweren Eis- und Holzlasten; sie sollten uns mit drei Leuten vier Tagesreisen weit begleiten und dann wieder umkehren; diese kleine Hilfskarawane stand unter Parpi Bais Befehl.

Islam meldet, dass alles fertig ist, und langsam schreitet der schwer beladene Zug am Tarimufer entlang bis an den kleinen See *Tana-bagladi*. An seiner südlichsten Bucht wird eine kurze Rast gemacht; vier kleine Öffnungen werden in das Eis gehauen und die Kamele dürfen für längere Zeit zum letzten Mal so viel trinken, wie sie mögen. Sie scheinen zu begreifen, dass Durst ihrer wartet, denn sie trinken lange und saugen das Wasser in langen, schlürfenden Zügen ein.

Im Süden des Sees überschreiten wir eine Schwelle von hohem Sand und lagern an der letzten Stelle, wo Schilf wächst! Hier wurde ein Platz ausgerodet, auf dem wir uns niederließen, und so hatten wir Schutz gegen den Wind, aber den Himmel als Dach.

Als ich am folgenden Morgen aufstand, tobte der Sturm noch, aber das Schilfdickicht schützte gegen ihn und das Feuer verbreitete im Halbdunkel wohltuende Wärme. Schwer beladen und langsam beginnt jetzt wieder der

Marsch beim Klang der Glocke des letzten Kamels. Der Boden ist weich und die Kamele sinken tief ein, besonders das erste, das als Schneepflug dient und den nachfolgenden den Weg bahnen muss. Ich reite auf meinem kleinen Grauschimmel als Letzter im Zuge und folge dem Pfad, den die breiten Fußschwielen der Kamele getreten haben. So geht es weiter, der unbekannten, unheimlichen Wüste entgegen. Wir sind jetzt schon von vollständiger Todesstille und Öde umgeben; wenn es auf dem Monde Sandwüsten gibt, können sie nicht weniger organisches Leben haben als diese. Es gibt nichts, absolut nichts, was anzeigt, dass hier jemals Leben in irgendeiner Gestalt existiert hat. Beim abendlichen Lager entbehrten wir das Schilfdickicht sehr; wir waren jetzt allen Winden des Himmels preisgegeben und dem umherwirbelnden, erstickenden Flugsand ausgesetzt, der in undurchdringlichen Wolkensäulen um unser kleines Feuer kreiste. Islam und ich, die wir früher schon in einem so entsetzlichen, verheerenden Marsch die Takla-makan-Wüste durchquert hatten, wussten, um was es sich handelte, und dass dieses Unternehmen tatsächlich als Wahnsinn bezeichnet werden konnte. Hier war die Wüste doppelt so breit wie auf der Linie, auf der wir 1895 die Takla-makan durchzogen hatten und wo die ganze Karawane umgekommen war! Würde einer von uns diese neue Wüstenwanderung überleben? Diese Frage stellten wir uns täglich im Stillen, sprachen aber nicht davon.

Ein großes Glück für uns war jedoch die regelmäßige, vorteilhafte Form, in der der vorherrschende Wind den Flugsand zu Dünen angehäuft und aufgetürmt hatte. Dieser Wind, der hauptsächlich im Frühling und Sommer mit ungeheurer Heftigkeit und Regelmäßigkeit weht, kommt von Ostnordosten. Er häuft den Sand zu Wogen an, die denen des Meeres gleichen und ebenso hoch sind wie ein Kirchturm. Diese Sandberge laufen in unendlichen Reihen von Nordosten nach Südwesten; in den zwischen ihnen liegenden Tälern ist der Boden hart und sandfrei.

Doch gibt es auch ein anderes Dünensystem, das jenes in rechten Winkeln netzförmig schneidet, aber bedeutend niedriger ist. In den Maschen zwischen beiden Systemen entstehen Mulden oder Depressionen, welche die Eingeborenen »Bajir« nennen. Indem wir diesen Mulden nach Südwesten folgten und die sie trennenden Sandpässe überschritten, konnten wir dem hohen, dichten Sand, der sich auf beiden Seiten unseres Weges zu gigantischen Rücken auftürmte, ausweichen. Tatsächlich legten wir nicht weniger als 143 Kilometer auf ebenem Bajirboden zurück, den Rest aber im Sande, der besonders in den südlichen Teilen der Wüste ungemein schwer passierbar war. Wäre, wie ich es erwartet hatte, die ganze Wüste ein Gewirr von 90 Meter hohen Dünen gewesen, so hätte unser Zug wohl unglücklich geendet. Ich glaube jedoch, dass, wenn auch die Kamele zusammengebrochen wären und das ganze Gepäck hätte im Stich gelassen werden müssen, wir fünf Männer uns doch noch bis zum nächsten Wasser hätten hinschleppen können …

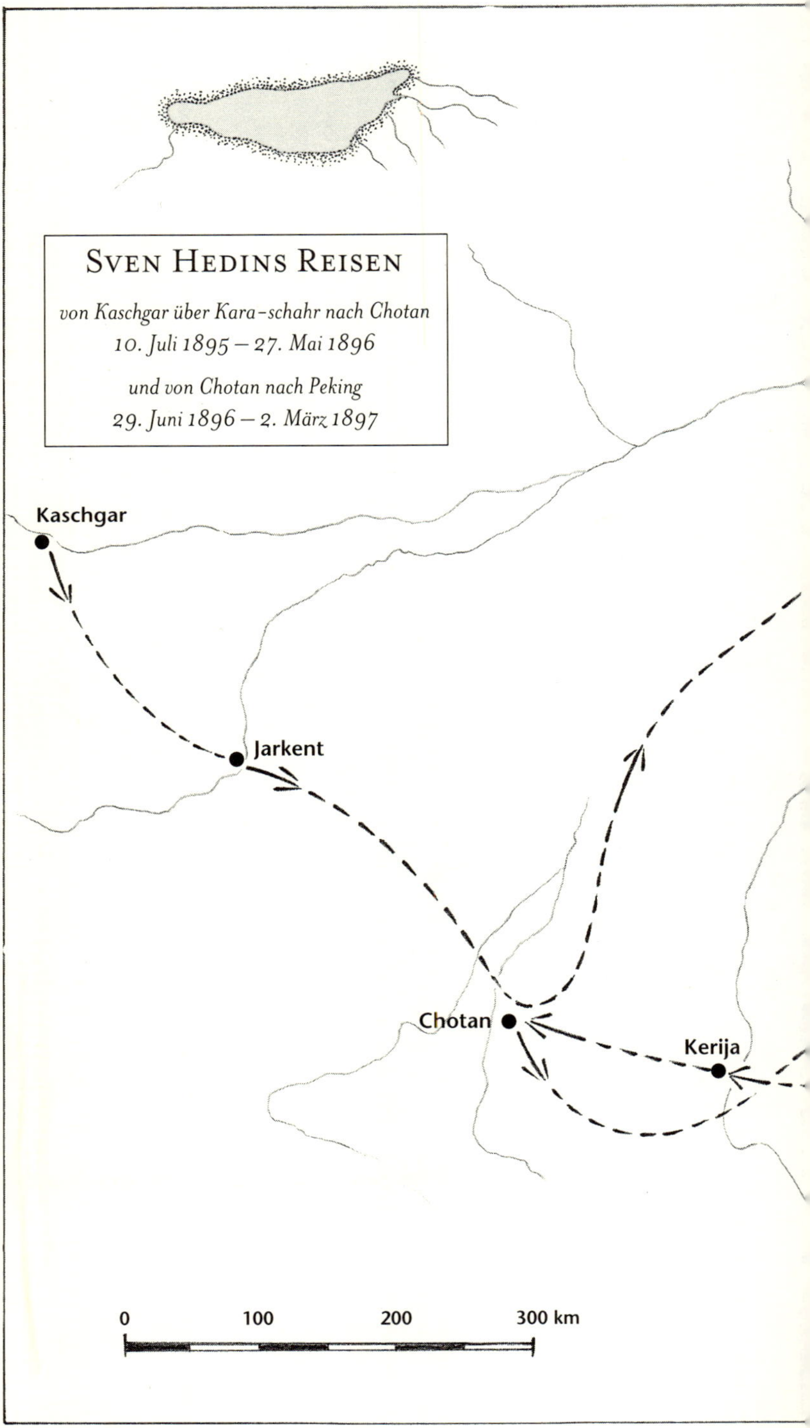
SVEN HEDINS REISEN
von Kaschgar über Kara-schahr nach Chotan
10. Juli 1895 – 27. Mai 1896
und von Chotan nach Peking
29. Juni 1896 – 2. März 1897
Kaschgar
Jarkent
Chotan
Kerija
0
100
200
300 km